今注本二十四史

漢書

漢　班固　撰　唐　顏師古　注

孫曉　主持校注

中國社會科學出版社

一六　傳〔四〕

漢書　卷五〇

張馮汲鄭傳第二十

　　張釋之字季，南陽堵陽人也。[1]與兄仲同居，以訾
爲騎郎，[2]事文帝，[3]十年不得調，[4]亡所知名。釋之
曰：“久宦減仲之産，不遂。”[5]欲免歸。中郎將爰盎知
其賢，[6]惜其去，乃請徙釋之補謁者。[7]釋之既朝畢，
因前言便宜事。文帝曰：“卑之，毋甚高論，[8]令今可
行也。”於是釋之言秦漢之閒事，秦所以失，漢所以興
者。文帝稱善，拜釋之爲謁者僕射。[9]

　　[1]【顏注】師古曰：堵音者（蔡琪本、殿本此注後有“索
隱堵韋昭音褚又音如字地名屬南陽”十六字）。【今注】南陽：郡
名。治宛縣（今河南南陽市卧龍區）。　堵陽：縣名。治所在今河
南方城縣東。
　　[2]【顏注】蘇林曰：雇錢若出穀也。如淳曰：《漢注》，訾
五百萬得爲常侍郎。師古曰：如説是也。【今注】以訾爲騎郎：以
家産爲任官的資格。漢景帝後元二年（前142）以前，規定家資十
萬以上乃得爲吏，此後減至四萬（參見陳仲安、王素《漢唐職官制
度研究》，中西書局2018年版，第305—310頁）。也有學者認爲，
指士人以訾算技能效力於官，及格者酬以職，謂之資郎。訾，計
算。（參見侯文華《漢代“以訾爲郎”辨正》，《孔子研究》2014

年第3期）騎郎，官名。即擔任騎兵的郎中，由騎將率領。平時居宮中更值宿衛，皇帝出行則充車騎侍從。秩比三百石。

　　[3]【今注】文帝：劉恒。紀見本書卷四。

　　[4]【顏注】師古曰：調，選也，音徒釣反。【今注】十年不得調：指張釋之由騎郎升至廷尉的十年。漢文帝六年（前174），淮南厲王遷蜀，爰盎時爲中郎將，請徙張釋之補謁者。此時張釋之尚非廷尉。張釋之爲騎郎在文帝六年以前。本書《百官公卿表下》載，文帝十年有廷尉昌、嘉，十五年有廷尉宜昌，後元元年（前163）有廷尉信，景帝元年（前156）有廷尉毆。文帝崩於後元七年六月，本傳後文稱張釋之拜廷尉在文帝崩前數年。張釋之在景帝即位一年多後由廷尉升爲淮南相，則是張釋之代信爲廷尉，毆又代釋之。又據本書《文紀》及本傳，文帝後元六年，周亞夫爲將軍、中尉，與廷尉張釋之結爲親友。故釋之爲廷尉或在文帝後元元年至景帝初（約前157）之間，距公元前174年正合十年。《百官公卿表》云，文帝三年張釋之爲廷尉，當有誤。荀悦《漢紀》稱張釋之爲廷尉在文帝十三年。

　　[5]【顏注】師古曰：遂猶達。【今注】案，因爲郎官需自備衣飾車馬，所費不少，故云"久宦減仲之產"。

　　[6]【今注】中郎將：漢九卿之一郎中令（光禄勳）屬官。分五官、左、右三署。掌侍衛皇帝，統帥中郎。秩中二千石。　爰盎：字絲。曾爲吳王相，官至奉常。漢景帝時，讒殺鼂錯。後被梁孝王客所殺。傳見本書卷四九。時爰盎爲中郎將，是張釋之的長官。

　　[7]【今注】謁者：官名。漢九卿之一郎中令（光禄勳）屬官。掌接收文奏，通報傳達。秩比六百石。

　　[8]【顏注】師古曰：令其議論依附時事也。【今注】案，周壽昌《漢書注校補》說，漢文帝學黃老，治國兼用霸道，惟恐張釋之高談年代久遠的三皇五帝，因此對張釋之說"卑之，毋甚高論"。

[9]【今注】謁者僕射：官名。掌統領謁者。秩比千石。

　　從行，上登虎圈，[1]問上林尉禽獸簿，[2]十餘問，尉左右視，盡不能對。[3]虎圈嗇夫從旁代尉對上所問禽獸簿甚悉，[4]欲以觀其能口對嚮應亡窮者。[5]文帝曰：“吏不當如此邪？尉亡賴！”[6]詔釋之拜嗇夫爲上林令。[7]釋之前曰：“陛下以絳侯周勃何如人也？”[8]上曰：“長者。”[9]又復問：“東陽侯張相如何如人也？”[10]上復曰：“長者。”釋之曰：“夫絳侯、東陽侯稱爲長者，此兩人言事曾不能出口，豈效此嗇夫喋喋利口捷給哉！[11]且秦以任刀筆之吏，[12]爭以亟疾苛察相高，[13]其敝徒文具，亡惻隱之實。[14]以故不聞其過，陵夷至於二世，天下土崩。[15]今陛下以嗇夫口辯而超遷之，臣恐天下隨風靡，爭口辯，亡其實。且下之化上，疾於景嚮，舉錯不可不察也。”[16]文帝曰：“善。”迺止，不拜嗇夫。就車，召釋之驂乘，[17]徐行行，問釋之秦之敝。[18]具以質言。[19]至宮，上拜釋之爲公車令。[20]

　　[1]【顏注】師古曰：圈，養獸之所也，音求遠反。【今注】從行上登虎圈：《史記》卷一〇二《張釋之馮唐列傳》作“從行，登虎圈”，“上”字在“問”前。虎圈，漢代上林苑中養虎的場所。《三輔黃圖》載漢代有獸圈九，兕圈一，在未央宮中。本書《郊祀志》又説，建章宮西有虎圈。據顏師古注，於菟爲西方之獸，故於此置其圈。

　　[2]【顏注】師古曰：簿謂簿書也，音步户反。【今注】上林尉：官名。上林苑主管長官爲上林令，秩六百石。其副職有丞、

尉，分管苑中事務。秩三百石。上林苑，西漢時的宮苑，遺址在今陝西西安市西南鄠邑區、周至縣界。　禽獸簿：記録禽獸數量的簿書。

[3]【顏注】師古曰：視其屬官，皆不能對也。【今注】盡不能對：上林尉非一人，皆不能回答漢文帝的詢問，故稱盡不能對。據本書《百官公卿表上》，上林令屬官有八丞、十二尉。文帝問十餘尉，皆不能對，故云盡不能對。

[4]【顏注】師古曰：悉謂詳盡也。【今注】虎圈嗇夫：官名。漢時掌管上林苑虎圈的小吏。

[5]【顏注】師古曰：觀猶示也。嚮讀曰響。如響應聲，言其疾也。【今注】口對嚮應：回答應對。

[6]【顏注】張晏曰：材無可恃也。【今注】尉亡賴：上林尉不能回答文帝的詢問，故十分難堪。

[7]【今注】上林令：官名。上林苑主官，掌苑中禽獸宮館，秩六百石。漢武帝時設水衡都尉，轉爲水衡屬官，職權擴大，掌農田、水利、造船、造幣等事。案，上登虎圈事，陳直《漢書新證》引《金石萃編》漢十四《張遷碑》亦載此事，其中“上林尉”作“苑令”，“拜嗇夫爲上林令”作“令退爲嗇夫”。據此，上林令爲上林苑主官，或因不能應對文帝的詢問，被貶爲嗇夫。如上林尉不能答，不至於將上林令免職。文中“上林尉”當作“上林令”。

[8]【今注】周勃：高祖六年（前201）正月封絳侯。傳見本書卷四○。

[9]【今注】長者：厚德之人。

[10]【今注】東陽：侯國名。治所在今河北武城縣舊城西十八里。　張相如：高祖六年爲中大夫，以河間守擊陳豨，因功封侯，食邑一千三百户。高祖十一年十二月封。文帝時，爲太子太傅。

[11]【顏注】晉灼曰：喋音牒。【今注】喋喋：《史記·張釋

之馮唐列傳》作"諜諜"，指説話較多，囉嗦。喋喋又作"呭呭"。

利口捷給：言辭敏捷。指能説會道、善於應對。

［12］【今注】刀筆之吏：主管文案的小吏。古時用刀在龜甲和竹木簡上削改字，後以筆在上面寫字。刀筆爲書吏随身携帶。

［13］【顏注】師古曰：亟，急也，音居力反。【今注】亟疾苛察：急劇猛烈，以苛刻煩瑣爲明察。

［14］【顏注】師古曰：文具，謂具文而已。【今注】文具：徒具形式而無實際意義的文字。又作"具文"。

［15］【顏注】師古曰：陵夷，頹替也（頹，殿本作"穨"），解在《成紀》。【今注】陵夷：漸漸衰微，如同丘陵漸漸變平。陵，即丘陵。夷，同"平"。

［16］【顏注】師古曰：嚮讀曰響。錯音千故反。【今注】景嚮：影響。如影相随，如聲音響應。　舉錯：對官吏的提拔與廢除。舉，薦舉。錯，通"措"，處置，指廢除、免除。

［17］【今注】驂乘：古代乘車時，尊者在左，駕車者居中，另有一人在右陪乘，以守護尊者，並防止車輛傾翻。

［18］【顏注】師古曰：行問，且行且問也。【今注】案，《史記·張釋之馮唐列傳》作"徐行，問釋之秦之敝"，當衍一"行"字。

［19］【顏注】如淳曰：質，誠也。

［20］【今注】公車令：官名。漢代衛尉屬官公車司馬令，省稱"公車令"，負責警衛宮殿中的司馬門和夜間宮中巡邏。凡臣民上書和朝廷徵召，均由公車令掌管。秩六百石（參見陳蘇鎮《"公車司馬"考》，《中華文史論叢》2015 年第 4 期）。

頃之，太子與梁王共車入朝，[1]不下司馬門，[2]於是釋之追止太子、梁王毋入殿門。遂劾不下公門不敬，[3]奏之。薄太后聞之，文帝免冠謝曰："教兒子不謹。"薄太后使使承詔赦太子、梁王，[4]然後得入。文帝繇是奇釋之，[5]拜爲中大夫。[6]

[1]【今注】太子：漢景帝劉啓。紀見本書卷五。 梁王：劉武。文帝二年（前178）二月立。傳見本書卷四七。梁王入朝事，史載在文帝時有前元十六年（前165）、後元二年（前163）、後元三年、後元六年數次。張釋之任廷尉在後元元年至景帝初（約前157）之間，爲公車令在公元前163年之前，故此次入朝當爲文帝前元十六年。

[2]【顏注】如淳曰：《宮衛令》："諸出入殿門公車司馬門者皆下，不如令，罰金四兩。"【今注】司馬門：皇宮外門。皇帝宮、王宮、軍營、帝陵均有司馬門，先秦時已有。司馬門不是止車門。司馬門在外，另有止車門在内。臣子入宮不得走司馬門，祇能走掖門。過司馬門須下車〔參見楊鴻年《漢魏司馬門雜考》（一、二），《中華文史論叢》1981年第3、4輯〕。

[3]【今注】劾：周壽昌《漢書注校補》曰：劾其罪而奏其事。漢代，問罪謂之鞫，斷獄謂之劾。

[4]【今注】薄太后：文帝劉恒的生母。楚漢相爭時，被納入魏王豹後宮。魏王豹死後，被劉邦納入後宮，漢四年（前203）生文帝劉恒。事見本書卷九七上《外戚傳上》。

[5]【顏注】師古曰：繇讀與由同。

[6]【今注】中大夫：官名。漢九卿之一郎中令屬官。掌侍從，備議論。秩比二千石。武帝太初元年（前104）郎中令更名光禄勳，中大夫改稱光禄大夫。

頃之，至中郎將。從行至霸陵，[1]上居外臨厠，[2]時慎夫人從，上指視慎夫人新豐道，[3]曰："此走邯鄲道也。"[4]使慎夫人鼓瑟，上自倚瑟而歌，[5]意悽愴悲懷，顧謂群臣曰：“嗟乎！以北山石爲椁，[6]用紵絮斮，陳漆其間，豈可動哉！”[7]左右皆曰：“善。”釋之前曰：[8]“使其中有可欲，雖錮南山猶有隙；[9]使其中亡可欲，雖亡石椁，又何戚焉？”文帝稱善。[10]

[1]【今注】霸陵：漢文帝的陵寢。在今陝西西安市東北。因靠近霸水（今滻河），故得名。本秦芷陽縣。文帝前元九年（前171）置陵於此，改縣名爲霸陵。

[2]【顏注】師古曰：厠，岸之邊側也，解在《劉向傳》。【今注】外臨厠：王念孫《讀書雜志‧漢書第十》認爲，當作“北臨厠”。《史記》卷一〇二《張釋之馮唐列傳》據《集解》引李奇説，霸陵北頭臨近霸水，文帝登其上以遠望。當依本書卷三六《楚元王傳》如淳説，居高臨垂邊曰厠。厠，邊側。通“側”。本書《楚元王傳》作“北臨厠”，《漢紀》作“上望北山”。因“外”與“北”隸書形近而誤。

[3]【顏注】張晏曰：慎夫人，邯鄲人也。如淳曰：走音奏。奏，趣也。師古曰：視讀曰示。【今注】新豐道：沿黃河、渭河南岸，經秦嶺北麓的黃土塬面形成的走廊，過函谷關、潼關。自長安向東出發，必經新豐，又稱“新豐道”（參見李恭、許艷《滻河下游在中國歷史上的重要戰略、交通地位及歷史文化遺產》，載《碑林集刊》，陝西人民美術出版社 2008 年版）。新豐，縣名。治所在今陝西西安市臨潼區東北陰盤城。高祖七年（前200），因太公思歸故里，於驪邑仿照豐邑築城，並徙豐邑居民以填充，名新豐。

[4]【今注】邯鄲：古城名。在今河北邯鄲市。漢初屬趙國。景帝三年（前154）爲邯鄲郡，五年（前152）復爲趙國。

[5]【顏注】李奇曰：聲氣依倚瑟也。師古曰：倚瑟即今之以歌合曲也。倚音於綺反。

[6]【顏注】師古曰：紵音竹呂反。斮音側略反。【今注】以

北山石爲椁：《史記·張釋之馮唐列傳》《索隱》引顔游秦説，北山青石，肌理細密，堪爲碑椁，至今猶然。《史記》卷六《秦始皇本紀》有“發北山石椁”。或説北山指陝西富平一帶或從富平至韓城一帶的山脈。文帝霸陵葬制受楚元王劉交陵墓的影響，開鑿在山體巖石中，而且用石板砌築石椁（參見周學鷹《“因山爲陵”葬制探源》，《中原文物》2005 年第 1 期）。

[7]【顔注】師古曰：解竝在《劉向傳》。【今注】用紵絮斫陳漆其閒：用紵絮塞到椁的縫隙中，又涂以漆。斫，同“斫”，即斬斷。

[8]【今注】釋之前曰：《史記·張釋之馮唐列傳》《索隱》案：文帝欲以北山之石爲椁。張釋之的答復是，如果實行薄葬，則冢中没有財物，不能引起人們的貪心，雖没有石椁，也没有什麽可憂慮的。如果實行厚葬，冢中有財物，雖將棺椁置於南山，仍被人所發掘。

[9]【今注】南山：終南山。在今陝西西安市南。稱爲“南山”，取其高厚之意。

[10]【今注】案，王先謙《漢書補注》引本書卷三六載，文帝認識到厚葬的壞處，於是采用薄葬，不起山墳。

其後，拜釋之爲廷尉。[1]頃之，上行出中渭橋，[2]有一人從橋下走，[3]乘輿馬驚。[4]於是使騎捕之，屬廷尉。[5]釋之治問。曰：“縣人來，[6]聞蹕，[7]匿橋下。久，以爲行過，[8]既出，見車騎，即走耳。”[9]釋之奏當：“此人犯蹕，[10]當罰金。”[11]上怒曰：“此人親驚吾馬，馬賴和柔，令它馬，固不敗傷我乎？而廷尉迺當之罰金！”釋之曰：“法者，天子所與天下公共也。[12]今法如是，更重之，是法不信於民也。且方其時，上使使誅之則已。[13] 今已下廷尉，廷尉，天下之平也，壹傾，天下用法皆爲之輕重，民安所錯其手足？[14] 唯陛下察之。"上良久曰："廷尉當是也。"

[1]【今注】廷尉：官名。漢九卿之一。掌法律刑獄，主管詔獄。秩中二千石。

[2]【顏注】張晏曰：在渭橋中路。【今注】中渭橋：故址在秦咸陽城正南，漢長安城北偏西，今陝西咸陽市渭城區窑店街道辦南東龍村以東 150 米處。秦建都咸陽後，於渭北建咸陽宮，渭南建興宮。秦昭王於渭水之上造橋，名橫橋，以接通南北二宮。秦統一後，擴建咸陽宮、橫橋。西漢初重修，改名橫門橋、渭橋。景帝五年（前 152），在今陝西高陵縣耿鎮南建渭橋，稱東渭橋。武帝建元三年（前 138），在今陝西咸陽市秦都區兩寺渡村一帶作便門橋，稱西渭橋。橫門橋居中，稱中渭橋（參見秦漢新城管委會編《秦漢新城歷史文化遺存概覽》，三秦出版社 2013 年版，第 145 頁）。

[3]【今注】案，《史記》卷一〇二《張釋之馮唐列傳》作"有一人從橋下走出"。

[4]【今注】乘輿：古代帝王、諸侯所乘車。天子乘輿用六馬，副車駕四馬。也作皇帝代稱。

[5]【顏注】師古曰：屬，委也，音之欲反。次下亦同。

[6]【顏注】如淳曰：長安縣人也。【今注】縣：長安縣。治所在今陝西西安市西北。

[7]【今注】蹕：古時帝王出行，路上禁止人車通行，稱爲"蹕"。

[8]【顏注】師古曰：言天子已過。

[9]【今注】走：古代指奔跑。

[10]【顏注】如淳曰：乙令"蹕先至而犯者，罰金四兩"。師古曰：當謂處其罪也。【今注】奏當：古代審理案件終結時，奏

明皇帝，報告應該判處的罪刑。

[11]【今注】案，此人犯蹕當罰金，《史記·張釋之馮唐列傳》作"一人犯蹕，當罰金"，錢大昕《三史拾遺》云，一人犯蹕，罰金四兩，漢律原文。二人以上，罪當加等。

[12]【顏注】師古曰：公謂不私也。【今注】案，此句指法律是天子和天下所有人應當共同遵守的原則。

[13]【顏注】師古曰：言初執獲此人，天子即令誅之，其事則畢。【今注】案，上使使誅之則已，《史記·張釋之馮唐列傳》作"上使立誅之則已"。

[14]【顏注】師古曰：安，焉也。錯，置也，音千故反。

其後人有盜高廟坐前玉環，[1]得，[2]文帝怒，下廷尉治。案盜宗廟服御物者爲奏，當棄市。[3]上大怒曰："人亡道，迺盜先帝器！[4]吾屬廷尉者，欲致之族，而君以法奏之，[5]非吾所以共承宗廟意也。"[6]釋之免冠頓首謝曰："法如是足也。且罪等，[7]然以逆順爲基。[8]今盜宗廟器而族之，有如萬分一，[9]假令愚民取長陵一抔土，[10]陛下且何以加其法虖？"文帝與太后言之，乃許廷尉當。[11]當是時，中尉條侯周亞夫與梁相山都侯王恢咸見釋之持議平，[12]迺結爲親友。[13]張廷尉繇此天下稱之。[14]

[1]【今注】高廟：供奉漢高祖劉邦的宗廟。　玉環：玉製的環。環，璧的一種，圓形，中心有孔。孔徑與玉質部分之和相等。

[2]【顏注】師古曰：得者，盜環之人爲吏所捕得也。

[3]【今注】棄市：在鬧市執行斬刑，並將尸體暴露於街頭，以示爲大衆所棄。

　　［4］【今注】案，《史記》卷一〇二《張釋之馮唐列傳》"器"上有"廟"字。

　　［5］【顏注】師古曰：法謂常法。

　　［6］【顏注】師古曰：共讀曰恭。

　　［7］【顏注】如淳曰：俱死罪也，盜玉環不若盜長陵土之逆。【今注】罪等：盜玉環與盜長陵土均爲死罪，故云罪等。但也需要根據情理進行輕重判斷。

　　［8］【今注】然以逆順爲基：以罪行情節的輕重爲差別。《史記·張釋之馮唐列傳》作"然以逆順爲差"，當據改。

　　［9］【今注】有如萬分一：楊樹達《漢書窺管》認爲，因事涉高祖陵寢，故囁嚅不敢直言，説話緩慢而拖沓。

　　［10］【顏注】張晏曰：不欲指言，故以取土喻也。師古曰：揢音步候反（揢，蔡琪本作"抔"，大德本、殿本作"抔"），謂手掬之也，其字從手。不忍言毀徹，故止云取土耳。今學者讀揢爲栝勺之栝（學，大德本作"斈"；揢，蔡琪本作"抔"，大德本、殿本作"抔"；"栝"，蔡琪本作"抔"，大德本作"抔"），非也。栝非應盛土之物也（栝，蔡琪本作"抔"，大德本作"抔"，殿本作"杯"）。【今注】假令愚民取長陵一揢土：即以取長陵一捧土代指代發長陵，見棺椁等更爲嚴重的做法。揢，以手掬之。即一捧。同"掊"，用手扒土。案，揢，蔡琪本作"抔"，大德本、殿本作"抔"。

　　［11］【今注】當：郡、廷尉等二千石官所做的有待終審的判決意見（參見萬榮《秦及漢初訴訟程序中的"辭""言""當"》，《求索》2015年第6期）。

　　［12］【今注】中尉：官名。漢九卿之一。掌戍衛京城兼領左右京輔兵卒，管理中央武庫，巡邏捕盜。又稱備盜賊中尉。秩中二千石。武帝太初元年（前104），更名爲執金吾。　條：侯國名。又作"脩"。治所在今河北景縣南。本書《地理志上》作"蓨"。

周亞夫：文帝後元二年（前162）封條侯。傳見本書卷四〇。
山都：侯國名。治所在今湖北襄陽市襄城區。　王恢咸：當作"王
恬啓"。《史記·張釋之馮唐列傳》以避景帝諱作"王恬開"。"恢
咸"當改"恬啓"。漢五年（前202）爲郎中柱下令，以衛將軍擊
陳豨，爲梁相。任廷尉。高后四年（前184）封山都侯。案，恢
咸，蔡琪本、大德本、殿本作"恬啓"。

[13]【今注】結爲親友：王先謙《漢書補注》據《功臣表》，
山都侯王恬啓於高后四年四月封，八年（前180）薨，周亞夫爲中
尉、張釋之爲廷尉均在孝文後六年（前158），所以張釋之與山都
侯結爲親友當在其未顯時。

[14]【顏注】師古曰：繇讀與由同。【今注】天下稱之：楊
樹達《漢書窺管》按，本書卷七一《疏廣傳》云：朝廷稱曰：張
釋之爲廷尉，天下無冤民。又《刑法志》云：文帝選釋之爲廷尉，
罪疑者予民，是以刑罰大省，至於斷獄四百，有刑錯之風。

　　文帝崩，景帝立，[1]釋之恐，[2]稱疾。欲免去，懼
大誅至；[3]欲見，[4]則未知何如。用王生計，卒見謝，
景帝不過也。

　　[1]【今注】景帝：劉啓。紀見本書卷五。
　　[2]【顏注】師古曰：以嘗劾帝不下司馬門。
　　[3]【今注】大誅：嚴厲的懲罰。
　　[4]【今注】欲見：王念孫《讀書雜志·漢書第九》云，當依
《史記》作"欲見謝"，謂欲見帝而謝罪。

　　王生者，善爲黃老言，[1]處士。[2]嘗召居廷中，公
卿盡會立，[3]王生老人，曰"吾韤解"，[4]顧謂釋之：
"爲我結韤！"釋之跪而結之。[5]既已，人或讓王生：

“獨奈何廷辱張廷尉如此？”王生曰：“吾老且賤，自度終亡益於張廷尉。廷尉方天下名臣，[6]吾故聊使結襪，欲以重之。”[7]諸公聞之，賢王生而重釋之。

[1]【今注】黃老言：黃帝、老子的學說。漢初統治者用黃老思想治理國家，“黃”是依託黃帝主張，“老”是指老子思想。黃老是道家的一個派別，形成於戰國後期，實際是對道家、儒家、法家思想的綜合。在政治上主張清靜無爲、衣食足、節民力，與漢初社會恢復發展的要求相適應。

[2]【今注】處士：有才德而隱居不仕的人。

[3]【今注】公卿：居三公、九卿位的官員。泛指朝廷中的高級官員。　會立：漢代大臣朝會，接席而坐。在朝會之前，則站立等待。

[4]【顏注】師古曰：襪音武伐反。【今注】襪解：襪帶解散。襪，同“襪”。漢代人入室脫履，衹著襪。

[5]【顏注】師古曰：結讀曰係。

[6]【今注】案，《史記》卷一〇二《張釋之馮唐列傳》“方”下有“今”字。

[7]【今注】案，《史記·張釋之馮唐列傳》作“聊辱廷尉，使跪結襪”。

釋之事景帝歲餘，爲淮南相，[1]猶尚以前過也。[2]年老病卒。其子摯，字長公，官至大夫，[3]免。以不能取容當世，故終身不仕。[4]

[1]【今注】案，《史記》卷一〇二《張釋之馮唐列傳》作“爲淮南王相”。此時淮南王爲劉安。周壽昌《漢書注校補》據本

書卷四四《淮南衡山濟北王傳》載，景帝三年（前154），吳楚七國反。當時張釋之爲淮南相。張釋之將淮南兵，不令王參與反事。《淮南衡山濟北王傳》不載姓名。本傳亦不載此事。

[2]【今注】尚以前過：景帝爲太子時，因與梁王過司馬門不下車，被張釋之所劾，故景帝即位後歲餘，張釋之被貶爲淮南相。

[3]【今注】大夫：官名。秦漢九卿之一郎中令（光禄勳）屬官，掌論議。有太中大夫、中大夫、諫大夫等。

[4]【今注】終身不仕：《史記·張釋之馮唐列傳》《索隱》："謂性公直，不能曲屈見容於當世，故至免官不仕也。"

馮唐，祖父趙人也。[1]父徙代。[2]漢興，徙安陵。[3]唐以孝著爲郎中署長，[4]事文帝。帝輦過，問唐曰："父老何自爲郎？家安在？"[5]具以實言。[6]

[1]【今注】趙：戰國七雄之一。戰國末徙邯鄲（今河北邯鄲市）。疆域相當今河北西部，山西中部、北部，陝西東北部和内蒙古河套地區。馮唐的祖籍當在今河北柏鄉、趙縣一帶。

[2]【今注】代：郡名。治代縣（今河北蔚縣東北）。

[3]【今注】安陵：縣名。治所在今陝西咸陽市東北。漢惠帝建安陵於此，因置縣。

[4]【顔注】鄭氏曰：以至孝聞也。師古曰：以孝得爲郎中，而爲郎署之長也。著音竹助反。【今注】以孝著：周壽昌《漢書注校補》認爲，據本書卷四《文紀》"賜三老孝者人帛五匹，弟者帛人三匹"，卷八三《薛宣傳》亦有"其令平陵薛恭，本縣孝者，功次稍遷"，此"孝著"當作"孝者"。 郎中署長：官名。漢九卿之一郎中令屬官。掌守門户，出充車騎護衛。漢代有以孝舉爲郎的。《史記》卷一〇二《張釋之馮唐列傳》"郎中"作"中郎"。

[5]【顔注】師古曰：言年已老矣，何乃自爲郎也？崔浩以

爲自，從也。從何爲郎？此説非也。【今注】何自爲郎：指自何種途徑得以爲郎。漢代爲郎的途徑不一，如任子、孝廉、明經、貲算等，故文帝問之（參見李孔懷《漢代郎官述論》，《秦漢史論叢》1983年第2輯）。　輦過：謂文帝乘輦過郎署。

[6]【今注】具以實言：如同上文張釋之以實話回答，不要祇是高談闊論。

文帝曰："吾居代時，[1]吾尚食監高祛數爲我言趙將李齊之賢，[2]戰於鉅鹿下。[3]吾每飲食，意未嘗不在鉅鹿也。[4]父老知之乎？"[5]唐對曰："齊尚不如廉頗、李牧之爲將也。"[6]上曰："何已？"[7]唐曰："臣大父在趙時，爲官帥將，[8]善李牧。臣父故爲代相，善李齊，知其爲人也。"上既聞廉頗、李牧爲人，良説，[9]迺拊髀曰：[10]"嗟乎！吾獨不得廉頗、李牧爲將，[11]豈憂匈奴哉！"[12]唐曰："主臣！[13]陛下雖有廉頗、李牧，不能用也。"上怒，起入禁中。[14]良久，召唐讓曰："公衆辱我，獨亡閒處虖？"[15]唐謝曰："鄙人不知忌諱。"[16]

[1]【今注】代：代國。文帝即位爲代王十七年。

[2]【今注】尚食監：官名。掌皇帝膳食。惠帝初即位，優賜宦官尚食官，秩比郎中。西漢初中期王國百官都如漢朝，故文帝爲代王時當設有尚食監。　趙將李齊：秦漢之際趙王歇的將領。曾參加秦末鉅鹿之戰，以英勇善戰而聞名。

[3]【今注】鉅鹿：古城名。在今河北平鄉縣南。王離率軍圍趙在秦二世二年（前208）後九月。

[4]【顏注】張晏曰：每食念監所説李齊在鉅鹿時也。

[5]【今注】父老：對老年人的尊稱。

[6]【今注】廉頗：戰國末期趙國大將。趙惠文王時任上卿，屢次戰勝齊、魏等國。秦、趙長平之戰，堅壁固守三年。趙孝成王時，敗燕軍。封信平君，任相國。後奔魏國，老死於楚國。　李牧：戰國末期趙國大將。長期駐守趙國北部邊疆，擊敗東胡、林胡、匈奴。代廉頗爲將，破燕。公元前 233 年，大敗秦軍，封武安君。後因秦國反間計被誣謀反，被殺。

[7]【顏注】師古曰：已猶耳。

[8]【顏注】師古曰：大父，祖父也。帥音所類反。將音子亮反。【今注】官帥將：百夫之長。百人爲一隊，官帥爲隊大夫。《史記》卷一〇二《張釋之馮唐列傳》作“官率將”。王先謙《漢書補注》引卷七九《馮奉世傳》云“在趙者爲官帥將，官帥將子爲代相”，所稱即馮唐祖父。

[9]【顏注】如淳曰：良，善也。師古曰：說讀曰悅。聞頗、牧之善，帝意大說（說，殿本作“悅”）。【今注】良說：很高興。

[10]【顏注】師古曰：髀音陛。【今注】拊髀：拍大腿。髀，大腿。

[11]【今注】不得廉頗李牧爲將：王念孫《讀書雜志·漢書第九》據《群書治要》引，此“牧”下有“時”字。“時”讀爲“而”，指文帝感嘆吾獨不得廉頗、李牧而爲將，“而”“時”聲相近，故字相通。《史記·張釋之馮唐列傳》亦有“時”字。徐仁甫《史記注解辨正》認爲，“時”通“以”，即不得廉頗、李牧以爲將（中華書局 2014 年版，第 252—253 頁）。

[12]【今注】匈奴：古代北方部族，又稱“胡”。傳見本書卷九四。漢初在對匈奴的較量中處於劣勢，北方最大威脅來自匈奴。李牧爲趙國抵抗匈奴的名將，故文帝有此感嘆。

[13]【顏注】師古曰：恐懼之言。解在《陳平傳》。【今注】

主臣：大臣進對前，稱"主臣"，猶上書前稱"昧死"，表示惶恐。主臣，指皇帝之臣。

[14]【今注】禁中：西漢皇宮中有被稱作"宮""殿""省"的三個區域。"宮"指整個皇宮，"殿"指皇帝及其輔助官員的辦公區，"省"指皇帝的生活區。禁中爲皇帝生活起居和日常辦公的地方，因門户有禁，非侍御者不得入，故稱禁中。又作"省中"。（參見陳蘇鎮《漢未央宮"殿中"考》，《文史》2016 年第 2 輯）

[15]【顔注】師古曰：何不間隙之處而言。【今注】衆辱：當面羞辱。指奏事時不當面直斥，應趁空閑時與皇帝單獨稟奏。據本書卷四六《萬石衛直周張傳》，石建在向武帝奏事時，屏去左右則言辭激烈，而廷見時則一言不發。故能得到武帝的禮遇。

[16]【今注】鄙人：對自己的歉稱。原指住在偏遠鄉野的人。

當是時，匈奴新大入朝那，[1] 殺北地都尉印。[2] 上以胡寇爲意，迺卒復問唐曰："公何以言吾不能用頗、牧也？"唐對曰："臣聞上古王者遣將也，跪而推轂，[3] 曰：'闕以内寡人制之，闕以外將軍制之；[4] 軍功爵賞，皆決於外，歸而奏之。'此非空言也。臣大父言李牧之爲趙將居邊，軍市之租皆自用饗士，[5] 賞賜決於外，不從中覆也。[6] 委任而責成功，故李牧乃得盡其知能，選車千三百乘，[7] 彀騎萬三千匹，[8] 百金之士十萬，[9] 是以北逐單于，[10] 破東胡，[11] 滅澹林，[12] 西抑彊秦，南支韓、魏。當是時，趙幾伯。[13] 後會趙王遷立，[14] 其母倡也，[15] 用郭開讒，而誅李牧，令顔聚代之。[16] 是以爲秦所滅。今臣竊聞魏尚爲雲中守，[17] 軍市租盡以給士卒，[18] 出私養錢，[19] 五日壹殺牛，[20] 以饗賓客軍吏舍人，是以匈奴遠避，不近雲中之塞。虜嘗一入，尚帥車騎撃之，所殺甚衆。夫士卒盡家人子，[21]起田中從軍，安知尺籍伍符？[22]終日力戰，斬首捕虜，上功莫府，[23]一言不相應，[24]文吏以法繩之。其賞不行，吏奉法必用。愚以爲陛下法太明，賞太輕，罰太重。且雲中守尚坐上功首虜差六級，陛下下之吏，削其爵，罰作之。[25]繇此言之，[26]陛下雖得李牧，不能用也。[27]臣誠愚，觸忌諱，死罪！”文帝説。[28]是日，令唐持節赦魏尚，[29]復以爲雲中守，而拜唐爲車騎都尉，[30]主中尉及郡國車士。[31]

[1]【今注】朝那：縣名。治所在今寧夏彭陽縣東。《史記》卷一一〇《匈奴列傳》作“朝邶蕭關”，卷一〇《孝文本紀》作“朝邶塞”。

[2]【今注】北地：郡名。治義渠（今甘肅寧縣西北）。北地都尉姓孫名印。 都尉：官名。郡守的佐官，掌管一郡的軍事。本名郡尉，景帝時改名都尉。案，事在文帝十四年（前166）。

[3]【今注】推轂：古代帝王遣將帥出征時，親自推車爲他們送行，以表示禮遇和倚重。

[4]【顔注】韋昭曰：門中橛爲闑。師古曰：音牛列反。【今注】闑：古代竪在大門中央的短木。代指宮門。《史記》卷一〇二《張釋之馮唐列傳》作“闒”，《集解》韋昭曰：“此郭門之闒也。門中橛曰闒。”

[5]【今注】軍市之租：王先謙《漢書補注》據《索隱》認爲，軍中立市，市有稅。稅即租。案，《史記》卷八一《廉頗藺相如列傳》載，李牧置吏，“市租皆輸入莫府，爲士卒費，日擊數牛饗士”。

[6]【顔注】師古曰：覆謂覆白之也，音芳目反。【今注】不

從中覆：軍中賞賜之事，將軍按照實際情況處理，不必等朝廷的批復。

[7]【今注】選車：挑選合格的車士。

[8]【顏注】師古曰：彀，張弩也，音遘。【今注】彀騎萬三千匹：王先謙《漢書補注》認爲，“匹”字疑衍。此句指能持弓射箭的騎士有一萬三千人。故不當有“匹”。或此傳本作“彀者十萬人，騎萬三千匹”，而傳寫過程中有缺文。《史記·張釋之馮唐列傳》無“匹”字，《索隱》引如淳曰：“彀騎，張弓之騎也。”

[9]【顏注】服虔曰：良士直百金也。如淳曰：黃金一斤直萬。言富家子弟可任使也。師古曰：百金喻其貴重耳。服説是也。【今注】百金之士：指戰功可賞百金的士兵。

[10]【今注】單于：匈奴人部落聯盟首領的專稱。代指匈奴。本書卷九四上《匈奴傳上》謂全稱作“撐犁孤塗單于”。“撐犁”爲匈奴語之“天”，“孤塗”意爲“子”，“單于”意爲“廣大”。

[11]【今注】東胡：古族名。因居匈奴之東，故名。從事畜牧狩獵。漢初被匈奴冒頓單于擊敗，退居烏桓山（後稱烏桓）和鮮卑山（後稱鮮卑）。分布於今内蒙古東部、遼寧西部一帶。

[12]【顏注】鄭氏曰：澹音擔石之擔。如淳曰：胡也。《匈奴傳》曰“晉北有澹林之胡，樓煩之戎也”。師古曰：澹音都甘反，又音談。【今注】澹林：古族名。也作“襜襤”“儋林”“澹臨”。分布在今山西朔州市以北地區。從事畜牧，精騎射。戰國末，爲趙將李牧擊敗，歸附於趙。

[13]【顏注】師古曰：幾致於霸也。幾音鉅依反。伯讀曰霸。

[14]【顏注】蘇林曰：趙幽王。【今注】趙王：趙幽繆王。戰國末趙國最後一位國君公元前 235 年至前 228 年在位。

[15]【顏注】師古曰：倡，樂家之女。

[16]【今注】顏聚：戰國末趙國將領。原爲齊將。秦王政十

八年（前 229），王翦攻趙，趙王因寵臣郭開讒言，罷去大將李牧，由他代領趙軍。兵敗被俘。

［17］【今注】雲中：郡名。治雲中（今内蒙古托克托縣古城村）。

［18］【今注】軍市租：軍市所徵稅收。軍市爲軍隊駐扎地或屯戍地臨時設立的市場。

［19］【今注】私養錢：官員私人應得的供養家人的俸錢，如後來的月俸錢。本來祇能作爲私用，但馮唐以之宴饗賓客軍吏舍人，故人人樂意效力。

［20］【顏注】服虔曰：私假錢也（殿本注在“養錢”後）。【今注】殺牛：椎牛，或曰擊牛，以大錘擊打牛的雙角中間稍後部位，將牛擊斃，然後施以刀斧。《史記》卷一〇二《張釋之馮唐列傳》作“椎牛”。椎牛往往在比較隆重的宴飲上纔會出現。

［21］【今注】家人子：漢代對庶人家之子的稱謂。

［22］【顏注】李奇曰：尺籍所以書軍令。伍符，軍士五五相保之符信也。如淳曰：漢軍法曰吏卒斬首，以尺籍書下縣移郡，令人故行，不行奪勞二歲。伍符亦什伍之符，要節度也。師古曰：家人子，謂庶人之家子也。【今注】尺籍伍符：漢代軍中的制度法令。尺籍指將斬首的功勞記録於一尺長的竹簡上。陳直《漢書新證》認爲，漢代名籍簡長一尺，故稱爲尺籍。伍符則指漢代軍中五人爲伍，共有一符信，收於領軍吏之手，作戰時作爲凭證。此句指庶人家之子，出身於田野鄉里，並不了解軍中的制度法令。

［23］【今注】莫府：官署名。古代軍隊出征，居處以幕帳爲官署，故稱。莫或作“幕”。漢時每任命一位將軍，則新設一幕府，並廣延人才以爲僚屬。幕府屬官，一類爲涉及軍事的，如校尉、司馬、軍監、千人等；一類爲管理府内行政事務的，如長史、從事中郎及各種掾、史等。將軍幕府的職掌，主要是參贊軍務。

［24］【今注】一言不相應：尺籍伍符文字記載與實際不符。

言，意同“字”。

　　［25］【今注】罰作：陳直《漢書新證》認爲，“罰作”一作“法作”，即徒隸之復作。復作指經朝廷赦免後形成的一種身份，再次犯罪按平民而不按刑徒對待。作戰時斬獲之數不相符，虛報戰績，輕則削爵、罰作，重者當斬。

　　［26］【顔注】師古曰：絲讀與由同。

　　［27］【今注】案，王先謙《漢書補注》認爲，因馮唐的祖父與李牧交好，故以李牧與廉頗相類比。此處總結上文，仍應“頗、牧”並稱，“李”當爲“頗”字之誤。本傳上文及論贊多處均以“頗、牧”並稱，故當改“李牧”爲“頗、牧”。

　　［28］【顔注】師古曰：説讀曰悦。

　　［29］【今注】持節：行軍時用竹、木或銅製成的符節。與使者所用飾有牦牛尾的竹製符節不同。

　　［30］【今注】車騎都尉：官名。漢代掌車騎士的武官，不常設。

　　［31］【顔注】服虔曰：車戰之士也。【今注】主中尉及郡國車士：車騎都尉掌管中尉之車士及郡國之車士。車士，即駕輕車作戰的士兵，亦稱“輕車士”。

　　十年，[1]景帝立，以唐爲楚相。[2]武帝即位，[3]求賢良，[4]舉唐。唐時年九十餘，不能爲官，迺以子遂爲郎。[5]遂字王孫，亦奇士。魏尚，槐里人也。[6]

　　［1］【今注】十年：漢文帝後元七年（前157）。指馮唐爲車騎都尉的第十年。

　　［2］【今注】楚相：此時楚王爲劉戊，景帝前元三年（前154）因謀反被殺。楚，王國名。都彭城（今江蘇徐州市）。相，官名。漢代朝廷派往諸侯國的最高行政長官。原稱丞相或相國，掌統率衆

官。景帝中五年（前 145）改稱相。

　　[3]【今注】武帝：劉徹。公元前 141 年至前 87 年在位。紀見本書卷六。

　　[4]【今注】賢良：漢朝察舉官吏的科目名，始於漢文帝二年（前 178）。指才能出衆，德行高尚。一般與"方正""文學"合稱。

　　[5]【今注】郎：官名。漢九卿之一郎中令（光禄勳）屬官，掌守皇宫門户，出行充皇帝車騎。有議郎、中郎、侍郎、郎中等。秩自比六百石至比三百石不等，無定員。或稱郎官、郎吏。案，漢制規定，吏二千石以上，視事滿三年，可以保舉子一人爲郎。

　　[6]【今注】槐里：縣名。治所在今陝西興平縣東南。

　　汲黯字長孺，濮陽人也。[1]其先有寵於古之衛君也。[2]至黯十世，[3]世爲卿大夫。[4]以父任，孝景時爲太子洗馬，[5]以嚴見憚。[6]

　　[1]【今注】濮陽：縣名。治所在今河南濮陽市西南。

　　[2]【顔注】文穎曰：六國時衛弱，但稱君也。【今注】衛君：衛國在戰國時已臣屬於趙國，先是貶稱侯，又貶稱爲君。

　　[3]【今注】十世：《史記》卷一二〇《汲鄭列傳》作"七世"。

　　[4]【今注】卿大夫：漢代對高級文官的泛稱。卿、大夫皆爲周官。秦漢時，卿僅表示官位等級，大夫名官則前加定語，如御史大夫、太中大夫、中大夫、諫大夫等。

　　[5]【顔注】孟康曰：大臣任舉其子弟爲官。【今注】太子洗馬：官名。太子太傅、少傅屬官。太子出則爲前導，引領儀仗。有定員十六人，禄秩比謁者。"洗馬"又作"先馬"。

　　[6]【今注】案，指汲黯以莊正嚴肅爲太子所敬憚。《史記·汲鄭列傳》"嚴"作"莊"，避東漢明帝劉莊諱改。

武帝即位，黯爲謁者。東粵相攻，[1]上使黯往視之。至吳而還，[2]報曰："粵人相攻，固其俗，不足以辱天子使者。"[3]河內失火，燒千餘家，上使黯往視之。還報曰："家人失火，屋比延燒，[4]不足憂。臣過河內，[5]河內貧人傷水旱萬餘家，或父子相食，臣謹以便宜，持節發河內倉粟以振貧民。[6]請歸節，伏矯制罪。"[7]上賢而釋之，遷爲滎陽令。[8]黯恥爲令，稱疾歸田里。上聞，迺召爲中大夫。以數切諫，不得久留內，[9]遷爲東海太守。[10]

[1]【今注】東粵：古族名。一作"東越"。主要分布在今福建、浙江及江西部分地區。漢初，分爲閩粵、東粵、南粵三部分。建元三年（前138），閩粵發兵圍東甌。

[2]【今注】吳：縣名。即吳縣。治所在今江蘇蘇州市。

[3]【今注】天子使者：西漢常以謁者、博士循行天下，代表皇帝視察地方。漢時使者多持節，故又稱使節。

[4]【顏注】師古曰：比，近也。言屋相近，故連延而燒也。比音頻寐反。

[5]【今注】河內：郡名。治懷縣（今河南武涉縣西南）。

[6]【今注】案，王念孫《讀書雜志・漢書第九》曰：《史記》"臣過河內"及"河內貧人""河內倉粟"，三"河內"並作"河南"，當據改。當時河內失火，武帝命汲黯前往視察，途經河南，見貧民傷水旱，因發倉粟賑濟。故汲黯未至河內，先過河南，故曰"臣過河南"。若汲黯已至河內而發粟賑濟災民，則當云"臣至河內"，不得言"過"。此三"河內"皆因上文"河內失火"而誤。

[7]【顏注】師古曰：矯，託也，託奉制詔而行之。【今注】矯制罪：妄託詐稱或不執行皇帝命令的罪行。又稱矯詔罪、詐爲制

書罪、詐傳詔旨罪。對矯詔罪的處罰有三種：矯制大害，處死；矯詔害，贖免；矯詔不害，免。

[8]【今注】滎陽：縣名。治所在今河南滎陽市東北。

[9]【今注】不得久留內：不能長久地在朝廷中做官。內，指皇宮、朝廷。

[10]【今注】東海：郡名。治郯縣（今山東郯城縣北）。　太守：官名。秦時稱郡守。掌一郡政務。秩二千石。

黯學黃老言，治官民，[1]好清静，擇丞史任之，[2]責大指而已，不細苛。黯多病，卧閣内不出。歲餘，東海大治，稱之。上聞，召爲主爵都尉，[3]列於九卿。[4]治務在無爲而已，引大體，不拘文法。[5]

[1]【今注】治官民：《史記》卷一二〇《汲鄭列傳》作“治官理民”。

[2]【顏注】如淳曰：擇郡丞及史任之也。鄭當時爲大司農，官屬丞史，亦是也。【今注】丞史：官名。秦及漢初郡府的主要屬吏。武帝時，左、右内史，大行及郡太守皆有丞史各二人，秩百石。三輔地區因地位重要，丞史秩二百石。

[3]【今注】主爵都尉：官名。掌列侯封爵之事，秩二千石。原作主爵中尉，景帝中元六年（前144）更名主爵都尉。按本書《百官公卿表下》，黯以建元六年（前135）爲主爵都尉，元朔五年（前124）徙爲右内史。

[4]【今注】九卿：泛指古代中央政府居卿位的高級官吏。又將其他一些秩中二千石的中央長官列入九卿。故汲黯以主爵都尉列於九卿。

[5]【今注】文法：法律條文。

爲人性倨，少禮，[1]面折，[2]不能容人之過。合己者善待之，不合者弗能忍見，士亦以此不附焉。然好游俠，任氣節，行脩絜。其諫，犯主之顏色。常慕傅伯、爰盎之爲人。[3]善灌夫、鄭當時及宗正劉棄疾。[4]亦以數直諫，不得久居位。

[1]【顏注】師古曰：倨，簡傲也，音居庶反。【今注】案，本書卷九〇《酷吏傳》云：汲黯爲忮。忮，固執、剛愎。

[2]【今注】面折：當面指責別人的過失。

[3]【顏注】應劭曰：傅伯，梁人，爲孝王將，素抗直也。【今注】爰盎：又作“袁盎”。字絲，楚人。吳楚七國之亂時，勸景帝斬鼂錯以謝吳。傳見本書卷四九。

[4]【今注】灌夫：字仲孺，潁陰（今河南許昌市）人。傳見本書卷五二。　宗正：官名。漢九卿之一。管理皇族和外戚名籍、犯罪等事。秩中二千石。　劉棄疾：《史記》卷一二〇《汲鄭列傳》作“劉棄”，徐廣注：“一云，名棄疾。”本書《百官公卿表下》亦作“劉棄”。

是時，太后弟武安侯田蚡爲丞相，[1]中二千石拜謁，[2]蚡弗爲禮。黯見蚡，未嘗拜，揖之。上方招文學儒者，[3]上曰吾欲云云，[4]黯對曰：“陛下內多欲而外施仁義，奈何欲效唐虞之治虖！”[5]上怒，變色而罷朝。公卿皆爲黯懼。上退，謂人曰：“甚矣，汲黯之戇也！”[6]群臣或數黯，[7]黯曰：“天子置公卿輔弼之臣，[8]寧令從諛承意，陷主於不誼虖？[9]且已在其位，縱愛身，奈辱朝廷何！”

[1]【今注】武安：縣名。治所在今河北武安市西南。　田蚡：内史長陵（今陝西咸陽市東北）人。武帝舅舅，因外戚封武安侯。傳見本書卷五二。

[2]【今注】中二千石：代指九卿。九卿皆爲中二千石。中即滿。

[3]【今注】文學儒者：賢良文學及精通儒家典籍和經學的學者。

[4]【顏注】張晏曰：所言欲施仁義也。師古曰：云云，猶言如此如此也。史略其辭耳。【今注】吾欲云云：周壽昌《漢書注校補》認爲，指武帝欲效法堯舜。

[5]【今注】唐虞：陶唐氏和有虞氏。上古部落名。陶唐氏居平陽（今山西臨汾市西南），其首領爲堯。有虞氏居蒲阪（今山西永濟市西），其首領爲舜。後世常以唐、虞時爲王道盛世。

[6]【今注】戇：痴愚、剛直。

[7]【顏注】師古曰：數，責之，音所具反。

[8]【今注】輔弼：輔佐君主的人。古代天子有四鄰，前曰疑，後曰承，左曰輔，右曰弼。

[9]【今注】不誼：不合乎道德。通“不義”。

　　黯多病，病且滿三月，上常賜告者數，終不瘉。[1]最後，嚴助爲請告。[2]上曰：“汲黯何如人也？”曰：“使黯任職居官，亡以瘉人，[3]然至其輔少主守成，雖自謂賁、育弗能奪也。”[4]上曰：“然。古有社稷之臣，至如汲黯，近之矣。”

[1]【顏注】如淳曰：杜欽所謂病滿賜告詔恩也。數者，非一也。師古曰：數音所各反（各，蔡琪本、大德本、殿本作“角”）。瘉與愈同。【今注】案，“病且滿三月”三句，古代官吏

休假稱"告"。超過三个月，當免官。假期已滿，天子賜予續假，在家養病，稱爲賜告。

　　[2]【今注】嚴助：傳見本書卷六四上。

　　[3]【顏注】師古曰：瘳，勝也，讀與愈同。

　　[4]【顏注】師古曰：孟賁、夏育，皆古之勇士也。賁音奔。【今注】案，《史記》卷一二〇《汲鄭列傳》作"然至其輔少主，守城深堅，招之不來，麾之不去，雖自謂賁、育亦不能奪之矣"。

　　大將軍青侍中，[1]上踞廁視之。[2]丞相弘宴見，[3]上或時不冠。至如見黯，不冠不見也。上嘗坐武帳，[4]黯前奏事，上不冠，望見黯，避帷中，使人可其奏。其見敬禮如此。

　　[1]【今注】大將軍：武官名。漢代將軍的最高稱號，掌統兵作戰。多由貴戚擔任，位高權重，位在三公上。　青：衛青。傳見本書卷五五。案，"大將軍青侍中"，本書卷五五《衛青傳》載，建元二年（前139），衛子夫入宮。其後，武帝召青爲建章監，侍中。元朔五年（前124）拜大將軍。

　　[2]【顏注】如淳曰：廁，圊也。孟康曰：廁，牀邊側也。師古曰：如說是也。【今注】踞廁：坐在牀邊。古代皇帝見大臣由坐改爲站立，以示尊重。坐在牀邊，表示輕蔑。

　　[3]【今注】丞相弘：公孫弘。元朔五年（前124）代薛澤爲丞相。傳見本書卷五八。

　　[4]【顏注】應劭曰：武帳，織成帳爲武士象也。孟康曰：今御武帳，置兵闌五兵於帳中也。師古曰：孟說是也。【今注】武帳：置有五兵（指矛、戟、鋪、據、弓矢）的帷帳，四周用彩色的帛圍繞，爲帝王所用。古代帝王有武帳爲休息之所，正殿爲治政之所。武帳在正殿之後。

　　張湯以更定律令爲廷尉，[1]黯質責湯於上前，[2]曰：
"公爲正卿，[3]上不能褒先帝之功業，下不能化天下之
邪心，安國富民，使囹圄空虛，何空取高皇帝約束紛
更之爲？[4]而公以此無種矣！"[5]黯時與湯論議，湯辯
常在文深小苛，[6]黯憤發，罵曰："天下謂刀筆吏不可
爲公卿，[7]果然。必湯也，令天下重足而立，仄目而
視矣！"[8]

　　[1]【顏注】師古曰：更，改也。【今注】張湯：西漢酷吏。
杜陵（今陝西西安市東南）人。與趙禹共定律令，執法嚴酷。元朔
三年（前126），張湯爲廷尉。傳見本書卷五九。

　　[2]【顏注】師古曰：質，對之也。

　　[3]【今注】正卿：廷尉爲九卿之一，九卿之外亦有卿官，故
稱廷尉爲正卿。

　　[4]【顏注】師古曰：言何爲乃紛亂而改更也。【今注】約束
紛更：以法令終結秦末混亂局面。高祖約法三章：殺人者死，傷人
及盜抵罪。後蕭何定律九章。本書《刑法志》載，張湯與趙禹等定
律令，"律、令凡三百五十九章，大辟四百九條，千八百八十二事，
死罪決事比萬三千四百七十二事。文書盈於几閣，典者不能徧睹"。

　　[5]【顏注】師古曰：言當誅及子孫也。

　　[6]【今注】文深小苛：法律條文嚴苛繁密。

　　[7]【今注】刀筆吏：主辦文案的官吏。需隨身携帶刀、筆，
以備削製簡牘，並書寫文書。

　　[8]【顏注】師古曰：重累其足，言懼甚也。仄，古側字也。
【今注】案，"重足而立"二句，後脚緊挨前脚站着，不敢邁步，
斜着眼睛看。形容非常恐懼的情態。

是時，漢方征匈奴，招懷四夷，[1]黷務少事，間常言與胡和親，毋起兵。[2]上方鄉儒術，[3]尊公孫弘，及事益多，吏民巧。[4]上分別文法，[5]湯等數奏決讞以幸。[6]而黯常毀儒，面觸弘等徒懷詐飾智，[7]以阿人主取容，而刀筆之吏專深文巧詆，[8]陷人於罔，[9]以自爲功。上愈益貴弘、湯，弘、湯心疾黯，雖上亦不説也，[10]欲誅之以事。[11]弘爲丞相，迺言上曰：“右內史界部中多貴人宗室，[12]難治，非素重臣弗能任，請徙黯爲右內史。”數歲，官事不廢。

[1]【今注】招懷：招徠安撫。

[2]【顏注】師古曰：每因間隙而言也。

[3]【顏注】師古曰：鄉讀曰嚮。【今注】儒術：漢代儒學融合道家、法家和陰陽五行等學説，爲加强統治而形成的理論、方法。

[4]【今注】吏民巧：《史記》卷一二〇《汲鄭列傳》作“吏民巧弄”。

[5]【今注】分別文法：將法令條文進行擴充或細化，使之繁苛，加重對吏民的刑罰。

[6]【今注】決讞：判案定罪。張湯等人將案件上奏皇帝裁決，以求寵幸。

[7]【今注】面觸弘等徒懷詐飾智：因汲黯好黄老，故當面直斥公孫弘等祇不過心存欺詐裝作有智慧。

[8]【顏注】師古曰：詆，毀辱也，音丁禮反。【今注】深文巧詆：以不實之語進行羅織罪名、詆毀他人。

[9]【今注】陷人於罔：污陷他人入刑獄。罔，法網。

[10]【顏注】師古曰：説讀曰悦。

[11]【顏注】師古曰：以事致其罪而誅也。

[12]【今注】右內史：漢代政區名。指京畿地方。景帝前元二年（前155），分內史置左、右內史。太初元年（前104），以右內史東半部之地置京兆尹，西半部地置右扶風。職掌同郡守。

　　大將軍青既益尊，姊爲皇后，[1]然黯與亢禮。[2]或說黯曰：“自天子欲令群臣下大將軍，[3]大將軍尊貴，誠重，[4]君不可以不拜。”黯曰：“夫以大將軍有揖客，反不重耶？”[5]大將軍聞，愈賢黯，數請問以朝廷所疑，遇黯加於平日。淮南王謀反，[6]憚黯，曰：“黯好直諫，守節死義；[7]至說公孫弘等，如發蒙耳。”[8]上既數征匈奴有功，黯言益不用。

　　[1]【今注】姊爲皇后：衞青的姐姐衞子夫。元朔元年（前128），生漢武帝長子劉據，獲立爲皇后。

　　[2]【今注】亢禮：以平等的禮節對待。原指長揖而不拜的禮節，後指地位相等、互相對立。

　　[3]【顏注】師古曰：下音胡稼反。【今注】下：使群臣屈從於大將軍。

　　[4]【今注】誠重：應當受到尊重。《史記》卷一二〇《汲鄭列傳》作“大將軍尊重益貴”。

　　[5]【顏注】師古曰：言能降貴以禮士，最爲重也。【今注】揖客：衹是拱手而不下跪叩頭的客人，地位較爲尊貴。

　　[6]【今注】淮南王謀反：在元狩元年（前122），淮南王劉安謀反，自殺。

　　[7]【今注】案，《史記·汲鄭列傳》“守節死義”後有“難惑以非”四字。

[8]【顏注】師古曰：說音式銳反。【今注】發蒙：啓發蒙昧。原義爲開始學習識字讀書，指比較容易的事情。

始黯列九卿矣，而公孫弘、張湯爲小吏。[1]及弘、湯稍貴，與黯同位，黯又非毀弘、湯。已而弘至丞相封侯，湯御史大夫，[2]黯時丞史皆與同列，[3]或尊用過之。黯褊，心不能無少望，[4]見上，言曰："陛下用群臣如積薪耳，後來者居上。"[5]黯罷，上曰："人果不可以無學，觀汲黯之言，日益甚矣。"[6]

[1]【今注】案，"始黯列九卿"二句，汲黯以建元六年（前135）爲主爵都尉，列九卿。公孫弘於元光五年（前130）始徵賢良文學，此前曾爲獄吏。張湯爲長安吏。九卿，秦漢時期中央官職的總稱，包括奉常（後改太常）、郎中令（後改光祿勳）、衛尉、太僕、廷尉、典客（後改大鴻臚）、宗正、少府、治粟内史（後改大司農）。此處泛指中央高級官吏。

[2]【今注】案，弘爲相封侯在元朔五年（前124）。漢常以列侯爲丞相，唯公孫弘無爵，武帝於是下詔封爲平津侯。湯爲御史大夫在元狩三年（前120）。御史大夫，官名。主管圖籍文書，考課、監察。秩中二千石。

[3]【今注】黯時丞史：汲黯爲主爵都尉時所屬之丞史。

[4]【顏注】師古曰：褊，陿也。望，怨也。【今注】黯褊心不能無少望：汲黯氣量狹小，不能不有一些怨望。此句斷句應作"黯褊，心不能無少望"。望，埋怨。

[5]【今注】後來者居上：黯時丞史或與其同列，甚至官爵高於汲黯，故汲黯有此語。

[6]【顏注】師古曰：言其鄙俚也。或曰，積薪之言出曾子，故云不可無學也。【今注】案，"人果不可以無學"三句，武帝此

時尊崇儒術，信任公孫弘，而汲黯時常詆毀儒術，與公孫弘争辯，故武帝稱其愚戆日更甚。

居無何，匈奴渾邪王帥衆來降，[1]漢發車二萬乘。縣官亡錢，[2]從民貰馬，[3]民或匿馬，馬不具。上怒，欲斬長安令。[4]黯曰："長安令亡罪，獨斬臣黯，民迺肯出馬。且匈奴畔其主而降漢，徐以縣次傳之，[5]何至令天下騷動，罷中國，甘心夷狄之人乎！"[6]上默然。後渾邪王至，賈人與市者，坐當死五百餘人。黯入，請閒，見高門，[7]曰："夫匈奴攻當路塞，絶和親，中國舉兵誅之，死傷不可勝計，而費以鉅萬百數。[8]臣愚以爲陛下得胡人，皆以爲奴婢，賜從軍死者家；鹵獲，[9]因與之，以謝天下，[10]塞百姓之心。[11]今縱不能，渾邪帥數萬之衆來，虛府庫賞賜，發良民侍養，若奉驕子。愚民安知市買長安中而文吏繩以爲闌出財物如邊關乎？[12]陛下縱不能得匈奴之贏以謝天下，[13]又以微文殺無知者五百餘人，臣竊爲陛下弗取也。"[14]上弗許，曰："吾久不聞汲黯之言，今又復妄發矣。"

[1]【顏注】師古曰：渾音胡昆反。【今注】渾邪王：亦作"昆邪王""混邪王"。西漢諸侯。原爲匈奴諸王。元狩二年（前121），爲霍去病所敗，降漢。次年封漯陰侯。事迹見本書卷九四《匈奴傳上》。

[2]【今注】縣官：官府。又代指天子、朝廷。楊振紅認爲，以"縣官"稱天子、國家的制度始於秦始皇統一中國。意爲秦從諸侯國君升格爲天子，成爲居住在縣内（王畿）統治天下的官。（參

見楊振紅《“縣官”之由來與戰國秦漢時期的“天下”觀》,《中國史研究》2019 年第 1 期)

[3]【顏注】師古曰:賒買也。【今注】從民貰(shì)馬:向民間借馬。貰,借用。

[4]【今注】長安:縣名。治所在今陝西西安市西北。

[5]【今注】徐以縣次傳之:令所過諸縣慢慢地按順序以傳車遞送。傳,傳車。傳車爲古代驛站專用車輛,每到一傳舍,即換車換馬換御者,繼續前行,取其快速。傳舍一般爲三十里一置,也有以一縣爲間距的。據拉車馬匹的多少與優劣,由高到低分爲四等:傳置、馳置、乘置、軺置。“六乘傳”“七乘傳”爲特殊情況,分別爲六匹馬、七匹馬。(參見梁錫鋒《漢代乘傳制度探討》,《河南師範大學學報》2004 年第 2 期)

[6]【顏注】師古曰:罷讀曰疲。

[7]【顏注】晉灼曰:《三輔黃圖》未央宮中有高門殿也。

[8]【顏注】師古曰:即數百鉅萬也。

[9]【今注】鹵獲:鹵掠所得的財物。

[10]【今注】案,《史記》卷一二〇《汲鄭列傳》“以謝天下”後有“之苦”二字。

[11]【顏注】師古曰:塞,滿也。

[12]【顏注】應劭曰:闌,妄也。律,胡市,吏民不得持兵器及錢出關(錢,大德本、殿本作“鐵”)。雖於京師市買,其法一也。臣瓚曰:無符傳出入爲闌也。【今注】闌出財物如邊關:錢大昭《漢書辨疑》認爲,“闌”當作“闚”。指未經允許出入宮掖。高后時,明確法令規定禁止金鐵田器等出邊關。此時胡、漢長安中互市,雖未出邊關,但觸犯上此類法令,故仍援用此法處置。

[13]【顏注】師古曰:贏,餘也,音弋成反。

[14]【今注】案,《史記·汲鄭列傳》“臣”上有“是所謂‘庇其葉而傷其枝’者也”一句。

後數月，黯坐小法，會赦，免官。[1]於是黯隱於田園者數年。[2]會更立五銖錢，[3]民多盜鑄錢者，楚地尤甚。[4]上以爲淮陽，[5]楚地之郊也，召黯拜爲淮陽太守。[6]黯伏謝不受印綬，詔數强予，然後奉詔。召上殿，黯泣曰："臣自以爲塡溝壑，不復見陛下，[7]不意陛下復收之。臣常有狗馬之心，[8]今病，力[9]不能任郡事。臣願爲中郎，[10]出入禁闥，[11]補過拾遺，臣之願也。"上曰："君薄淮陽邪？吾今召君矣。[12]顧淮陽吏民不相得，[13]吾徒得君重，[14]臥而治之。"

[1]【今注】案，本書《百官公卿表上》，漢武帝元狩四年（前119）以義縱代汲黯。

[2]【今注】數年：漢武帝元狩五年（前118）行五銖錢。故王先謙《漢書補注》認爲，汲黯以盜鑄事復拜官，則其隱居祇有一年，不得云"數年"。

[3]【今注】五銖錢：漢代銅錢名。武帝元狩五年，因三銖錢太輕，改鑄五銖錢。重五銖，上有"五銖"二字。

[4]【今注】楚地：戰國時楚國所在地區。在今湖北、安徽等地。

[5]【今注】淮陽：郡名。治陳縣（今河南淮陽縣）。王鳴盛《十七史商榷》卷二四認爲，《地理志》有淮陽國，無淮陽郡。淮陽郡國改易凡八九次，終爲國，故《地理志》略去中間沿革，祇稱淮陽國。自景帝四年爲郡，至宣帝元康三年，爲郡約九十年。汲黯爲淮陽守當武帝時。黯下自言"棄逐居郡"，又"上令黯以諸侯相秩居淮陽"，則此時淮陽是郡。

[6]【顏注】師古曰：郊謂交道衝要之處也。

[7]【顏注】師古曰：塡音大賢反。【今注】塡溝壑：《戰國

策·趙策四·趙太后新用事》載，左師公"願及未填溝壑而託之"，指人死後無人將其尸體埋葬，而扔在山溝裏。對死的婉稱。

［8］【顏注】師古曰：思報效。

［9］【顏注】師古曰：力謂甚也。

［10］【今注】中郎：官名。秦漢九卿之一郎中令（光祿勳）所屬郎官之一。擔任宮中護衛、侍從，秩比六百石。

［11］【今注】禁闥：宮廷門户。亦指宮廷、朝廷。

［12］【顏注】師古曰：言後即召也。

［13］【顏注】師古曰：顧謂思念也。

［14］【顏注】師古曰：徒，但也。重，威重也。

　　黯既辭，過大行李息，[1]曰："黯棄逐居郡，不得與朝廷議矣。[2]然御史大夫湯智足以距諫，詐足以飾非，[3]非肯正爲天下言，專阿主意。主意所不欲，因而毁之；主意所欲，因而譽之。好興事，舞文法，[4]内懷詐以御主心，外挾賊吏以爲重。公列九卿不早言之何？[5]公與之俱受其戮矣！"息畏湯，終不敢言。

　　［1］【今注】大行：官名。即大行令。掌接待賓客。秦及漢初的典客，景帝中六年（前144）更名大行令，簡稱大行。武帝太初元年（前104）改大行令爲大鴻臚，並將其屬官行人改稱大行令。

　　李息：鬱郅（今甘肅慶陽市西北）人。武帝元光二年（前133），爲材官將軍，與韓安國、李廣等擊匈奴於馬邑。後率軍出擊匈奴、平定西羌。元狩元年（前122），任大行令。

　　［2］【顏注】師古曰：與讀曰豫。【今注】棄逐：被疏遠放逐。

　　［3］【今注】案，《史記》卷一二〇《汲鄭列傳》此句後有"務巧佞之語，辯數之辭"二句。

　　［4］【顏注】如淳曰：舞猶弄也。

[5]【顏注】師古曰：言何不早言也。

黯居郡如其故治，淮陽政清。[1]後張湯敗，上聞黯與息言，抵息罪。[2]令黯以諸侯相秩居淮陽。[3]居淮陽十歲而卒。卒後，上以黯故，官其弟仁至九卿，子偃至諸侯相。黯姊子司馬安亦少與黯爲太子洗馬。安文深巧善宦，四至九卿，[4]以河南太守卒。[5]昆弟以安故，同時至二千石十人。濮陽段宏始事蓋侯信，[6]信任宏，[7]官亦再至九卿。然衛人仕者皆嚴憚汲黯，[8]出其下。

[1]【今注】案，陳直《漢書新證》據《太平御覽》卷八三六引楊子《法言》，淮陽鑄僞錢，吏不能禁。汲黯爲太守，不壞一爐，不刑一人，高枕而臥，淮陽政清。《論衡·自然篇》云：淮陽鑄潙錢，吏不能禁。汲黯爲太守，不壞一鑊，不刑一人，高枕安臥而淮陽政清。

[2]【今注】抵息罪：王先謙《漢書補注》據《武紀》，元鼎二年（前115），張湯自殺。《百官公卿表下》於是年書“張騫爲大行令”，是李息因張湯事得罪去職。

[3]【顏注】如淳曰：諸侯王相在郡守上，秩真二千石。律，真二千石月得百五十斛，歲凡得千八百石耳。二千石月得百二十斛，歲凡得一千四百四十石耳。【今注】諸侯相秩：汲黯爲淮陽太守，秩二千石。但武帝給他諸侯相秩的待遇。諸侯王相秩真二千石，在郡守之上。

[4]【今注】四至九卿：周壽昌《漢書注校補》據《百官表下》載，司馬安，元狩元年（前122）爲中尉，三年、五年均爲廷尉。汲黯出爲淮陽太守時，正是司馬安爲廷尉時。

[5]【今注】河南：郡名。治雒陽（今河南洛陽市東北）。

[6]【顏注】服虔曰：景帝王皇后兄也。【今注】濮陽：縣名。治所在今河南濮陽市西南。　蓋侯信：西漢外戚。即王信。字長君，槐里（今陝西興平市東）人。景帝王皇后之兄。

[7]【顏注】蘇林曰：任，保舉。

[8]【今注】衞人：濮陽原爲衞國都城，故衞人與濮陽人同鄉。

　　鄭當時字莊，陳人也。[1]其先鄭君嘗事項籍，[2]籍死而屬漢。高祖令諸故項籍臣名籍，[3]鄭君獨不奉詔。詔盡拜名籍者爲大夫，而逐鄭君。鄭君死。

[1]【今注】陳：縣名。治所在今河南淮陽縣。

[2]【今注】鄭君：王先謙《漢書補注》據《新唐書·宰相世系表》稱，鄭君名榮。　項籍：名籍，字羽。下相（今江蘇宿遷市西南）人。傳見本書卷三一。

[3]【今注】高祖：劉邦。紀見本書卷一。　名籍：直呼項籍的名字。

　　孝文時，當時以任俠自喜，[1]脫張羽於阨，[2]聲聞梁楚閒。[3]孝景時，爲太子舍人。[4]每五日洗沐，[5]常置驛馬長安諸郊，[6]請謝賓客，[7]夜以繼日，至明旦，常恐不徧。當時好黃老言，其慕長者，如恐不稱。[8]自見年少官薄，然其知友皆大父行，天下有名之士也。[9]

[1]【今注】任俠：崇尚氣節而樂於助人。

[2]【顏注】服虔曰：梁孝王將，楚相之弟也。師古曰：喜

音許吏反。脱音佗活反。【今注】脱張羽於陷：梁孝王的將領張
羽，其兄張尚爲楚相。吳楚七國之亂時，張尚諫楚王勿反，不聽，
被殺。鄭當時於亂軍中救了張羽。梁孝王以張羽爲將軍，率梁軍抵
禦吳楚聯軍，使梁國未被攻陷，由此顯名於世。

[3]【今注】梁楚：漢代諸侯王國梁國、楚國所在區域，在今
河南東部、江蘇北部一帶。梁國，都睢陽（今河南商丘市睢陽區）。
楚國，都彭城（今江蘇徐州市）。

[4]【今注】太子舍人：官名。掌太子東宮的更直宿衛。西漢
太子太傅、少傅屬官均有太子舍人。

[5]【今注】每五日洗沐：漢代中央官吏府舍分離，平時居住
於官舍，每五日得一休沐，以與家屬團聚。這種洗沐具有洗心浴德
的作用，也與秦漢時期健康觀念有關。

[6]【顏注】如淳曰：郊，交道四通處也，以請賓客便。臣
瓚曰：長安四面郊祀之處，閒靜可以請賓客也。師古曰：二説皆
非也。此謂長安城外四面之郊耳。邑外謂之郊，近郊二十里。【今
注】諸郊：長安城四面郊外。周圍三十里的地區叫郊。二十里以内
爲近郊。

[7]【今注】請：拜謁。《史記》卷一二〇《汲鄭列傳》上有
"存諸故人"四字。

[8]【顏注】師古曰：恐不稱其意。

[9]【顏注】師古曰：大父謂祖父。行音胡浪反。

武帝即位，當時稍遷爲魯中尉，[1]濟南太守，[2]江
都相，[3]至九卿爲右内史。[4]以武安魏其時議，[5]貶秩
爲詹事，[6]遷爲大司農。[7]

[1]【今注】魯：魯國，侯國名。都曲阜（今山東曲阜市）。
中尉：官名。掌武職，備盗賊。漢初諸侯國官制如中央。景帝中

元五年（前 145），令諸侯王不得治國，天子爲置吏。諸侯國中尉如同郡中尉。

　　[2]【今注】濟南：郡名。治東平陵（今山東濟南市章丘區西北）。

　　[3]【今注】江都：王國名。都廣陵（今江蘇揚州市北）。

　　[4]【今注】案，本書《百官公卿表下》，鄭當時爲右內史在建元四年（前 137）。

　　[5]【顏注】師古曰：議田蚡及竇嬰事。【今注】魏其：竇嬰。傳見本書卷五二。

　　[6]【今注】詹事：官名。掌皇后、太子家事。秩二千石。

　　[7]【今注】大司農：官名。原爲秦朝治粟內史。掌租稅錢穀鹽鐵和經濟財政。秩中二千石。《漢書考證》齊召南認爲，景帝後元元年（前 143）改稱大農令，武帝太初元年（前 104）始稱大司農。鄭當時爲大農令在元光（前 134—前 129）中，故當作“大農令”。《史記》卷一二〇《汲鄭列傳》正作“遷爲大農令”。

　　當時爲大吏，戒門下：“客至，亡貴賤亡留門者。”[1]執賓主之禮，以其貴下人。性廉，又不治産，卬奉賜給諸公。[2]然其饋遺人，不過具器食。[3]每朝，候上閒説，未嘗不言天下長者。[4]其推轂士及官屬丞史，誠有味其言也。[5]常引以爲賢於己。[6]未嘗名吏，[7]與官屬言，若恐傷之。聞人之善言，進之上，唯恐後。山東諸公以此翕然稱鄭莊。[8]

　　[1]【今注】亡貴賤亡留門者：鄭當時告訴門下管事的人，如果有客人來，無論貴賤，應及時通報，門口不要有停留等候的人。

　　[2]【顏注】師古曰：卬音牛向反。奉音扶用反。

[3]【顏注】師古曰：猶今言一盤食也。【今注】具器食：沈欽韓《漢書疏證》認爲，"具"《史記》作"算"，徐廣曰："算，竹器。"算字當爲"篹"字壞筆。據《說文》，篹爲竹器。則作"算""貿"，皆"篹"字壞脱。吳恂《漢書注商》以爲具、算爲"簋"字缺筆，爲盛食之器。

[4]【顏注】師古曰：候天子閒隙之時，其所稱説，皆言長者也。【今注】案，"候上閒説"二句意爲等武帝閑暇之時，爲武帝推薦天下有才能德行的人。

[5]【顏注】師古曰：推轂，言薦舉人，如車轂之運轉也。有味者，其言甚美也。

[6]【今注】常引以爲賢於己：鄭當時引薦人才，往往夸獎他們，以爲賢於自己。

[7]【今注】名吏：對下屬吏員直呼其名。

[8]【今注】山東：戰國秦漢時期指崤山或華山以東的廣大地區。

　　使視決河，[1] 自請治行五日。[2] 上曰："吾聞鄭莊行，千里不齎糧，治行者何也？"然當時在朝，常趨和承意，[3] 不敢甚斥臧否。

[1]【今注】決河：黄河決口。事在武帝元光三年（前132）。

[2]【顏注】如淳曰：治行，謂莊嚴。【今注】治行：整理行裝，準備衣食用品。

[3]【顏注】師古曰：趨讀曰趣。趣，向也。和音胡卧反。

　　漢征匈奴，招四夷，天下費多，財用益屈。[1] 當時爲大司農，任人賓客僦[2] 入多逋負。[3] 司馬安爲淮陽太守，發其事，當時以此陷罪，贖爲庶人。頃之，守長史。[4]遷汝南太守,[5]數歲,以官卒。昆弟以當時故,至二千石者六七人。[6]

[1]【顏注】師古曰:屈,盡也,音其勿反。

[2]【顏注】晉灼曰:當時爲大司農,而任使其賓客牽較作僦也。師古曰:僦謂受顧賃而載運也。言當時保任其賓客於司農載運也。僦音子就反。

[3]【今注】案,“任人賓客僦入多逋負”一句,所保舉的賓客爲大司農斂財取利。但賓客雇人虛報雇價,收入甚多,使大司農官府錢財有虧損。《史記》卷一二〇《汲鄭列傳》作“莊任人賓客爲大農僦人”。入,當作“人”。僦人,漢時受雇於人承擔運載物貨任務的人。任人,所保舉的人。

[4]【顏注】如淳曰:丞相長史也。【今注】長史:官名。漢代三公、將軍府皆設,爲諸掾史之長,秩千石。

[5]【今注】汝南:郡名。治上蔡(今河南上蔡縣西南)。

[6]【今注】案,王先謙《漢書補注》云,《史記·汲鄭列傳》作“兄弟子孫以莊故”,“子孫”二字不可省。武帝於汲、鄭兩人並以東宮舊恩加厚待。

當時始與汲黯列爲九卿,内行修。[1]兩人中廢,[2]賓客益落。[3]當時死,家亡餘財。先是下邽翟公爲廷尉,[4]賓客亦填門,[5]及廢,門外可設爵羅。[6]後復爲廷尉,客欲往,翟公大署其門[7]曰:“一死一生,迺知交情;一貧一富,迺知交態;一貴一賤,交情迺見。”[8]

[1]【今注】案,《史記》卷一二〇《汲鄭列傳》“修”後有

“絜”字。

[2]【今注】中廢：罷官家居。

[3]【顏注】師古曰：落，散也。

[4]【顏注】蘇林曰：邽音圭，京兆縣名也。【今注】下邽：縣名。治所在今陝西渭南市東北。案，本書《百官公卿表下》，翟公爲廷尉在元光五年（前130）。

[5]【顏注】師古曰：填，滿也，音田。

[6]【顏注】師古曰：言其寂静，無人行也。【今注】爵羅：捕雀用的網。爵，同“雀”。

[7]【顏注】師古曰：署謂書之。【今注】大署：以大字書寫匾額。署書，秦統一後文字八體之一。多用於題榜、封檢。翟公爲廷尉在元光五年（前130），與鄭莊官大農令同時。

[8]【顏注】師古曰：見音胡電反。

　　贊曰：張釋之之守法，馮唐之論將，汲黯之正直，鄭當時之推士，不如是，亦何以成名哉！楊子以爲孝文親詘帝尊以信亞夫之軍，[1]曷爲不能用頗、牧彼將有激云爾。[2]

[1]【顏注】師古曰：楊子，謂楊雄也。信讀曰伸。【今注】楊子：揚雄。傳見本書卷八七。揚雄語見《法言·重黎篇》，原文作“或問：‘馮唐面文帝得廉頗、李牧不能用也，諒乎？’曰：‘彼將有激也。親屈帝尊，信亞夫之軍，至頗、牧，曷不用哉？’‘德？’曰：‘罪不孥，宫不女，館不新，陵不墳。’”

[2]【顏注】師古曰：謂馮唐欲理魏尚，故以此言激文帝也。

漢書　卷五一

賈鄒枚路傳第二十一[1]

　　[1]【今注】案，本傳所叙賈山、鄒陽、枚乘附子枚皋、路温舒等人，皆能上書建言，故列爲一傳。

　　賈山，潁川人也。[1]祖父袪，故魏王時博士弟子也。[2]山受學袪所，言涉獵書記，[3]不能爲醇儒。[4]嘗給事潁陰侯爲騎。[5]

　　[1]【今注】潁川：郡名。治陽翟（今河南禹州市）。
　　[2]【顏注】師古曰：六國時魏也。【今注】博士弟子：沈欽韓《漢書疏證》認爲，此處爲關於博士弟子最早的記載，但六國時並無博士弟子，故疑此處“弟子”二字爲衍文。博士，官名。秦置，漢因之，隸屬九卿之一奉常（太常）。掌典籍、備顧問，參與議政、典禮，教授弟子。秩比六百石。博士的弟子就學於太學，稱博士弟子。武帝元朔五年（前 124），丞相公孫弘建議，爲博士官置弟子五十人，免除其徭役。由太常選拔，郡國察舉，受業如弟子。能通一藝者補文學掌故，其高者可以爲郎中。
　　[3]【今注】言涉獵書記：廣泛地瀏覽書籍而不深入鑽研。獵，本義爲步行踐履，通“躐”。書記，用以記事的文字。指書籍。吳恂《漢書注商》認爲，“言”當作“喜”。

　　[4]【顔注】師古曰：涉若涉水，獵若獵獸，言歷覽之不專精也。醇者，不雜也。【今注】醇儒：學識精粹的儒者。施之勉《漢書集釋》引黃震説認爲，不能爲醇儒指不專守一經。

　　[5]【顔注】師古曰：爲騎者，常騎馬而從也。【今注】給事：供職。　潁陰侯：灌嬰。漢初功臣。傳見本書卷四一。潁陰，縣名。治所在今河南許昌市。　爲騎：爲潁陰侯的隨從騎士。又作"騎吏"。漢制，民年滿二十三歲需爲材官或騎士一年，練習騎射戰陣，也用作儀仗侍從。有郡國騎士、三輔騎士。

　　孝文時，[1]言治亂之道，借秦爲諭,[2]名曰至言。[3]其辭曰：

　　[1]【今注】孝文：漢文帝劉恒。公元前 179 年至前 158 年在位。紀見本書卷四。
　　[2]【今注】借秦爲諭：漢初對秦朝暴政的批判和反思，形成了"過秦"思想，產生了像陸賈、賈誼、賈山、《淮南子》等人物和著作（參見張強《西漢"過秦"思潮的發生和發展——從陸賈到司馬遷》，《淮陰師範學院學報》2004 年第 2 期）。
　　[3]【今注】至言：正直中肯的言論。本書《藝文志》有《賈山》八篇，此即其中一篇，全文收在本卷。清人馬國翰輯一卷。

　　臣聞爲人臣者，盡忠竭愚，以直諫主，不避死亡之誅者，臣山是也。臣不敢以久遠諭，願借秦以爲諭，唯陛下少加意焉。[1]

　　[1]【今注】唯：語助詞。表示請求、希望。　陛下：古代對皇帝的代稱。陛，宮殿的臺階。

夫布衣韋帶之士，[1]脩身於內，成名於外，而使後世不絕息。[2]至秦則不然。[3]貴爲天子，富有天下，賦斂重數，百姓任罷，[4]赭衣半道，群盜滿山，[5]使天下之人戴目而視，傾耳而聽。[6]一夫大譁，天下嚮應者，陳勝是也。[7]秦非徒如此也，起咸陽而西至雍，[8]離宮三百，[9]鍾鼓帷帳，不移而具。[10]又爲阿房之殿，殿高數十仞，[11]東西五里，南北千步，[12]從車羅騎，[13]四馬騖馳，[14]旌旗不橈。[15]爲宮室之麗至於此，使其後世曾不得聚廬而託處焉。[16]爲馳道於天下，[17]東窮燕齊，[18]南極吳楚，[19]江湖之上，瀕海之觀畢至。[20]道廣五十步，三丈而樹，[21]厚築其外，隱以金椎，[22]樹以青松。爲馳道之麗至於此，使其後世曾不得邪徑而託足焉。死葬乎驪山，[23]吏徒數十萬人，[24]曠日十年。[25]下徹三泉，[26]合采金石，冶銅錮其內，柒塗其外，[27]被以珠玉，飾以翡翠，[28]中成觀游，上成山林。[29]爲葬薶之侈至於此，使其後世曾不得蓬顆蔽冢而託葬焉。[30]秦以熊羆之力，[31]虎狼之心，蠶食諸侯，并吞海內，[32]而不篤禮義，[33]故天殃已加矣。臣昧死以聞，[34]願陛下少留意而詳擇其中。[35]

[1]【顏注】師古曰：言貧賤之人也。韋帶，以單韋爲帶，無飾也。【今注】布衣韋帶：古時未仕或隱居在野者穿的粗陋衣服。韋，去毛熟製、沒有裝飾的皮革。

[2]【今注】息：子孫後代。

　　［3］【今注】至秦則不然：王先謙《漢書補注》認爲，指貧賤之人尚且希望修身成就好的名聲，以傳揚於後世，秦朝却二世而亡。

　　［4］【顔注】師古曰：數，屢也。任謂役事也。罷，讀曰"疲"，任疲言疲於役使也。【今注】賦斂：徵收賦税。秦漢按人丁徵軍賦，按田畝徵田租。　任罷：疲於徭役。罷，同"疲"。

　　［5］【顔注】師古曰：犯罪者則衣赭衣，行道之人半著赭衣，言被罪者衆也。盜賊皆依山爲阻，故云滿山也。【今注】案，"赭衣半道"二句，因犯罪被處罰的人很多，山林中隱藏的盜賊也很多。赭衣，古代因犯所穿的赤褐色衣服，後借爲囚犯的代稱。此二句本書《刑法志》作"赭衣塞路，囹圄成市"。

　　［6］【顔注】師古曰：戴目者，言常遠視，有异志也。傾耳而聽，言樂禍亂也。【今注】戴目而視：舉目仰視，即怒目而視。
傾耳而聽：側着耳朵細聽，常有戒心，寢食不安。

　　［7］【顔注】師古曰：譁字與呼同。譁，叫也，音火故反。"嚮"讀曰"響"。【今注】陳勝：秦末首先反秦的起義首領。傳見本書卷三一。

　　［8］【今注】咸陽：古都名。故城遺址在今陝西咸陽市渭城區窰店鎮一帶。公元前350年，秦孝公自櫟陽遷都於此。　雍：古邑名。在今陝西鳳翔縣西南。春秋時秦國都邑。秦德公元年（前677）遷此。

　　［9］【顔注】師古曰：凡言離宮者，皆謂於別處置之，非常所居也。【今注】離宮三百：離宮，古代皇帝正宫以外的臨時居所，常設於都城以外。王先謙《漢書補注》引《史記》卷六《秦始皇本紀》"關中計宫三百，關外四百餘"，認爲這是舉總數而説。又云"乃令咸陽之旁二百里内宫觀二百七十復道甬道相連"，據此，咸陽以西離宮止有二百七十，並非三百。所謂離宮三百，祇是形容離宮之多，並非實際數量。本書《五行志下之上》亦載"秦遂不

改，至於離宮三百"。

[10]【今注】案，"鍾鼓帷帳"二句，指懸掛着的鐘鼓等樂器用不着搬動，到處都有。比喻秦宮室奢侈。

[11]【顏注】師古曰：阿房者，言殿之四阿皆爲房也。一説大陵曰阿，言其殿高若於阿上爲房也。房字或作旁，説云始皇作此殿，未有名，以其去咸陽近，且號阿旁。阿，近也。八尺曰仞。【今注】阿房之殿：秦宮名。即阿房宮。築於秦始皇三十五年（前212），未完成而始皇死，二世繼續修建。遺址北起今陝西西安市三橋鎮西北之新軍寨、後圍寨，南至王寺村、和平村北緣，縱長五千米；東以皂河爲界，西迄西安市長安區小蘇村、紀陽村，橫寬五千米（參見王學理《"阿房宮""阿房前殿"與"前殿阿房"的考古學解讀》，載黃留珠、魏全瑞主編《周秦漢唐文化研究》第4輯，三秦出版社2006年版）。

[12]【今注】案，"東西五里"二句，《史記·秦始皇本紀》作"東西五百步，南北五十丈"，《正義》引《三輔舊事》云"阿房宮東西三里，南北五百步"，與此不同。

[13]【今注】從車羅騎：隨從巡視的車騎。此爲古書中互文現象。

[14]【今注】四馬騖馳：用四匹馬駕駛車縱橫馳騁。秦漢時皇帝乘輿用六馬，副車駕四馬。

[15]【顏注】師古曰：橈，屈也。言庭之廣大，殿之高敞，衆騎馳騖無所迫觸，建立旌旗不屈橈。橈，音女孝反。

[16]【今注】聚廬：房屋連成一片而聚居。但吳恂《漢書注商》認爲，"聚"當作"堅"，堅廬如同土室。

[17]【今注】馳道：專供天子行馳車馬的道路，亦泛指行馳車馬的道路。始皇二十七年（前220）開始修築。

[18]【今注】燕：古國名。都薊（今北京市内西南）。在今河北北部和遼寧西部。戰國七雄之一。　齊：古國名。都臨菑（今山

東淄博市東北）。在今山東北部。戰國七雄之一。

[19]【今注】吴：古國名。都吴（今江蘇蘇州市）。在今江蘇、上海一帶以及安徽東北、浙江北部。 楚：古國名。都壽春（今安徽壽春市）。戰國時疆域東北到今山東南部，東南至錢塘江以北，西南至今廣西東北部。戰國七雄之一。

[20]【顔注】師古曰：瀕，水涯也。瀕海，謂緣海之邊也。畢，盡也。瀕，音“頻”，又音“賓”，字或作“濱”，音義同。【今注】瀕海之觀：沿海的景觀。

[21]【今注】三丈而樹：王先謙《漢書補注》引王先慎説，三丈指馳道中央之地，祇有皇帝可以通行，故種樹以爲界。秦漢制，馳道有“中道”與“旁道”的區别，“中道”爲御道，專供皇帝使用，諸侯等即使可以在馳道上行車，也祇能在道路兩邊的旁道上行駛，不能在中央三丈處，否則會將其車馬没收（参見蘇誠鑒《“馳道”的修築與規制》，《安徽史學》1986 年第 2 期）。楊樹達《漢書窺管》則認爲，“三丈而樹”指道之兩旁每三丈植一棵樹。

[22]【顔注】服虔曰：作壁如甬道。隱築也，以鐵椎築之。師古曰：築令堅實而使隆高耳，不爲甬壁也。隱，音於靳反。【今注】隱以金椎：周壽昌《漢書注校補》認爲，以金椎築之，使之堅固。“隱”即“穩”字，即安穩、牢固。金椎，鐵製捶擊工具。

[23]【今注】驪山：秦嶺北側山脈的支峰。在今陝西西安市臨潼區東南。

[24]【顔注】師古曰：吏以督領，徒以役作也。【今注】案，“吏徒數十萬人”，《史記·秦始皇本紀》載，始皇初即位，治酈山。統一六國後，天下徒送詣七十餘萬人。

[25]【顔注】師古曰：曠，空也，廢也。言爲重役，空廢時日，積年歲也。

[26]【顔注】師古曰：三重之泉，言其深也。【今注】三泉：三重之泉，即地下深處死者所居的地方。《史記·秦始皇本紀》作

"穿三泉,下銅而致椁"。

[27]【顏注】師古曰:錮謂鑄而合之也,音固。【今注】案,"合采金石"三句,《漢舊儀》作"錮水泉絕之,塞以文石,致以丹漆"。

[28]【顏注】應劭曰:雄曰翡,雌曰翠。臣瓚曰:《异物志》云翡色赤而大於翠。師古曰:鳥各別類,非雄雌異名也。被,音皮義反。【今注】翡翠:古代一種生活在南方的鳥,毛色十分美麗,通常有藍、綠、紅、棕等顏色。這種鳥雄性爲紅色,謂之"翡",雌性爲綠色,謂之"翠"。周壽昌説《漢書注校補》云,翡,赤羽,翠,青羽。本書卷九五《西南夷傳》,尉佗獻文帝翠鳥千。《禽經》"背有采羽曰翡翠",注稱王公之家,以爲婦人首飾,其羽直千金。

[29]【今注】中成觀游:《史記・秦始皇本紀》曰:"宮觀百官奇器珍怪徙臧滿之……以水銀爲百川江河大海……上具天文,下具地理。"王先謙《漢書補注》據《爾雅》認爲,丘一成爲敦丘,再成爲陶丘,三成爲崑崙。三成即三重。 上成山林:《史記・秦始皇本紀》曰:"樹草木以象山。"

[30]【顏注】服虔曰:謂塊墣作冢,喻小也。臣瓚曰:蓬顆,猶祼顆小冢也。晉灼曰:東北人名土塊爲蓬顆。師古曰:諸家之説皆非。顆謂土塊。蓬顆,言塊上生蓬者耳。舉此以對冢上山林,故言蓬顆蔽冢也。顆,音口果反。

[31]【今注】熊羆:均爲猛畧。代指凶猛的勢力。羆,即棕熊,又叫馬熊。

[32]【今注】海內:古人認爲中國處於四海之內,故稱。

[33]【顏注】師古曰:篤,厚也。【今注】篤:真誠地執行。

[34]【今注】昧死:秦漢時期大臣上書常用的謙詞,多用於臣下向皇帝上呈文書,以表示敬畏。

[35]【顏注】師古曰:中,音竹仲反。

臣聞忠臣之事君也，言切直則不用而身危，[1]不切直則不可以明道，故切直之言，明主所欲急聞，忠臣之所以蒙死而竭知也。[2]地之磽者，雖有善種，不能生焉；[3]江皋河瀕，雖有惡種，無不猥大。[4]昔者夏商之季世，[5]雖關龍逢、箕子、比干之賢，身死亡而道不用。[6]文王之時，[7]豪俊之士皆得竭其智，[8]芻蕘採薪之人皆得盡其力，[9]此周之所以興也。故地之美者善養禾，君之仁者善養士。雷霆之所擊，無不摧折者；[10]萬鈞之所壓，[11]無不糜滅者。[12]今人主之威，非特雷霆也；[13]執重，非特萬鈞也。開道而求諫，和顏色而受之，用其言而顯其身，士猶恐懼而不敢自盡，又迺況於縱欲恣行暴虐，惡聞其過乎！震之以威，壓之以重，[14]則雖有堯舜之智，[15]孟賁之勇，豈有不摧折者哉？[16]如此，則人主不得聞其過失矣；弗聞，則社稷危矣。[17]

[1]【今注】切直：急切直率。

[2]【顏注】師古曰：蒙，冒犯也。

[3]【顏注】師古曰：磽，埆，瘠薄也。磽，音口交反。

[4]【顏注】李奇曰：皋，水邊淤（淤，蔡琪本作“於”）地也。師古曰：猥，盛也。

[5]【今注】夏：朝代名。約公元前 21 世紀至前 16 世紀。商：朝代名。約公元前 16 世紀至前 11 世紀。

[6]【顏注】服虔曰：關龍逢，桀之忠臣也。師古曰：比干諫紂而紂殺之。《論語》曰：“微子去之，箕子為之奴，比干諫而

死。"【今注】關龍逢：夏末大臣。夏桀暴虐無道，關龍逢屢次直諫，不被采納。後被夏桀囚禁，被誅。案，蔡琪本"逢"作"逢"。　箕子：商朝貴族。官太師。封於箕（今山西太谷縣東）。紂王淫亂不止，箕子懼，乃佯狂爲奴。後因勸諫紂王被囚禁。武王滅商後被釋放。事見《史記》卷三八《宋微子世家》。　比干：商朝貴族。紂王的叔父。官少師。因勸諫紂王，被剖心而死。事見《史記·宋微子世家》。

[7]【今注】文王：周文王姬昌。《史記》卷四《周本紀》載，文王"篤仁、敬老、慈少"，禮賢下士，日中不暇食優待士人，因此士多歸附。有伯夷、叔齊、太顛、閎夭、散宜生、鬻子、辛甲大夫等人。

[8]【今注】案，豪俊，蔡琪本作"豪傑"。

[9]【顏注】師古曰：芻，刈草也。蕘，草薪也。言執賤役者也。《大雅·板》之詩曰"詢于芻蕘"。

[10]【顏注】師古曰：霆，疾雷也，音"廷"。

[11]【今注】萬鈞：古代以三十斤爲一鈞。萬鈞喻十分沉重。

[12]【今注】糜滅：破碎磨滅。糜，通"糠"，破碎。

[13]【顏注】師古曰：特，獨也。

[14]【顏注】師古曰：震，動也。

[15]【今注】堯：上古人物。姓伊祁氏，名放勳，號陶唐。高唐氏部落首領，又稱唐堯。在位命羲和定曆法，設諫言之鼓，置四嶽（四方諸侯），命鯀治水患。後禪讓於舜。事見《史記》卷一《五帝本紀》。　舜：上古人物。嬀姓，名重華。有虞氏部落首領，又稱虞舜。在位時放逐四凶（鯀、共工、驩兜和三苗），命禹治水，后稷掌農業，契行教化，益管山林，皋陶治法律。後死於蒼梧之野（今湖南寧遠縣南蒼梧山）。事見《史記·五帝本紀》。

[16]【顏注】師古曰：孟賁，古之勇士。"賁"音"奔"。【今注】豈有不摧折者哉：周壽昌《漢書注校補》認爲，指皇上雖

智而被蒙蔽，臣下雖勇亦受挫折，君臣皆受其傷。

[17]【今注】社稷：古代帝王祭祀的土地神和穀神。代指國家。

　　古者聖王之制，史在前書過失，[1]工誦箴諫，[2]瞽誦詩諫，[3]公卿比諫，[4]士傳言諫過，[5]庶人謗於道，商旅議於市，[6]然後君得聞其過失也。聞其過失而改之，見義而從之，所以永有天下也。天子之尊，四海之内，其義莫不爲臣。然而養三老於大學，[7]親執醬而饋，執爵而酳，[8]祝餰在前，祝鯁在後，[9]公卿奉杖，[10]大夫進履，[11]舉賢以自輔弼，求脩正之士使直諫。[12]故以天子之尊，尊養三老，視孝也；[13]立輔弼之臣者，恐驕也；置直諫之士者，恐不得聞其過也；學問至於芻蕘者，[14]求善無饜也；商人庶人誹謗己而改之，從善無不聽也。

[1]【今注】史：官名。古代掌祭祀及記事。

[2]【顏注】李奇曰：古有誦詩之工，記過之史，常在君側也。師古曰：箴，戒也，音之林反。【今注】工：古代指樂師、樂人等。

[3]【顏注】師古曰：瞽，無目之人。【今注】瞽：沒有眼珠祇剩下眼皮的盲人。代指樂師。

[4]【顏注】李奇曰：相親比而諫也，或曰比方事類以諫也。師古曰：比方是也。【今注】比諫：王念孫《讀書雜志·漢書第九》認爲，“比諫”當爲“正諫”。指工誦箴諫，瞽誦詩諫，而公卿爲正諫。《大戴記·保傳》“瞽夜誦詩，工誦正諫”，疑亦本作

“工誦箴諫，公卿正諫”，而今本脱去“箴諫公卿”四字。

　　[5]【今注】諫過：王先謙《漢書補注》認爲，前文“諫”下均無“過”字，此處不應獨有“過”字，蓋涉下文而衍。《漢紀》無“過”字。

　　[6]【顏注】師古曰：旅，衆也。【今注】商旅：來往販賣的商人。

　　[7]【今注】三老：古代爲提倡孝悌，在太學設立三老五更各一人，以父兄之禮進行尊養。　大學：古代學校名稱。亦作“太學”。虞時的庠、夏朝的序、殷代的瞽宗、西周的辟雍，均爲古代大學。亦稱國學、國子學。

　　[8]【顏注】師古曰：餽字與饋同。進食曰餽。酳者，少少飲酒，謂食已而蕩口也，音“胤”。

　　[9]【顏注】師古曰：餂，古“餂”字，謂食不下也。以老人好餂鯁，故爲備祝以祝之。【今注】案，“祝餂在前”二句，祈福老人吃飯不要噎着，不要被魚刺卡住。《後漢書》卷二《明帝紀》作“祝哽在前，祝噎在後”，與此不同。王先謙《漢書補注》認爲，“餂”當作“餂”，同“餂”。鯁，魚骨。

　　[10]【今注】公卿：“三公九卿”的省稱。“公”是周代五種封爵之首，“卿”是周代及諸侯國高級長官或爵位的稱謂，分上中下三級。　奉杖：大夫七十而致仕，則賜以几、杖。杖，鳩杖。古代敬老之禮（參見靳寶《漢代“授杖”制度考略》，《秦漢史論叢》第 13 輯，鄭州大學出版社 2014 年版，第 314—324 頁）。

　　[11]【今注】大夫：爵名。西周的爵位系統，包括公、侯、伯、子、男的内爵以及公、卿、大夫、士的外爵。周代後期諸侯國中，國君下有卿、大夫、士三級，大夫可世襲，且有封地。

　　[12]【顏注】師古曰：脩正，謂脩身正行者。

　　[13]【顏注】師古曰：“視”讀曰“示”。

　　[14]【今注】芻蕘：割草砍柴的人。比喻草野平民。

　　昔者，秦政力并萬國，[1]富有天下，破六國以爲郡縣，[2]築長城以爲關塞。[3]秦地之固，大小之埶，輕重之權，其與一家之富，一夫之彊，胡可勝計也！[4]然而兵破於陳涉，地奪於劉氏者，何也？秦王貪狼暴虐，殘賊天下，窮困萬民，以適其欲也。[5]昔者，周蓋千八百國，[6]以九州之民養千八百國之君，[7]用民之力不過歲三日，[8]什一而籍，[9]君有餘財，民有餘力，而頌聲作。[10]秦皇帝以千八百國之民自養，力罷不能勝其役，財盡不能勝其求。[11]一君之身耳，所以自養者馳騁弋獵之娛，天下弗能供也。[12]勞罷者不得休息，飢寒者不得衣食，亡罪而死刑者無所告訴，[13]人與之爲怨，家與之爲讎，[14]故天下壞也。秦皇帝身在之時，天下已壞矣，而弗自知也。秦皇帝東巡狩，[15]至會稽、琅邪，[16]刻石著其功，自以爲過堯舜；統[17]縣石，鑄鍾虡，[18]篩土築阿房之宮，[19]自以爲萬世有天下也。

[1]【今注】秦政：秦王嬴政。公元前259年至前210年在位。公元前236年至前221年，秦先後滅韓、趙、魏、楚、燕、齊等國。

[2]【今注】破六國以爲郡縣：秦統一六國後，分全國爲三十六郡（相關研究表明，秦郡數量多於三十六），郡下設縣。郡縣爲春秋戰國到秦逐漸形成的地方行政組織。

[3]【今注】築長城以爲關塞：《史記》卷八八《蒙恬列傳》載，秦已并天下，命蒙恬將三十萬衆築長城，起臨洮，至遼東，長萬餘里。並派軍隊擊退匈奴，在匈奴退出的地方置九原郡（今内蒙

古包頭市西南黃河北岸），並因河爲塞，築縣城四十四座（今内蒙古河套和鄂爾多斯高原地區），由九原郡管轄（參見徐衛民《秦始皇長城研究綜述》，載《秦漢研究》第 6 輯，陝西人民出版社 2012年版）。

［4］【顏注】師古曰：胡，何也。勝，盡也。

［5］【顏注】師古曰：適，快也。

［6］【今注】周蓋千八百國：沈欽韓《漢書疏證》引《禮記·王制》《正義》："《公羊》説'殷三千諸侯，周千八百諸侯'。"

［7］【今注】九州：泛指國家東、西、南、北、中、東南、西北、西南、東北九個方域。《禹貢》所載上古行政區劃九州，冀、豫、雍、揚、兗、徐、梁、荊、青，這種思想出現於戰國中後期（參見沈長雲《"九州"初誼及"禹劃九州"説産生的歷史背景》，《西華師範大學學報》2019 年第 1 期）。

［8］【今注】不過歲三日：周朝於農閑時徵發徭役，一歲不超過三日。又作"歲不過三日"，義同。

［9］【顏注】師古曰：什一，謂十分之中公取一也。籍，借也，謂借人力也。一曰爲簿籍而税之。

［10］【顏注】師古曰：頌者，六詩之一，美盛德之形容，蓋帝王之嘉致。

［11］【顏注】師古曰：勝，堪也。"罷"讀曰"疲"。次下亦同（次，殿本作"以"）。

［12］【顏注】師古曰：弋，繳射也。【今注】弋：用繩繫在箭上射鳥。

［13］【今注】告訴：訴訟。秦漢法律中有關於訴訟主體及其訴訟行爲的規範（參見閆曉君《張家山漢簡〈告律〉考論》，《法學研究》2007 年第 6 期）。

［14］【顏注】師古曰：言人人爲怨，家家爲仇。

［15］【今注】巡狩：古代天子出行，巡視諸侯或地方官員所

治的疆土。根據方向不同，一般稱向西爲行，向東爲幸，向北爲狩，向南爲巡。

[16]【今注】會稽：山名。在今浙江紹興市東南。 琅邪：山名。在今山東諸城市東南。秦始皇於會稽、琅邪皆刻石以頌功德。

[17]【顏注】如淳曰：統，繼也。堯舜子不才，不能長世，而秦自以過堯舜，可至萬世也。師古曰：此説非也。統，治也。言自美功德，治理天下過於堯舜也。其下乃言以一至萬之事。【今注】自以爲過堯舜：始皇琅邪刻石云"功蓋五帝"，即所謂過堯舜。陳直《漢書新證》按，賈山所言秦刻石，本於《秦紀》或秦代《奏事》，即本書《藝文志》春秋類所載《奏事》二十篇，注秦時大臣奏事及刻石名山文。

[18]【顏注】服虔曰：縣石以爲磬也。蘇林曰：秦欲平天下法，使輕重如石之在稱也。師古曰：二説皆非也。縣，稱也。石，百二十斤。稱銅鐵之斤石以鑄鍾虡，言其奢泰也。虡，猛獸之名，謂鍾鼓之柎飾爲此獸。"虡"音"鉅"。【今注】案，"統縣石鑄鍾虡（jù）"一句，中華本以"統"字屬上句，吳恂《漢書注商》以爲以"統縣石"爲句，可從。統，統一。縣石，即衡石。指始皇二十六年（前221）統一衡石丈尺。鑄鍾虡，即收天下之兵，聚之咸陽，銷以爲鐘鐻。"鐻""虡"字同。古代懸掛鐘或磬的格架，飾有猛獸。

[19]【顏注】師古曰：簁以竹箕爲之。簁，音"師"。箕，音山爾反。【今注】簁土：秦漢宮殿等建築用版築方式築墻。用方塊版築，在基槽內填土，逐層、逐段夯築。夯土需要經過簁選，使土質純净而堅實。(參見李秀珍《從秦代夯土建築看中國古代夯土版築技術的發展》，《秦文化論叢》第15輯，三秦出版社2006年版)

古者聖王作諡，[1]三四十世耳，雖堯舜禹湯文武絫世廣德[2]以爲子孫基業，無過三二十世者也。[3]秦皇帝曰死而以諡法，是父子名號有時相襲也，以一至萬，則世世不相復也，[4]故死而號曰始皇帝，其次曰二世皇帝者，欲以一至萬也。秦皇帝計其功德，度其後嗣，世世無窮，[5]然身死纔數月耳，[6]天下四面而攻之，宗廟滅絶矣。秦皇帝居滅絶之中而自不知者何也？天下莫敢告也。[7]其所以莫敢告者，何也？亡養老之義，亡輔弼之臣，亡進諫之士，縱恣行誅，退誹謗之人，[8]殺直諫之士，是以道諛媮合苟容，[9]比其德則賢於堯舜，課其功則賢於湯武，天下已潰而莫之告也。[10]《詩》曰："匪言不能，胡此畏忌，聽言則對，譖言則退。"此之謂也。[11]

[1]【今注】諡：指古代帝王、貴族、大臣等死後，禮官依照其平生事迹給予的稱號。相傳周公制定諡法。（參見汪受寬《諡法研究》，上海古籍出版社1995年版）

[2]【顏注】師古曰：絫，古累字。

[3]【顏注】張晏曰：夏十七世，殷三十一世，周三十六世。【今注】案，三二，蔡琪本、大德本、殿本作"二三"，當據改。

[4]【顏注】師古曰：復，重也，音扶目反（目，大德本作"自"）。【今注】案，《史記》卷六《秦始皇本紀》載始皇決定廢除周以來所制定的諡法，他認爲，諡號爲子議父、臣議君。秦始皇不采用諡號的做法，自稱始皇帝，後世以數字統計，自二世三世至於萬世，傳之無窮。

[5]【顏注】師古曰：度，音大各反。

　　[6]【顏注】師古曰：纔，音"財"，暫也，淺也。【今注】身死纔數月：秦始皇死於始皇三十七年（前210）七月，秦二世元年（前209）七月，陳勝、吳廣在大澤鄉起義，時間接近一年。

　　[7]【今注】案，《史記·秦始皇本紀》載，陳勝起義之後，趙高對二世說，二世初即位，與群臣議事，有所闕失，則向群臣示短。因此"天子稱朕，固不聞聲"。

　　[8]【今注】誹謗：進諫。相傳堯舜時於交通要道置誹謗木，讓人在上面寫諫言。

　　[9]【顏注】師古曰：道，讀曰"導"，導引主意於邪也。諭與偷同。【今注】道諛諭合苟容：諂昧奉承、苟且迎合以求容身於朝廷。王念孫《讀書雜志·史記第三》認爲，"道諛"即"諂諛"之轉聲，因此"道"與"諂"同義。

　　[10]【顏注】師古曰：水旁決曰潰，言天下之壞如水潰。

　　[11]【顏注】師古曰：此《大雅·桑柔》之篇也。言賢者見事之是非，非不能分別言之，而不言者何也？此但畏忌犯顏得罪罰也。又言，言而見聽，則悉意答對；不見信受，則屏退也。今《詩》本云"聽言則對，誦言如醉"。說者又別爲義，與此不同。【今注】案，"匪言不能"四句，並非臣下不能直言，但爲何這樣畏懼？是因爲君王聽到贊譽的話則欣然接受，聽到進諫之言就立即斥退。《詩·大雅·桑柔》作"聽言則對，誦言如醉"。《詩·小雅·雨無正》作"聽言則答，譖言則退"。

　　又曰："濟濟多士，文王以寧。"[1]天下未嘗亡士也，然而文王獨言以寧者何也？文王好仁則仁興，得士而敬之則士用，用之有禮義。[2]故不致其愛敬，則不能盡其心；不能盡其心，則不能盡其力；不能盡其力，則不能成其功。故古之賢君於其臣也，尊其爵祿而親之；疾則臨視之亡數，[3]死則往弔哭之，臨其小斂大斂，[4]已棺塗而後爲之服錫衰麻絰，[5]而三臨其喪；[6]未斂不飲酒食肉，未葬不舉樂，當宗廟之祭而死，爲之廢樂。故古之君人者於其臣也，可謂盡禮矣；服法服，[7]端容貌，正顏色，[8]然後見之。故臣下莫敢不竭力盡死以報其上，功德立於後世，而令聞不忘也。[9]

[1]【顏注】師古曰：此《大雅·文王》之篇也。濟濟，多威儀也。此言文王以多士之故，能安天下也。

[2]【今注】案，"文王好仁則仁興"三句，天下從來就不缺少賢士，但唯文王能好仁義，禮敬士人，故賢士能爲其所用。

[3]【顏注】師古曰：言心實憂念之，不爲禮飾也。【今注】疾則臨視之亡數：大臣生病，其時間有長有短，故君王親臨探視的次數也不固定。

[4]【今注】小斂：給死者沐浴更衣。　大斂：將尸首移入棺材。

[5]【顏注】師古曰：已棺，謂已大斂也。塗謂塗殯也。錫衰，十五升布，無事其縷者也。棺，音工喚反。【今注】棺塗：大斂蓋棺之後，以漆塗棺蓋與棺材結合處的縫隙。　錫衰：以光滑細麻製成的喪服。錫，同"緆"。　麻絰（dié）：服喪期間結在頭上或繫在腰間的麻帶。

[6]【今注】三臨其喪：古代喪禮，大臣死後，君王有三次臨弔的禮節。

[7]【今注】法服：古代禮法規定的不同等級的標準服飾。

[8]【今注】案，蔡琪本"顏色"前無"正"字。

[9]【顏注】師古曰：令，善也。聞謂聲之聞也。【今注】忘：殿本作"亡"。

今陛下念思祖考，[1]術追厥功，[2]圖所以昭光洪業休德，[3]使天下舉賢良方正之士，天下皆訢訢焉，[4]曰將興堯舜之道，三王之功矣。[5]天下之士莫不精白以承休德。[6]今方正之士皆在朝廷矣，又選其賢者使爲常侍諸吏，[7]與之馳敺射獵，[8]一日再三出。臣恐朝廷之解弛，[9]百官之墮於事也，諸侯聞之，又必怠於政矣。

[1]【今注】祖考：祖先。父死後稱考。指劉邦。

[2]【顏注】師古曰：術亦作述。【今注】術追厥功：追念祖先定天下之功。"術"與"述"同。

[3]【顏注】師古曰：圖，謀也。休，美也。【今注】昭光洪業休德：弘揚祖先的大業和美德。

[4]【顏注】師古曰："訢"讀與"欣"同。【今注】賢良方正：漢代選拔官吏的科目之一。文帝前元二年（前178），詔舉賢良方正能直言極諫者。賢良，指德才兼備。方正，指處事正直。

[5]【今注】三王：夏商周三代開國之王，即夏禹、商湯、周文王（一説周武王）。

[6]【顏注】師古曰：屬精而爲潔白也。【今注】精白：清白。指振奮精神。

[7]【今注】常侍諸吏：諸吏、中常侍，皆爲加官。中常侍得入禁中，諸吏得舉法，地位顯要，參與政事，權力很大。漢代加官主要有侍中、左右曹、諸吏、散騎、中常侍、給事中等。

[8]【顏注】師古曰：敺與驅同。

[9]【顏注】師古曰："解"讀曰"懈"。弛，放也，音式爾反。

陛下即位，親自勉以厚天下，損食膳，不聽樂，減外徭衞卒，[1]止歲貢；[2]省廄馬以賦縣傳，[3]去諸苑以賦農夫，出帛十萬餘匹以振貧民；禮高年，[4]九十者一子不事，八十者二算不事；[5]賜天下男子爵，大臣皆至公卿；發御府金賜大臣宗族，[6]亡不被澤者；赦罪人，憐其亡髮，[7]賜之巾，[8]憐其衣赭書其背，[9]父子兄弟相見也[10]而賜之衣。[11]平獄緩刑，天下莫不説喜。[12]是以元年膏雨降，[13]五穀登，[14]此天之所以相陛下也。[15]刑輕於它時而犯法者寡，衣食多於前年而盜賊少，此天下之所以順陛下也。[16]

[1]【今注】外徭：遠離本郡縣的勞役。　衞卒：宮禁之衞士，皆由正卒中抽調出來，守衞宮禁，如同屯戍。

[2]【今注】歲貢：漢代各郡國每年向朝廷貢奉的物品。歲貢物品的種類、規格、數量和貢奉的時間，都有統一嚴格的規定，郡國必須遵行。

[3]【顏注】師古曰：賦，給與也。傳，音張戀反。【今注】縣傳：驛傳。指驛站上所備的馬匹車輛。

[4]【今注】禮高年：敬養老人。本書卷四《文紀》載有文帝前元元年（前179）關於養老的詔令。

[5]【顏注】師古曰：一子不事，蠲其賦役。二算不事，免二口之算賦也。【今注】案，"九十者一子不事"二句，年齡超過九十歲的老人，免除一子的賦役。年齡超過八十歲的，則免除兩子的算賦。漢代平民十五歲至五十六歲，每人須出人丁税一算，稱算賦。算，一百二十錢爲一算。復，免除。本書卷六《武紀》建元二年（前139）詔，八十復二算，九十復甲卒。

[6]【今注】御府：官署名。亦稱"中御府"。漢承秦置，爲皇宮内收藏皇帝金錢財寶及衣物的機構，隸屬少府。主事長官爲御府令，副長官爲御府丞，由宦者充任。

[7]【今注】亡髮：古代受髡鉗刑的人，被剃去頭髮，用鐵圈束頸。

[8]【今注】巾：包頭髮的巾。又稱幘。以葛或縑製成，由額前向後方包頭，起到束髮的作用。

[9]【今注】衣赭書其背：古代囚犯穿赤褐色衣服，並將所犯罪名和姓名書於衣背。

[10]【顏注】師古曰：衣，音於既反（蔡琪本、大德本同，殿本注在"憐其衣赭"後）。

[11]【今注】而賜之衣：犯罪的人已被赦歸，與父子兄弟相見，朝廷憐其無髮，則賜之巾，憐其曾衣赭書背，則賜之衣。

[12]【顏注】師古曰："説"讀曰"悦"。

[13]【今注】元年：文帝前元元年（前179）。　膏雨：滋潤作物的充沛雨水。

[14]【今注】五穀：一説爲稻、黍（黍米）、稷（小米）、麥、菽（大豆）。根據《大戴禮記》的記載，五穀是麻（大麻）、黍、稷、麥、菽。

[15]【顏注】師古曰：相，助也。

[16]【顏注】師古曰：天下之人也。

　　臣聞山東吏布詔令，[1]民雖老羸癃疾，[2]扶杖而往聽之，願少須臾毋死，[3]思見德化之成也。今功業方就，名聞方昭，四方鄉風，[4]今從豪俊之臣，方正之士，直與之日日獵射，擊兔伐狐，以傷大業，絶天下之望，臣竊悼之。《詩》曰："靡不有初，鮮克有終。"[5]臣不勝大願，願少衰射獵，以夏歲二月，[6]定明堂，[7]造太學，脩先王之道。
風行俗成，萬世之基定，然後唯陛下所幸耳。[8]古
者大臣不媟，[9]故君子不常見其齊嚴之色，[10]肅敬
之容。[11]大臣不得與宴游，[12]方正脩絜之士不得
從射獵，使皆務其方以高其節，[13]則群臣莫敢不
正身脩行，盡心以稱大禮。[14]如此，則陛下之道
尊敬，功業施於四海，垂於萬世子孫矣。誠不如
此，則行日壞而榮日滅矣。夫士脩之於家，而壞
之於天子之廷，臣竊愍之。陛下與眾臣宴遊，[15]
與大臣方正朝廷論議。夫游不失樂，朝不失禮，
議不失計，[16]軌事之大者也。[17]

［1］【今注】山東：古地區名。戰國秦漢時崤山或華山以東。

［2］【今注】老羸癃疾：年老瘦弱，行動不便。

［3］【今注】須臾：優游自得。

［4］【顏注】師古曰："鄉"讀曰"嚮"。

［5］【顏注】師古曰：此《大雅·蕩》之詩也。言人初始皆
庶幾於善道，而少有能終之者。

［6］【顏注】師古曰：時以十月爲歲首，則謂夏正之二月爲
五月。今欲定制度，循於古法，故特云用夏歲二月也。夏，音胡
雅反（蔡琪本、大德本同，殿本注在"先王之道"後）。【今注】
夏歲二月：即夏曆二月。漢初以十月（亥月）爲歲首，卯月爲其第
五。夏曆以正月（寅月）爲歲首，卯月爲其第二月。以夏曆二月
代指漢之五月，以表示定制度時，修先王之道，合於古法。但王念
孫《讀書雜志·漢書第一》據王引之說，漢初歲首爲十月，當時所
用《顓頊曆》以建寅之月爲正月，二月爲卯月。故夏與漢之二月皆
建卯之月，因修先王之道，故以三代借指漢朝，稱夏歲二月，說明

所用"二月"合於古，並非指在子月不在卯月。《漢紀·文帝紀》作"歲二月"，無"夏"字。因漢初之二月與夏同，故或言"夏歲二月"，或言"歲二月"。若漢初以夏之二月爲五月，則漢月之名與夏絶殊，荀悦不得省"夏"字。

[7]【今注】明堂：古代天子宣明政教的地方。凡朝會、祭祀、慶賞、選士、養老、教學等都在此舉行。

[8]【顔注】師古曰：言乃可恣意也。

[9]【顔注】師古曰：媟，狎也，音息列反。【今注】媟：狎慢，不恭敬。

[10]【今注】君子：文帝。　齊嚴之色：齋莊恭敬的樣子。"齊"讀曰"齋"。"齊嚴"即"齋莊"，避漢明帝劉莊諱而改。

[11]【顔注】師古曰：見，顯示也，音胡電反。

[12]【顔注】師古曰：安息曰宴。"與"讀曰"豫"。【今注】大臣不得與宴游：沈欽韓《漢書疏證》引《新書·官人》，古代大臣奏事，則俳優侏儒、聲樂伎藝之人皆不能在朝。如君王樂雅樂，則大臣可以陪侍；如君王樂燕樂，則祇能由左右侍御者陪侍。案，游，大德本、殿本同，蔡琪本作"遊"。

[13]【顔注】師古曰：方，道也。一曰方謂廉隅也。

[14]【顔注】師古曰：稱，副也。

[15]【今注】衆臣：鄧通。文帝嘗至鄧通家游宴。事見本書卷九三《佞幸傳》。

[16]【今注】案，"游不失樂"三句，宴游與音樂同節奏，朝堂上符合禮節，不當議論的事，不提出議題。

[17]【顔注】師古曰：軌謂法度也。【今注】軌事：法度、法則。

　　其後文帝除鑄錢令，[1]山復上書諫，以爲變先帝法，非是。又訟淮南王無大罪，[2]宜急令反國。又言柴唐子爲不善，足以戒。^[3]章下詰責，^[4]對以爲："錢者，亡用器也，而可以易富貴。富貴者，人主之操柄也，^[5]令民爲之，是與人主共操柄，不可長也。"^[6]其言多激切，善指事意，然終不加罰，所以廣諫爭之路也。其後復禁鑄錢云。^[7]

[1]【今注】除鑄錢令：文帝五年（前175），除盜鑄錢令，令民間可以仿鑄。王先謙《漢書補注》認爲，《漢紀》載上書及諫除鑄錢令並在文帝五年。據此傳記載，則之前的上書在文帝五年之前。《通鑑》列上書於二年。

[2]【今注】案，蔡琪本、殿本"訟"作"誦"。　淮南王：劉長。本書卷四四《淮南衡山濟北王傳》載，文帝六年，王至長安，丞相張蒼、典客馮敬行御史大夫事，與宗正、廷尉雜奏"長所犯不軌，當棄市，臣請論如法"。即在此時。

[3]【顏注】鄧展曰：《淮南傳》棘蒲侯柴武大子柴奇與士伍開章謀反。【今注】柴唐子：棘蒲侯柴武之子。事見本書《淮南衡山濟北王傳》。《漢書考證》齊召南認爲，傳中稱大夫但、士伍開章等七十人與棘蒲侯柴武太子奇謀反。諸傳均不載有柴唐子，故此文應云"柴武子"，"唐"字疑訛。陳直《漢書新證》以"唐"爲"章"字之轉音，指柴奇、開章二人。

[4]【顏注】師古曰：以其所上之章，令有司詰問。【今注】案，責，蔡琪本作"實"。

[5]【顏注】師古曰：操，持也，音千高反。

[6]【顏注】師古曰：長謂畜養也。言此事宜速禁絶，不可畜養。

[7]【今注】復禁鑄錢：景帝中元六年（前144），定鑄錢棄市律。

　　鄒陽，齊人也。[1]漢興，諸侯王皆自治民聘賢。[2]吳王濞招致四方游士，[3]陽與吳嚴忌、枚乘等俱仕吳，[4]皆以文辯著名。久之，吳王以太子事怨望，[5]稱疾不朝，陰有邪謀，陽奏書諫。爲其事尚隱，惡指斥言，故先引秦爲諭，因道胡、越、齊、趙、淮南之難，[6]然後迺致其意。其辭曰：

　　[1]【今注】齊：戰國時齊國。

　　[2]【今注】自治民聘賢：漢初諸侯王掌握諸侯國的政治經濟大權，同時又承襲戰國遺風，大量養士，招攬人才。

　　[3]【今注】吳王濞：劉濞。漢高祖劉邦兄劉仲之子。高祖十二年（前195）封吳王。都廣陵（今江蘇揚州市西北）。傳見本書卷三五。

　　[4]【今注】嚴忌：西漢辭賦家。本姓莊，後人避漢明帝劉莊諱，改姓嚴。又稱“嚴夫子”。

　　[5]【今注】太子事怨望：因漢太子以棋盤殺吳太子事心懷怨恨。

　　[6]【今注】道胡越齊趙淮南之難：吳王欲聯合匈奴及越、齊、趙、淮南諸國造反，因此鄒陽向吳王論説各國之間有積仇宿怨，其聯合必不成功。胡，指匈奴。越，古族名。分布於今長江中下游以南。因部族衆多，又稱“百越”“百粵”。齊，漢代王國名。高祖六年置。都臨淄（今山東淄博市臨淄區齊都鎮）。趙，漢代王國名。高祖四年置。都邯鄲（今河北邯鄲市）。淮南，漢代王國名。高祖五年置，都六縣（今安徽六安市北），後徙壽春（今安徽壽縣）。

　　臣聞秦倚曲臺之宮，[1]懸衡天下，[2]畫地而不犯，兵加胡越；[3]至其晚節末路，張耳、陳勝連從兵之據，[4]以叩函谷，咸陽遂危。[5]何則？列郡不相親，萬室不相救也。[6]今胡數涉北河之外，[7]上覆飛鳥，下不見伏菟，[8]鬭城不休，救兵不止，[9]死者相隨，輦車相屬，[10]轉粟流輸，千里不絕。何則？彊趙責於河閒，[11]六齊望於惠后，[12]城陽顧於盧、博，[13]三淮南之心思墳墓。[14]大王不憂，臣恐救兵之不專，[15]胡馬遂進窺於邯鄲，[16]越水長沙，還舟青陽。[17]雖使梁并淮陽之兵，[18]下淮東，[19]越廣陵，[20]以遏越人之粮，[21]漢亦折西河而下，[22]北守漳水，[23]以輔大國，[24]胡亦益進，越亦益深。此臣之所爲大王患也。[25]

[1]【顏注】應劭曰：始皇帝所治處也，若漢家未央宮。師古曰：倚，恃也，音於綺反。【今注】曲臺之宮：秦離宮名。其遺址在今陝西永壽縣留村。陳直《漢書新證》認爲，曲臺當爲秦代主要的宮殿。

[2]【顏注】服虔曰：關西爲衡。應劭曰：衡，平也。如淳曰：衡猶稱之衡也，言其懸法度於其上也。師古曰：此説秦自以爲威力彊固（彊，蔡琪本作"强"，殿本作"疆"），非論平法也。下又言陳勝連從兵之據，則是説從横之事耳。服釋是也。【今注】懸衡天下：以法度治理天下。懸衡，法令。

[3]【顏注】師古曰：畫地不犯者，法制之行也。【今注】畫地而不犯：畫地爲牢，而人不敢冒犯。以喻秦法律嚴酷。 兵加胡越：秦統一後，北伐匈奴，南征百越。

[4]【顏注】師古曰：從，音子容反。【今注】張耳：漢初諸侯王。傳見本書卷三二。

[5]【顏注】師古曰：叩，擊也。【今注】函谷：關名。在今河南靈寶市東北農澗河畔王垛村。西漢武帝元鼎三年（前114），徙於今河南新安縣東。

[6]【今注】案，"列郡不相親"二句，秦朝看似强盛，仍分崩離析，在於秦朝郡縣制下列郡、萬室與秦朝沒有血緣關係，不能互相救援。

[7]【今注】北河：黃河由甘肅流向河套，至今内蒙古巴彥淖爾市磴口縣，陰山南麓分爲南北兩支。南支稱爲南河，即今黃河干流；北支稱爲北河，約即今烏加河（參見譚其驤《北河》，《中華文史論叢》第6輯）。

[8]【顏注】蘇林曰：言胡來人馬之盛，揚塵上覆飛鳥，下不見伏菟也。一曰，覆，盡也。言上射飛鳥，下盡伏菟也。師古曰：覆，盡，是也，音方目反（方，大德本作"芳"，殿本作"力"）。

[9]【今注】救兵不止：王先謙《漢書補注》據劉奉世説認爲，自"胡涉北河"以下，鄒陽已知趙聯繫匈奴，吳結交越，但不直接説出，故假稱匈奴攻趙，越攻吳，四國有怨，救兵不專，漢、梁、淮陽不能互相救助，從而對吳王進行勸諫。《文選》鄒陽《上書吳王》作"救兵不至"，與下"救兵不專"相應。

[10]【顏注】師古曰：屬，連也，音之欲反。【今注】輦車：以人力牽挽的一種輜車。

[11]【顏注】應劭曰：趙幽王爲吕后所幽死，文帝立其長子遂爲趙王，取趙之河間立遂弟辟彊爲河間王，至子哀王無嗣，國除，遂欲復還得河間。【今注】彊趙責於河間：吕后七年（前181），趙王劉友被吕后囚死，謚"幽"。文帝元年（前179），立幽王長子劉遂爲趙王。二年，以趙國河間郡立劉遂之弟劉辟彊爲河間王。後至河間哀王無嗣國除。於是趙王劉遂想再收回河間郡。河間，郡名、王國名。漢高祖九年（前198）置郡。文帝二年改國。

都樂城（今河北獻縣東南）。

[12]【顏注】孟康曰：高后割齊濟南郡爲呂台奉邑（台，蔡琪本、大德本、殿本作"后"），又割琅邪郡封營陵侯劉澤爲琅邪王。文帝乃立悼惠王六子爲王。言六齊不保今日之恩，而追怨惠帝與呂后也。一説惠帝二年悼惠王入朝，呂后欲鴆殺之，獻城陽郡，尊魯元公主，得免，六子以此怨之。【今注】六齊：劉興居因滅諸呂有功，文帝三年封爲濟北王。後趁匈奴入侵，反叛。文帝四年，兵敗自殺。文帝十五年，分齊爲六，封將間爲齊王，惠爲濟北王，賢爲淄川王，雄渠爲膠東王，邛爲膠西王，辟光爲濟南王，故曰六齊。詳見本書卷三八《高五王傳》。　望：怨望。　惠后：惠帝與呂后。王先謙《漢書補注》認爲，"后"可訓"君""帝"，故惠后即惠帝。但據顏注一説及惠帝時，呂后割齊地封呂台、劉澤，事皆呂后所爲，故六子怨之。當以惠帝、呂后爲是。

[13]【顏注】孟康曰：城陽王喜也。喜父章與弟興居討諸呂有功，本當盡以趙地王章，梁地王興居。文帝聞其欲立齊王，更以二郡王之。章失職，歲餘薨。興居誅死。盧、博、濟北王治處，喜顧念而怨也。【今注】城陽顧於盧博：城陽王劉喜顧念其父劉章未被立爲趙王而與濟北王興居誅死事，而怨天子。城陽，漢初置郡，文帝二年改爲國。都莒縣（今山東莒縣）。盧，縣名。濟北王都。治所在今山東濟南市長清區西南。博，縣名。治所在今山東泰安市東南。

[14]【顏注】張晏曰：淮南厲王三子爲三王，念其父見遷殺，思慕，欲報怨也（欲，蔡琪本、殿本作"故"）。師古曰：三子爲王，謂淮南、衡山、濟北也。【今注】三淮南：淮南厲王劉長的三個兒子淮南王劉安、濟北王劉勃、衡山王劉賜。

[15]【顏注】孟康曰：不專救漢也。如淳曰：皆自私怨宿怨，不能爲吳也。若吳舉兵反，天子來討，謂四國但有意，不敢相救也。師古曰：二説皆非也。言諸國各有私怨，欲申其志，不

肯專爲吳，非不敢相救也。

[16]【今注】窺：匈奴助趙反漢，故稱之曰窺。　邯鄲：郡名。治邯鄲（今河北邯鄲市）。

[17]【顏注】張晏曰：青陽，地名。還舟，聚舟舩也（舩，蔡琪本、殿本作"船"）。言胡爲趙難，越爲吳難，不可恃也。【今注】越水長沙：鄒陽假設越國先以水軍攻長沙，而後還舟侵吳國。長沙，郡國名。治臨湘（今湖南長沙市）。文帝後元七年（前157）爲郡。景帝二年（前155）復爲國。　青陽：戰國楚地名。秦滅楚，於此置長沙郡。案，"胡馬遂進窺於邯鄲"三句，指匈奴與越國水陸一起進攻漢朝。

[18]【今注】梁：王國名。都睢陽（今河南商丘市睢陽區）。此時梁王爲劉武。　淮陽：郡國名。治陳縣（今河南淮陽縣）。文帝十二年，劉武爲梁王，仍兼有淮陽，故稱"并"。

[19]【今注】淮東：地區名。今安徽淮河南岸一帶。亦稱"淮左"。

[20]【今注】廣陵：縣名。治所在今江蘇揚州市西北。

[21]【今注】案，粮，殿本作"糧"。

[22]【今注】西河：山西、陝西之間自北而南流向的一段黃河。

[23]【今注】漳水：有清漳、濁漳二支流，在今河北、河南兩省交界處匯合。

[24]【今注】大國：指吳國。

[25]【顏注】應劭曰：時趙王遂北連匈奴，吳王濞素事三越，故鄒陽微言胡越亦自受敵，救兵之不專也。胡馬故曰進，越水故曰深。蘇林曰：折，截也。陽知吳王陰連結齊、趙、淮南、胡、越，欲諫不敢指斥言，故陳胡、越之難，齊、趙之怨，微言梁并淮陽絕越人之粮（粮，殿本作"糧"），漢折西河以輔大國，以破難其計。欲隱其辭，故謬言胡益進，越益深，爲大王患之，

以錯亂其語，若吳爲憂助漢者也。自此以下，乃致其意焉。師古曰：蘇説是也。【今注】案，"今胡"以後一段，總論當時形勢，指明吳國面臨嚴峻的局面。鄒陽假設胡、越攻漢，吳國助漢。漢使梁聯合淮陽的軍隊斷絶越人的糧道，漢自西河以下來抵禦趙國進攻，幫助吳國，這樣也没有作用，匈奴和越人也會進一步深入。鄒陽知道吳王暗地勾結齊、趙、淮南、匈奴、越，想要謀反，欲進諫又不便明言，因作此假設。此段中"越人"其實指"吳國"。

　　臣聞交龍襄首奮翼，則浮雲出流，霧雨咸集。[1]聖王底節脩德，則游談之士歸義思名。[2]今臣盡智畢議，[3]易精極慮，[4]則無國不可奸；[5]飾固陋之心，則何王之門不可曳長裾乎？[6]然臣所以歷數王之朝，背淮千里而自致者，[7]非惡臣國而樂吳民也，[8]竊高下風之行，尤説大王之義。[9]故願大王之無忽，察聽其志。[10]

[1]【顏注】師古曰：襄，舉也。【今注】交龍襄首奮翼：交龍昂首展翅。交龍，古代傳説中的動物名，即蛟，亦作"蛟龍"。其外貌似龍。民間相傳其能發洪水。

[2]【顏注】師古曰：底，屬也，音"指"。【今注】底：質地細密的磨刀石。通"砥"。引申爲磨煉。　游談：戰國時策士周游各國，向各國國君游説並陳述自己的主張。

[3]【今注】盡智畢議：用盡全部的智慧和建議。

[4]【顏注】如淳曰：改易精思以極盡謀慮也。【今注】易精極慮：用盡精力與智謀。易，窮盡。

[5]【顏注】師古曰："奸"音"幹"。

[6]【今注】曳長裾：指在達官顯宦門下做門客。裾，外衣的

大襟。

［7］【今注】背淮千里而自致：鄒陽爲齊人，由齊之吴，必過江、淮二水，中間經過濟北、淮南等諸侯國，故有此説。

［8］【今注】臣國：指齊國。

［9］【顔注】師古曰：言在下風側聽，高尚美悦大王之行義也。"説"讀曰"悦"。【今注】下風之行：在下風側聽，以示崇尚。　大王：指吴王濞。

［10］【今注】察聽其志：審察並聽從這些建議。

臣聞鷙鳥絫百，不如一鶚。[1]夫全趙之時，[2]武力鼎士袨服叢臺之下者一旦成市，[3]而不能止幽王之湛患。[4]淮南連山東之俠，死士盈朝，[5]不能還厲王之西也。[6]然而計議不得，雖諸、賁不能安其位，亦明矣。[7]故願大王審畫而已。[8]

［1］【顔注】孟康曰：鶚，大鵰也。如淳曰：鷙鳥比諸侯，鶚比天子。師古曰：鷙擊之鳥，鷹鸇之屬也。鶚自大鳥而鷙者耳，非鵰也。絫，古"累"字。"鶚"音"愕"。

［2］【顔注】服虔曰：全趙，趙未分之時。【今注】全趙：文帝元年（前179），立趙幽王子劉遂爲趙王。二年，取趙河間郡封劉遂弟劉辟彊爲河間王。全趙即未分河間郡之前。

［3］【顔注】師古曰：袨服，盛服也。鼎士，舉鼎之士也。叢臺，趙王之臺也，在邯鄲。袨，音"州縣"之"縣"。【今注】袨服：黑色的衣服。又作"袀服"，皆爲兵士之服。　叢臺：臺名。在今河北邯鄲市内舊縣城東北。戰國趙武靈王建，因其由多個臺組成，故名。

［4］【顔注】師古曰：幽王謂趙幽王友也。"湛"讀曰"沈"。沈患，言幽王爲吕后所幽死。

［5］【今注】死士：敢於犧牲的勇士。

［6］【顏注】師古曰：屬王，淮南屬王長也。西謂廢遷嚴道而死於雍也。【今注】屬王之西：淮南屬王劉長謀反，被廢遷蜀地，故稱“之西”。

［7］【顏注】師古曰：諸謂專諸，賁謂孟賁，皆古勇士也。【今注】諸：專諸。春秋時吳國勇士。傳見《史記》卷八六。賁：孟賁。戰國時衛國勇士，能生拔牛角。

［8］【顏注】師古曰：畫，計也，音“獲”。

　　始孝文皇帝據關入立，寒心銷志，不明求衣。[1]自立天子之後，使東牟、朱虛東褒義父之後，[2]深割嬰兒王之。[3]壞子王梁、代，[4]益以淮陽，[5]卒仆濟北，[6]因弟於雍者，[7]豈非象新垣平等哉！[8]今天子新據先帝之遺業，左規山東，右制關中，變權易執，大臣難知。[9]大王弗察，臣恐周鼎復起於漢，新垣過計於朝，[10]則我吳遺嗣，不可期於世矣。[11]高皇帝燒棧道，[12]水章邯，[13]兵不留行，[14]收弊民之倦，東馳函谷，西楚大破。[15]水攻則章邯以亡其城，陸擊則荊王以失其地，[16]此皆國家之不幾者也。[17]願大王孰察之。
吳王不内其言。[18]

　　[1]【顏注】張晏曰：據函谷關立為天子，諸國聞文帝入關為之寒心散志也。求衣，夜索衣著，不及待明，意不安也。臣瓚曰：文帝入關而立，以天下多難，故乃寒心戰慄，未明而起。師古曰：瓚說是也。【今注】寒心銷志：文帝因當時的局勢，感到如履薄冰，打消了安逸享樂的想法。　不明：天沒亮的時候。

[2]【顏注】應劭曰：天下已定，文帝遣朱虛侯章東喻齊王，嘉其首舉兵，欲誅諸呂，猶《春秋》襃邾儀父也。師古曰：立天子，謂立爲天子也。"義"讀曰"儀"。"父"讀曰"甫"。【今注】東牟：東牟侯劉興居。東牟，縣名。治所在今山東烟臺市牟平區。　朱虛：朱虛侯劉章。朱虛，縣名。治所在今山東臨朐縣東南。　義父：或指當時的齊哀王劉襄。文帝二年（前178），因劉興居、劉章誅諸呂有功，被封爲濟北王、城陽王，東就封國。

[3]【顏注】應劭曰：封齊王六子爲王，其中有小小嬰兒者，文帝於骨肉厚也。或曰，皇子武爲代王，參爲太原王，揖爲梁王。師古曰：或說是也。【今注】深割嬰兒王之：諸呂之亂時，齊王首先起兵討伐，故文帝襃其後，封其子皆爲王。其子時有年幼者，故稱嬰兒。

[4]【顏注】如淳曰：文帝之二子。晉灼曰：揚雄《方言》"梁益之間，所愛謂其肥盛曰壤"。或曰，言深割嬰兒王之壤。壤，土也。壤字當上屬也。師古曰：或說非也。【今注】壤子：愛子。文帝二年，立劉揖爲梁王，十二年徙太原王劉參爲代王，淮陽王劉武爲梁王。參、揖皆年少，故稱壤子。

[5]【今注】淮陽：文帝十二年，淮陽王劉武徙爲梁王，淮陽郡仍爲梁國所有。

[6]【今注】濟北：王國名。文帝二年以齊之濟北郡封東牟侯興居，都盧（今山東濟南市長清區西南）。

[7]【今注】雍：縣名。治所在今陝西鳳翔縣南。本書卷四四《淮南衡山濟北王傳》稱淮南王劉長至此不食而死。

[8]【顏注】應劭曰：仆，僵仆也。濟北王興居反，見誅。囚弟於雍者，淮南王長有罪，見徙，死於雍。所以然者，坐二國有姦臣如新垣平等，勸王共反。師古曰："仆"音"赴"。【今注】案，"卒仆濟北"三句，濟北王劉興居聞文帝至代擊匈奴，反叛。文帝罷兵歸長安，使棘蒲侯柴將軍擊破之，虜濟北王。淮南屬王劉

長，文帝之弟，流徙之蜀地，至雍不食而死，故謂囚。新垣平因假造祥瑞欺騙漢文帝，以謀反罪族誅。濟北王、淮南王謀反，皆是國內有奸臣的緣故。

[9]【今注】案，"今天子"至"大臣難知"，景帝繼承文帝的事業，控制山東、關中地區。天子，即景帝。先帝，即文帝。關中，函谷關以西今陝西關中盆地一帶。變權易勢，指取代景帝。大臣難知，漢朝廷大臣的謀劃難以推測。

[10]【顏注】如淳曰：新垣平詐言"鼎在泗水中，臣望東北汾陰有金寶氣，鼎其在乎？弗迎，則不至"。爲吳計者，猶新垣平之言，周鼎終不可得也。服虔曰：過，誤也。

[11]【顏注】師古曰：言吳當絶滅無遺嗣也。

[12]【今注】燒棧道：事在漢元年（前206），張良勸漢王燒絶棧道，示項羽無東向之意。

[13]【顏注】應劭曰：章邯爲雍王，高祖以水灌其城，破之也。【今注】水章邯：事在漢二年，漢軍樊噲引水灌廢丘（今陝西興平市東南），章邯自殺。

[14]【顏注】師古曰：言無所稽留，不廢於行。

[15]【顏注】張晏曰：項羽自號西楚霸王。

[16]【顏注】如淳曰：荆亦楚也，謂項羽敗走。【今注】荆王：楚王。上文有"西楚大破"，故此處改"楚"爲"荆"，以避免文字重複。

[17]【顏注】應劭曰：言不可庶幾也。李奇曰：不但幾微，乃著見也。或曰幾，危也。此數事於國家皆無危險之慮也。師古曰：言漢朝之安，諸侯不當妄起邪意。應説是也。【今注】此皆國家之不幾者也：漢高祖的成功有天命保佑，不是吳國所能期望的。國家，指吳國。幾，讀曰"冀"，希望。

[18]【今注】内：通"納"。采納。

是時，景帝少弟梁孝王貴盛，[1]亦待士。於是鄒陽、枚乘、嚴忌知吳不可說，[2]皆去之梁，從孝王游。

[1]【今注】景帝：劉啓。公元前 157 年至前 141 年在位。紀見本書卷五。　梁孝王：西漢諸侯王劉武，文帝之子，景帝同母弟。文帝二年（前 178）立爲代王。四年，改封淮陽王。十二年，又改封梁王。謚孝。傳見本書卷四七。

[2]【今注】說（shuì）：說服、勸說。

陽爲人有智略，忼慨不苟合，[1]介於羊勝、公孫詭之間。[2]勝等疾陽，惡之孝王。[3]孝王怒，下陽吏，將殺之。陽客游以讒見禽，[4]恐死而負累，[5]迺從獄中上書曰：

[1]【顏注】師古曰：忼，音口朗反。【今注】忼慨不苟合：意氣激昂，不肯附合。指鄒陽不與羊勝、公孫詭相合。

[2]【顏注】師古曰：介謂間厠也。【今注】羊勝：與公孫詭皆爲齊人，梁孝王門客，助梁孝王刺殺爰盎等漢朝大臣。後被梁孝王令自殺。

[3]【顏注】師古曰：惡謂讒毀也。其下亦同。

[4]【今注】禽：通“擒”。逮捕。

[5]【顏注】師古曰：累，音力瑞反。【今注】負累：遭讒而死，身被惡名。

臣聞忠無不報，信不見疑，臣常以爲然，徒虛語耳。昔荊軻慕燕丹之義，白虹貫日，太子畏之；[1]衛先生爲秦畫長平之事，[2]太白食昴，昭王疑之。[3]夫精變天地而信不諭兩主，豈不哀哉！今臣盡忠竭誠，畢議願知，[4]左右不明，卒從吏訊，爲世所疑。[5]是使荆軻、衞先生復起，而燕、秦不寤也。願大王孰察之。

[1]【顏注】應劭曰：燕太子丹質於秦，始皇遇之無禮，丹亡去，厚養荆軻，令西刺秦王。精誠感天，白虹爲之貫日也。如淳曰：白虹，兵象，日爲君，爲燕丹表可克之兆。師古曰：精誠若斯，太子尚畏而不信也。太白食昴，義亦如之。【今注】荆軻：戰國衞人。傳見《史記》卷八六。 燕丹：戰國時燕國太子。 白虹貫日：白色的長虹穿過太陽。古人以爲這是君王遇害或英雄精誠感動上天的異象。燕太子丹認爲這很不吉利，因而畏懼。事見《史記》卷六八《刺客列傳》。

[2]【今注】長平：古城名。故址在今山西高平市西北。公元前262年至前260年，秦趙長平之戰，趙先以廉頗爲將，後中秦反間計，以馬服君趙奢之子趙括爲將。趙軍敗，被圍。秦將白起坑殺趙降卒四十萬人。

[3]【顏注】蘇林曰：白起爲秦伐趙，破長平軍，欲遂滅趙，遣衞先生説昭王益兵粮，爲應侯所害，事用不成。其精誠上達於天，故太白爲之食昴。昴，趙分也，將有兵，故太白食昴。食，干歷之也。如淳曰：太白，天之將軍。【今注】昭王：秦昭王。公元前306年至前251年在位。

[4]【顏注】張晏曰：盡其計議，願王知之。

[5]【顏注】師古曰：言左右不明者，不欲斥王也。訊謂鞠問也，音“信”。【今注】案，“左右不明”三句，將自己的謀劃全部説出，希望梁孝王知道並采納。但孝王手下的人並不瞭解情況，對鄒陽進行訊問，使世人懷疑鄒陽。其本意即希望梁孝王不要對自己有所懷疑。

昔玉人獻寶，楚王誅之；[1]李斯謁忠，胡亥極刑。[2]是以箕子陽狂，接輿避世，[3]恐遭此患也。願大王察玉人、李斯之意，而後楚王、胡亥之聽，[4]毋使臣爲箕子、接輿所笑。臣聞比干剖心，[5]子胥鴟夷，[6]臣始不信，迺今知之。願大王孰察，少加憐焉！

[1]【顏注】應劭曰：卞和得玉璞，獻之武王，王示玉人，曰石也，刖其右足。武王歿（歿，大德本、殿本同，蔡琪本作“没”），復獻文王，玉人復曰石也，刖其左足。至成王時，抱其璞哭於郊，乃使玉人攻之，果得寶玉也。

[2]【顏注】張晏曰：李斯諫二世以正，而二世殺之，具五刑。【今注】李斯：楚國上蔡（今河南上蔡縣西南）人。後入秦，輔佐秦王政統一六國，任丞相。始皇死後，與趙高立秦二世。後爲趙高所忌，被處腰斬。傳見《史記》卷八七。

[3]【顏注】張晏曰：接輿，楚賢人，陽狂避世。師古曰：輿，音戈於反（戈，蔡琪本、大德本、殿本作“弋”）。

[4]【顏注】師古曰：以謬聽爲後。後猶下也。

[5]【今注】比干剖心：《史記》卷三《殷本紀》載，比干極力勸諫紂王，紂王怒，藉口聖人心有七竅，剖比干而觀其心。

[6]【顏注】應劭曰：吳王取馬革爲鴟夷，受子胥，沈之江。鴟夷，榼形。師古曰：鴟夷，即今之盛酒鴟夷縢。【今注】子胥鴟夷：子胥自殺，吳王夫差以鴟夷盛其尸，投之江中。子胥，即伍員。春秋時吳國大夫。原爲楚國大夫伍奢次子，後入吳。助吳王闔閭奪位，並攻楚。後被吳王夫差賜死。鴟夷，以馬革做成的皮囊。

語曰“有白頭如新，[1]傾蓋如故”。[2]何則？

知與不知也。故樊於期逃秦之燕，藉荆軻首以奉丹事；^[3]王奢去齊之魏，臨城自剄以郤齊而存魏。^[4]夫王奢、樊於期非新於齊、秦而故於燕、魏也，所以去二國死兩君者，行合於志，慕義無窮也。^[5]是以蘇秦不信於天下，爲燕尾生；^[6]白圭戰亡六城，爲魏取中山。^[7]何則？誠有以相知也。蘇秦相燕，人惡之燕王，^[8]燕王按劍而怒，食以駃騠；^[9]白圭顯於中山，^[10]人惡之於魏文侯，文侯賜以夜光之璧。^[11]何則？兩主二臣，剖心析肝相信，^[12]豈移於浮辭哉！^[13]

[1]【顏注】師古曰（師古，蔡琪本、大德本、殿本作“孟康”）：初相識至白頭不相知。【今注】白頭如新：從初次相識至白頭，而不知心，如同新認識一樣。

[2]【顏注】文穎曰：傾蓋，猶交蓋駐車也。【今注】傾蓋如故：坐車在道路相遇，車上的人相互交談，兩車上的傘蓋靠在一起。指偶然結識的新朋友却像友誼深厚的舊友故交。

[3]【顏注】張晏曰：於期爲秦將，被讒走之燕。始皇滅其家，又重購之。燕遣荆軻欲刺秦王，於期自剄首，令軻齎往。師古曰：之，往也。藉，假也。

[4]【顏注】孟康曰：王奢，齊臣也，亡至魏。其後齊伐魏，奢登城謂齊將曰：“今君之來，不過以奢故也，義不苟生，以爲魏累。”遂自剄也。【今注】魏：戰國七雄之一。都安邑（今山西夏縣西北）。

[5]【今注】慕義無窮：鄒陽從吳入梁，如同樊於期自秦入燕，王奢自齊入魏，故引二人之事以相證。

[6]【顏注】服虔曰：蘇秦於秦不出其信，於燕則出尾生之

信也。晉灼曰：説齊宣王使還燕十城，又令閔王厚葬以弊齊，終死爲燕也。師古曰：尾生，古之信士，守志亡軀，故以爲喻。【今注】蘇秦：戰國時期東周洛陽（今河南洛陽市東北）乘軒里人。字季子。合縱六國抗秦，爲縱約長。據錢穆《先秦諸子繫年考辨》，此處“蘇秦”應作“蘇代”（上海書店 1992 年版）。此二句意爲：蘇秦對天下不講信義，但忠於燕國。

[7]【顏注】張晏曰：白圭爲中山將，亡六城，君欲殺之，亡入魏，文侯厚遇之，還拔中山。【今注】白圭：王先謙《漢書補注》認爲，據《魏世家》《説苑·復恩》，魏國攻中山的將領有樂羊、吳起，並無白圭。而據《呂覽·先識》，白圭約與孟子同時，其事迹在中山亡於趙國前後。或戰國時不止有一個白圭。　中山：古國名。春秋時北狄所建。戰國初，都顧（今河北定州市）。公元前 406 年，被魏所滅，後復國，都靈壽（今河北平山縣東北）。公元前 296 年，爲趙所敗，次年國滅。

[8]【今注】燕王：燕文公。

[9]【顏注】孟康曰：駃騠，駿馬也，生七日而超其母。敬重蘇秦，雖有讒謗，而更食以珍奇之味。師古曰：“食”讀曰“飤”。“駃”音“決”。“騠”音“題”。【今注】駃騠：驢和馬雜交的良馬。因跑得快，故名“快蹄”，又作“駃騠”（參見劉又辛《文字訓詁論集》，中華書局 1993 年版，第 332 頁）。

[10]【顏注】師古曰：以拔中山之功而尊顯也。

[11]【今注】文侯賜以夜光之璧：白圭拔中山而尊顯，而人説短於文侯。文侯不信讒者而更親白圭，贈以寶玉。

[12]【顏注】師古曰：析，分也。

[13]【顏注】師古曰：不以浮説而移心。

　　故女無美惡，入宮見妒；士無賢不肖，入朝見嫉。昔司馬喜臏腳於宋，卒相中山；[1]范雎拉脅折齒於魏，卒爲應侯。[2]此二人者，皆信必然之畫，捐朋黨之私，挾孤獨之交，故不能自免於嫉妒之人也。[3]是以申徒狄蹈雍之河，[4]徐衍負石入海。[5]不容於世，義不苟取比周於朝，以移主上之心。[6]故百里奚乞於道路，繆公委之以政；[7]寧戚飯牛車下，桓公任之以國。[8]此二人者，豈素宦於朝，借譽於左右，然後二主用之哉？感於心，合於行，堅如膠桼，昆弟不能離，豈惑於衆口哉？故偏聽生姦，獨任成亂。昔魯聽季孫之説逐孔子，[9]宋任子冉之計囚墨翟。[10]夫以孔、墨之辯，不能自免於讒諛，而二國以危。何則？衆口鑠金，積毀銷骨也。[11]秦用戎人由余而伯中國，[12]齊用越人子臧而彊威、宣。[13]此二國豈係於俗，[14]牽於世，繫奇偏之辭哉？[15]公聽並觀，垂明當世。[16]故意合則胡越爲兄弟，[17]由余、子臧是矣；不合則骨肉爲仇敵，朱、象、管、蔡是矣。[18]今人主誠能用齊、秦之明，後宋、魯之聽，則五伯不足侔，而三王易爲也。[19]

[1]【顏注】蘇林曰：六國時人，被此刑也。【今注】司馬喜：戰國時人。三相中山。在宋國受到臏刑，逃至中山，游説中山國君。中山王以司馬喜爲相。　臏：剔去人的膝蓋骨。

[2]【顏注】應劭曰：魏人也。魏相魏齊疑其以國陰事告齊，乃掠笞數百，拉脅折齒。師古曰：後入秦爲相，封爲應侯。拉，摧也，音盧合反。【今注】范雎：戰國時魏國人。字叔。范雎隨魏中大夫須賈出使齊國，齊襄王賜范雎金十斤及牛酒。須賈認爲范雎

將魏國的密事告訴齊國，向魏公子魏齊告發。魏齊令人將范雎打斷肋骨和牙齒。後范雎逃入秦國。秦昭王四十一年（前266），范雎爲秦相，封於應（今河南魯山縣東），稱應侯。

[3]【顏注】師古曰：言直道而行，不求朋黨之助，謂忠信必可恃也。畫，計也，音「獲」。

[4]【顏注】服虔曰：殷之末世介士也。雍之河，雍州之河也。師古曰：雍者，河水溢出爲小流也。言狄初因蹈雍，遂入大河也。《爾雅》曰「水自河出爲雍」，又曰「江有沱，河有雍」。雍，音於龍反。服云雍州之河，非也。【今注】申徒狄蹈雍之河：申徒狄，商朝末年人。相傳因不忍見紂王淫亂，投水自殺。王念孫《讀書雜志·漢書第九》曰：「雍」讀爲「甕」，謂蹈甕而自沉於河。

[5]【顏注】服虔曰：周之末世人也。師古曰：負石者，欲速沈也。

[6]【顏注】師古曰：比，音頻寐反。【今注】義不苟取比周：不會無原則地迎合，進而結黨營私。

[7]【顏注】應劭曰：虞人也，聞秦繆公賢，欲往干之，乏資，乞食以自致也。【今注】案，乞於，大德本、殿本作「乞食於」。 繆公委之以政：百里奚爲虞國（今山西平陸縣北）大夫。被晉國俘虜，作爲陪嫁之臣送入秦國。後逃到楚國，被秦繆公以五張黑公羊皮贖回，助秦完成霸業。

[8]【顏注】應劭曰：齊桓公夜出迎客，甯戚疾擊其牛角，高歌曰：「南山矸，白石爛，生不遭堯與舜禪。短布單衣適至骭，從昏飯牛薄夜半，長夜曼曼何時旦！」桓公召與語，說之，以爲大夫。師古曰：矸字與岸同。骭，脛也。薄，止也。骭，音下諫反。曼，音莫幹反。【今注】桓公：齊桓公。姜姓，名小白。公元前685年至前643年在位。春秋五霸之首。

[9]【顏注】師古曰：季孫，魯大夫季桓子也，名斯。《論

語》云："齊人歸女樂，季桓子受之，三日不朝，孔子行。"蓋桓子故使定公受齊之女樂，欲令去孔子也。

[10]【顏注】文穎曰：子冉，子罕也。【今注】子冉：《漢書考證》齊召南指出，子冉，《史記》卷八三《魯仲連鄒陽列傳》作"子罕"，故文穎以爲一人。但王先謙《漢書補注》認爲，子罕與子冉並非一人。事迹不詳。錢穆《先秦諸子繫年考辨》卷二《宋信子罕之計而囚墨翟考》認爲，子罕有兩人。一在春秋魯襄公時。一在戰國初年宋昭公時。宋有兩個昭公，子罕在後一個昭公時。墨翟爲宋大夫，其被囚於宋在昭公三十一年以後。

[11]【顏注】師古曰：美金見毀，衆共疑之，數被燒鍊，以至銷鑠。讒佞之人，肆其詐巧，離散骨肉，而不覺知。【今注】衆口鑠金積毀銷骨：金、骨皆爲堅硬的物質，遇到讒言詆毀，也可以銷熔。指讒言可以使父兄自相誅戮，骨肉之情也隨之消滅。

[12]【顏注】師古曰："伯"讀曰"霸"。【今注】戎人由余：春秋時戎人，其先爲晉人，助秦穆公伐西戎，滅國十二，開地千里，稱霸一時。戎，古代稱西方少數民族爲西戎，有"九戎"的說法。

[13]【顏注】師古曰：齊之二王謚也。【今注】越人子臧：《鹽鐵論·相刺》作"越人夷吾"，《潛夫論·論榮》作"越人象"，《史記·魯仲連鄒陽列傳》作"越人蒙"。《索隱》引張晏說，子臧或是越人蒙的字。　威宣：齊威王、齊宣王。齊威王任用鄒忌爲相，田忌爲將，孫臏爲軍師，國力漸強；齊宣王，齊威王之子，名辟疆。公元前340年，使田忌爲將、孫臏爲師率兵敗魏於馬陵。置稷下學宮，會集鄒衍、田駢、慎到、環淵等講學議論。

[14]【今注】係於俗：王先謙《漢書補注》認爲"係""繫"二字不當連用，當據《史記·魯仲連鄒陽列傳》《文選》改"係"作"拘"。

[15]【今注】繫奇偏之辭：被不公正的言語所束縛。奇偏，

一足側立，比喻不公正。奇，通"倚"。《史記·魯仲連鄒陽列傳》作"阿偏"。案，蔡琪本、大德本、殿本"偏之"後有"浮"字。

[16]【顏注】師古曰：公聽，言不私也。並觀，所見齊同也。

[17]【今注】胡越：胡在北，越在南。代指相隔遙遠。

[18]【顏注】師古曰：朱，丹朱，堯子。象，舜弟。管、蔡，周之二叔也。【今注】朱：堯子丹朱，不肖，堯不把帝位傳於他。象：虞舜的弟弟，曾幾次想害死舜。　管蔡：管叔鮮和蔡叔度，均是周武王之弟。武王死後，起兵反叛，被周公平定。

[19]【顏注】師古曰：倅，等也。"伯"讀曰"霸"。【今注】五伯：五霸。春秋時稱霸的五個諸侯。有三種説法：一齊桓公、晉文公、楚莊王、宋襄公、秦穆公；二齊桓公、晉文公、秦穆公、楚莊王、吳王闔閭；三齊桓公、晉文公、楚莊王、吳王闔閭、越王句踐。

是以聖王覺寤，捐子之之心，而不説田常之賢，[1]封比干之後，脩孕婦之墓，[2]故功業覆於天下。[3]何則？欲善亡厭也。夫晉文親其讎，彊伯諸侯；齊桓用其仇，而一匡天下。[4]何則？慈仁殷勤，誠加於心，不可以虛辭借也。

[1]【顏注】應劭曰：燕王噲賢其相子之，欲禪以燕國，國乃大亂。田常，陳恒也。齊簡公悦之，而殺簡公。今使人君去此心，則國家安全也。師古曰："説"讀曰"悦"。

[2]【顏注】應劭曰：紂刳妊者，觀其胎産。師古曰：武王克商，反其故政，乃封脩之。【今注】案，"封比干之後"二句，封比干之子，史書並不載此事，《史記》卷三《殷本紀》作"封比干之墓"。《尚書》又載紂王刳剔孕婦，但不見脩孕婦之墓。

[3]【顏注】師古曰：覆猶被也。

　[4]【顏注】張晏曰：寺人勃鞮爲晉獻公逐文公，斬其祛。及文公即位，用其言以免呂郤之難。管仲射中桓公帶鉤，而用爲相。師古曰："伯" 讀曰 "霸"。下皆類此。【今注】一匡天下：齊桓公三十五年（前651），與諸侯會盟於葵丘（今河南民權縣），周襄王派宰孔賜文武胙、彤弓矢、大輅，並免桓公下拜之禮。

　　至夫秦用商鞅之法，[1]東弱韓、魏，[2]立彊天下，卒車裂之。[3]越用大夫種之謀，[4]禽勁吳而伯中國，遂誅其身。是以孫叔敖三去相而不悔，[5]於陵子仲辭三公爲人灌園。[6]今人主誠能去驕傲之心，懷可報之意，披心腹，見情素，[7]墮肝膽，施德厚，[8]終與之窮達，無愛於士，[9]則桀之犬可使吠堯，[10]跖之客可使刺由，[11]何況因萬乘之權，假聖王之資乎！然則荊軻湛七族，[12]要離燔妻子，[13]豈足爲大王道哉！[14]

　[1]【今注】商鞅：姓公孫，名鞅。戰國衞國人。因封於商，故名商君、商鞅。輔佐秦孝公變法。後被誣告謀反，受車裂而死。傳見《史記》卷六八。

　[2]【今注】韓：戰國七雄之一。初都平陽（今山西臨汾市）。韓哀侯二年（前375）滅鄭，徙都新鄭（今河南新鄭市）。公元前230年爲秦所滅。

　[3]【顏注】師古曰：卒，終也。【今注】車裂：古代酷刑。亦稱 "轘" 或 "轘刑"，俗稱 "五馬分屍"，即將人頭和四肢分別拴在五輛車上，以五馬駕車，同時分馳，撕裂肢體。

　[4]【今注】大夫種：文種。字子禽。春秋楚國人。越王句踐任爲大夫。興越滅吳，使句踐稱霸諸侯。後被句踐賜劍自殺。

[5]【顏注】師古曰：叔敖三爲楚相，而三去之。繒丘之封人謂之曰（繒，蔡琪本、殿本作"狐"）："吾聞處官久者士妬之，禄厚者衆怨之，位尊者君恨之。今相國有此三者，而不得罪於楚之士衆，何也?"叔敖曰："吾三相楚而身愈卑，每益禄而施愈博，位滋尊而禮愈恭，是以不得罪於楚人也。"【今注】孫叔敖：楚國令尹。楚相虞丘薦於楚莊王。相傳曾三任相而不喜，三辭相而不悔。　案，"三去相而不悔"，蔡琪本無"相"字。

[6]【顏注】師古曰：於陵，地名也。子仲，陳仲子也。其先與齊同族，兄載爲齊相，仲子以爲不義，乃將妻子適楚，居于於陵，自謂於陵子仲。楚王聞其賢，使使者持金百溢聘之，欲以爲相。仲子不許，遂夫妻相與逃，而爲人灌園，終身不屈其節。【今注】於陵：戰國齊地。在今山東鄒平市東南。　三公：古代輔助國君的三位最高官員的總稱。周朝三公有二説：一謂司馬、司徒、司空；一謂太師、太傅、太保。秦及西漢前期以丞相、太尉、御史大夫爲三公。此處鄒陽以漢三公比附楚相。

[7]【顏注】師古曰：見，顯示之也。素謂心所向也。【今注】情素：真實的情意。

[8]【顏注】師古曰：墮，毀也，音火規反。【今注】墮肝膽：竭誠相待，盡忠效命。墮，輸，奉獻。

[9]【顏注】師古曰：無所吝惜也。【今注】終與之窮達：與之同憂樂，共甘苦。

[10]【今注】桀之犬可使吠堯：走狗一心爲它的主子效勞，也比喻各爲其主。犬，《史記》卷八三《魯仲連鄒陽列傳》、《文選》鄒陽《獄中上書自明》並作"狗"。

[11]【顏注】應劭曰：盜跖之客爲其人使刺由。由，許由也。師古曰：此言被之以恩，則用命也。【今注】跖：展氏，傳説春秋末期的大盜，率九千人，橫行各諸侯國。爲魯國大夫展禽（柳下惠）之弟。

[12]【今注】荆軻湛七族：王先謙《漢書補注》引《論衡·語增》認爲，當時有"町町若荆軻之閭"的傳言，即荆軻爲燕太子刺秦王，秦王誅其九族。其後復夷軻之一里。一里皆滅，故曰町町。但《論衡》又認爲，所謂誅一里，指誅荆軻九族，九族同里而居，故有此説。七族，家族。據《史記索隱》，爲父之姓、姑之子、姊妹之子、女之子、母之姓、從子及妻父母。案，"荆軻湛七族"，殿本無"荆"字。

[13]【今注】要離：春秋吳國人。吳公子光殺吳王僚而自立，欲殺僚子慶忌。要離設謀，請光斷其右手，燒死妻子，假裝因罪逃亡，見慶忌於衞而刺之。還至江陵，乃伏劍自殺。事見《呂氏春秋·仲冬紀·忠廉》。

[14]【顏注】應劭曰：荆軻爲燕刺秦始皇，不成而死，其族坐之。湛，没也。吳王闔閭欲殺王子慶忌，要離詐以罪亡，令吳王燔其妻子。要離走見慶忌，以劍刺之。張晏曰：七族，上至曾祖，下至曾孫。師古曰：此説云湛七族，無荆字也。尋諸史籍，荆軻無湛族之事，不知陽所云者定何人也。"湛"讀曰"沈"。

　　臣聞明月之珠，夜光之璧，以闇投人於道，衆莫不按劍相眄者，[1]何則？無因而至前也。蟠木根柢，輪囷離奇，[2]而爲萬乘器者，以左右先爲之容也。[3]故無因而至前，雖出隨珠和璧，秖怨結而不見德；[4]有人先游，則枯木朽株，樹功而不忘。[5]今夫天下布衣窮居之士，身在貧羸，[6]雖蒙堯、舜之術，[7]挾伊、管之辯，[8]懷龍逢、比干之意，而素無根柢之容，雖竭精神，欲開忠於當世之君，[9]則人主必襲按劍相眄之迹矣。[10]是使布衣之士不得爲枯木朽株之資也。

　　［1］【今注】按劍相眄：以手按劍，十分警覺地看。案，“明月之珠”四句，指將珍貴的東西暗中放置在道路上，衆人不知道其來歷，十分警覺而不敢去拿。

　　［2］【顏注】蘇林曰：“柢”音“蔕”。張晏曰：柢，根下本也。輪囷離奇，委曲盤戾也。師古曰：蟠木，屈曲之木也。囷，音去輪反。離，音力爾反。奇，音於綺反。一曰離奇各讀如本字。【今注】蟠木根柢：盤曲的樹根。　輪囷離奇：屈曲盤繞、奇形怪狀。

　　［3］【顏注】師古曰：萬乘器，天子車輿之屬也。容謂彫刻加飾。【今注】萬乘：周制，天子地千里，兵車萬乘，因代指天子。
　先爲之容：先加修飾，後引申爲事先爲人介紹、推薦或游説。指原本並不好的東西，因爲有人事先爲之修飾推薦，就能得到重用。

　　［4］【顏注】師古曰：隨國之侯見大蛇傷者，療而愈之，蛇銜明珠以報其德，故稱隨珠。和氏之璧，即卞和所獻之玉耳。祇，適也，音“支”。【今注】祇怨結而不見德：祇會引起反感而不會被欣賞。《史記》卷八三《魯仲連鄒陽列傳》作“猶結怨而不見德”。案，蔡琪本“怨結”作“恐怨”。

　　［5］【顏注】師古曰：先游，謂進納之也。樹，立也。【今注】案，“有人先游”《史記·魯仲連鄒陽列傳》作“有人先談知游”，即游説之游也。此三句之意爲，有人爲之事先游説推薦，則即使是像枯朽的樹木一樣的人，也能建立功勳而不被忘記。

　　［6］【顏注】師古曰：衣食不充，故羸瘦也。一曰羸謂無威力。【今注】布衣窮居之士：隱居不仕的平民。布衣，平民穿粗布衣服，故稱。窮居，隱居不仕。

　　［7］【今注】蒙堯舜之術：堯舜以德服人，用仁政進行統治，稱爲王道。

　　［8］【顏注】師古曰：伊，伊尹。管，管仲。【今注】挾伊管之辯：伊尹、管仲皆輔佐君王以武力征服，行霸道。伊，伊尹，商

初大臣，名伊，一説名摯。尹爲官名。輔助湯攻滅夏桀，被尊爲
"阿衡（宰相）"。管，管仲，名夷吾，字仲。春秋齊潁上（今安
徽潁上縣）人。公子小白與公子糾爭位，管仲輔佐公子糾，射中小
白帶鈎。公子糾死後，被俘。後經鮑叔牙薦舉，被齊桓公任命爲
相，稱"仲父"，輔助齊桓公成就霸業。

[9]【顏注】師古曰：開謂陳説也。【今注】開忠於當世之君：
向當時的君王展示自己的忠心。開，展示。《史記·魯仲連鄒陽列
傳》作"雖竭精思，欲開忠信，輔人主之治"。

[10]【顏注】師古曰：襲，重也。言躡其故跡也。

是以聖王制世御俗，[1]獨化於陶鈞之上，[2]而
不牽乎卑辭之語，[3]不奪乎衆多之口。[4]故秦皇帝
任中庶子蒙之言，[5]以信荆軻，而匕首竊發；[6]周
文王獵涇渭，載吕尚歸，以王天下。[7]秦信左右而
亡，周用烏集而王。[8]何則？以其能越攣拘之語，
馳域外之議，[9]獨觀乎昭曠之道也。[10]

[1]【今注】制世御俗：統治國家，治理社會。

[2]【顏注】張晏曰：陶家名模下圓轉者爲鈞，以其制器爲
大小，比之於天也。師古曰：此説非也。陶家名轉者爲鈞，蓋取
周回調鈞耳。言聖王制馭天下，亦猶陶人轉鈞，非陶家轉象天也。
【今注】陶鈞：陶工使用的轉輪。

[3]【今注】卑辭：言辭謙卑。

[4]【顏注】師古曰：奪者，言欲行善道而爲佞人奪其計也。

[5]【顏注】師古曰：蒙者，庶子名也。今流俗書本"蒙"
下輒加"恬"字，非也。【今注】中庶子蒙：中庶子，西周及春秋
戰國諸侯國掌諸侯、卿大夫之子教育的官員。蒙，即蒙嘉。據《史
記》卷八六《刺客列傳》載，秦王寵臣中庶子蒙嘉，嘉爲先言於

秦王，此處脱“嘉”字。

[6]【顏注】師古曰：匕首，短劍也。其首類匕，便於用也。

[7]【顏注】應劭曰：西伯出遇呂尚于渭之陽，與語大悦，因載歸。【今注】涇渭：二水名。指涇水和渭水。位於今陝西關中平原中部。

[8]【顏注】師古曰：言文王之得太公，非因舊故，若烏鳥之暴集。【今注】案，“秦信左右而亡”二句：秦二世寵信趙高，殺身亡國，即所謂信左右而殺亡。烏集，如同烏鳥會集。周武王伐紂，至孟津，八百諸侯不期而會，如同烏鳥之聚集。

[9]【顏注】師古曰：挐，音力全反。【今注】域外之議：不受約束的議論。

[10]【顏注】師古曰：昭，明也。曠，廣也。

今人主沈諂諛之辭，牽帷廧之制，[1]使不羈之士與牛驥同皁，[2]此鮑焦所以憤於世也。[3]

[1]【顏注】孟康曰：言爲左右便僻侍帷廧臣妾所見牽制矣。【今注】帷廧之制：受到偏見私情的牽制。帷幕，比喻寵臣和妻妾。廧，《史記》卷八三《魯仲連鄒陽列傳》作“裳”。

[2]【顏注】師古曰：不羈，言才識高遠不可羈係也。皁，歷也（歷，蔡琪本、殿本作“櫪”）。揚雄《方言》云“梁、宋、齊、楚、燕之間謂歷曰皁”。皁，音在早反。【今注】牛驥同皁：牛不當與驥同皁，比喻以賢愚雜處。皁，牲畜的食槽。

[3]【顏注】孟康曰：周之介士也。師古曰：鮑焦怨時之不用己，采蔬於道。子貢難曰：“非其時而採其蔬，此焦之有哉？”棄其蔬，乃立枯於洛水之上。蔬謂菜也。【今注】案，此句《史記·魯仲連鄒陽列傳》“世”下有“而不留富貴之樂”七字。

臣聞盛飾入朝者不以私汙義，底厲名號者不以利傷行。[1]故里名勝母，曾子不入;[2]邑號朝歌，墨子回車。[3]今欲使天下寥廓之士籠於威重之權，脅於位勢之貴，[4]回面污行，以事諂諛之人，[5]而求親近於左右，則士有伏死堀穴巖藪之中耳，[6]安有盡忠信而趨闕下者哉！

[1]【顏注】師古曰：底厲，言其自脩廉隅，若磨厲於石也。

[2]【顏注】師古曰：曾子至孝，以勝母之名不順，故不入也。【今注】案，“里名勝母”二句，曾子，即曾參。春秋時魯人，以孝著稱。用“勝母”作里名，曾子認爲有違孝道，所以不入。《史記》卷八三《魯仲連鄒陽列傳》“里”作“縣”。

[3]【顏注】師古曰：紂作朝歌之音。朝歌者，不時也。師古曰：朝歌，殷之邑名也。《淮南子》云“墨子非樂，不入朝歌”。【今注】墨子回車：墨子主張“非樂”，“朝歌”之名不合他的主張，所以到了那裏掉轉車頭而不入。朝歌，殷之故都，在今河南淇縣東北。

[4]【顏注】師古曰：寥廓，遠大之度也。脅，迫也。“寥”音“聊”。

[5]【顏注】師古曰：回，邪也。汙，不絜也（絜，蔡琪本、殿本作“潔”），音一故反。或曰汙，曲也，音一胡反。【今注】回面污行：轉變態度而污穢其行爲。

[6]【顏注】師古曰：堀與窟同。澤無水曰藪。【今注】堀穴巖藪：洞穴、山巖、湖澤。堀，同“窟”。藪，湖澤。巖藪，《史記·魯仲連鄒陽列傳》作“巖巖”。

書奏孝王，孝王立出之，卒爲上客。[1]

[1]【今注】上客：上等賓客。

初，勝、詭欲使王求爲漢嗣，王又嘗上書，願賜容車之地徑至長樂宮，[1]自使梁國士衆築作甬道朝太后。[2]爰盎等皆建以爲不可。[3]天子不許。梁王怒，令人刺殺盎。上疑梁殺之，使者冠蓋相望責梁王。[4]梁王始與勝、詭有謀，陽爭以爲不可，故見讒。枚先生、嚴夫子皆不敢諫。[5]及梁事敗，勝、詭死，孝王恐誅，迺思陽言，深辭謝之，齎以千金，令求方略解罪於上者。陽素知齊人王先生，[6]年八十餘，多奇計，即往見，語以其事。王先生曰：“難哉！人主有私怨深怒，欲施必行之誅，誠難解也。以太后之尊，骨肉之親，猶不能止，況臣下乎？昔秦始皇有伏怒於太后，群臣諫而死者以十數。得茅焦爲廓大義，[7]始皇非能説其言也，迺自强從之耳。[8]茅焦亦廑脱死如毛氂耳，[9]故事所以難者也。今子欲安之乎？”[10]陽曰：“鄒魯守經學，齊楚多辯知，韓魏時有奇節，吾將歷問之。”[11]王先生曰：“子行矣。還，過我而西。”

[1]【今注】長樂宮：太后所居之宮，亦稱“東宮”。遺址位於今陝西西安市西北郊漢長安城遺址東南角。

[2]【今注】甬道：兩旁有墙或其他障蔽物的通道。

[3]【顏注】師古曰：建謂立議。【今注】爰盎：字絲。傳見本書卷四九。

[4]【今注】冠蓋相望：漢朝的使臣往來絡繹不絶。冠，冠服。蓋，車蓋。

　　[5]【顏注】師古曰：先生，枚乘。夫子，嚴忌。【今注】嚴
夫子：莊忌。因避東漢明帝劉莊諱，改"莊"爲"嚴"。

　　[6]【顏注】師古曰：素與相知也。

　　[7]【顏注】鄭氏曰：齊人也。應劭曰：茅焦諫云："陛下車
裂假父，有嫉妬之心；囊撲兩弟，有不慈之名；遷母咸陽，有不
孝之行。臣竊爲陛下危之。臣所言畢。"乃解衣趨鑊。始皇下殿，
左手接之曰："先生起矣！"即迎太后，遂爲母子如初。

　　[8]【顏注】師古曰：説，讀曰"悦"也（蔡琪本、大德本、
殿本無"也"字）。【今注】案，强，大德本、殿本同，蔡琪本作
"彊"。

　　[9]【顏注】師古曰：廑，少也。言纔免於死也。廑，音巨
刃反。【今注】廑脱死如毛氂：茅焦僅免於死，祇在毫氂之間。毛，
寸的千分之一。通"毫"。氂，尺的千分之一。通"釐"。

　　[10]【顏注】師古曰：安，焉也。之，往也。

　　[11]【今注】案，"鄒魯守經學"三句，蒙文通《經學抉原》
認爲，儒學自盛於鄒、魯，道家者流盛於南方，而商君、申、韓之
徒並是北人（上海人民出版社2006年版，第89頁）。鄒，古國名。
春秋時爲邾國，戰國時改鄒。都邾（今山東鄒城市）。

　　鄒陽行月餘，莫能爲謀，還過王先生，曰："臣將
西矣，爲如何？"王先生曰："吾先日欲獻愚計，以爲
衆不可蓋，[1]竊自薄陋不敢道也。若子行，必往見王長
君，[2]士無過此者矣。"鄒陽發寤於心，曰："敬諾。"
辭去，不過梁，徑至長安，因客見王長君。長君者，
王美人兄也，後封爲蓋侯。[3]鄒陽留數日，乘間而請
曰：[4]"臣非爲長君無使令於前，故來侍也；[5]愚戆竊
不自料，願有謁也。"[6]長君跪曰："幸甚。"[7]陽曰：

"竊聞長君弟得幸後宮，天下無有，[8]而長君行迹多不循道理者。今爰盎事即窮竟，梁王恐誅。如此，則太后怫鬱泣血，無所發怒，[9]切齒側目於貴臣矣。[10]臣恐長君危於累卵，[11]竊爲足下憂之。"[12]長君懼然曰："將爲之奈何？"[13]陽曰："長君誠能精爲上言之，[14]得毋竟梁事，長君必固自結於太后。太后厚德長君，入於骨髓，而長君之弟幸於兩宮，[15]金城之固也。[16]又有存亡繼絕之功，[17]德布天下，名施無窮，願長君深自計之。昔者，舜之弟象日以殺舜爲事，[18]及舜立爲天子，封之於有卑。[19]夫仁人之於兄弟，無臧怒，無宿怨，厚親愛而已，[20]是以後世稱之。魯公子慶父使僕人殺子般，[21]獄有所歸，[22]季友不探其情而誅焉；[23]慶父親殺閔公，季子緩追免賊，[24]《春秋》以爲親親之道也。[25]魯哀姜薨于夷，[26]孔子曰'齊桓公法而不譎'，以爲過也。[27]以是說天子，僥幸梁事不奏。"長君曰："諾。"乘間入而言之。及韓安國亦見長公主，事果得不治。

[1]【顏注】師古曰：蓋，覆蔽也。【今注】衆不可蓋：其他人的長處不可掩蓋。

[2]【今注】王長君：王信，景帝王皇后的哥哥，封蓋侯。

[3]【今注】蓋（gě）侯：當時王皇后尚爲美人，王信尚未封侯，故稱後封爲蓋侯。蓋，縣名。治所在今山東沂源縣東南。

[4]【顏注】師古曰：間謂空隙無事之時也（蔡琪本、大德本、殿本無"也"字）。

[5]【顏注】師古曰：使令，謂役使之人也。令，音力成反。

［6］【顏注】師古曰：料，量也。謁，告也。

［7］【今注】跪：古時席地而坐，兩膝著地，臀部坐於脚跟上。跪時腰部和大腿伸直，以示莊重。也稱爲“跽”。

［8］【顏注】師古曰：言獨一耳，無所比類也。

［9］【顏注】師古曰：怫鬱，蘊積也。“怫”音“佛”。【今注】怫鬱：心情不舒暢。

［10］【今注】切齒側目：咬緊牙齒，側着眼看。形容極度痛恨。

［11］【顏注】師古曰：縈卵者，言其將隤而破碎也。

［12］【今注】足下：古代下對上或同輩之間相稱的敬辭。

［13］【顏注】師古曰：懼，讀曰“瞿”，音居具反。瞿然，無守之皃。

［14］【今注】精爲上言之：非常細密周全，多方曉喻。

［15］【顏注】如淳曰：太后宮及帝宮也。

［16］【顏注】師古曰：言其榮寵無極不可壞，故取喻於金城也。

［17］【今注】存亡繼絶：使快要滅亡的國家得以保存，將要斷絶的後代得以延續。此處指維護梁孝王的王國和爵位。

［18］【顏注】師古曰：言日日欲殺也。

［19］【顏注】服虔曰：音“畀予”之“畀”也。師古曰：地名也，音“鼻”，今鼻亭是也，在零陵。【今注】有畀：地名。在今湖南道縣北。或作“有鼻”“有庳”。又名鼻墟、鼻亭。

［20］【今注】案，“夫仁人之於兄弟”四句，出自《孟子·萬章上》。蔡琪本無“仁”字。

［21］【顏注】師古曰：慶父，莊公弟也。子般，莊公太子也。僕人，即鄧扈樂也。“父”讀曰“甫”。“般”字與“班”同。【今注】慶父：即仲慶父、共仲。春秋時期魯桓公子，魯莊公長弟。莊公去世，太子子般即位，他派僕人殺死子般，立魯閔公。

［22］【顏注】師古曰：歸罪於鄧扈樂也。

［23］【顏注】師古曰：季友，慶父之弟，不探慶父本情而誅扈樂。

［24］【顏注】師古曰：慶父出奔，季友縱而不追，免其賊亂之罪。【今注】案，"慶父親殺閔公"二句：魯閔公繼位第二年，慶父又派人殺死閔公，出奔莒。魯用財物求莒送歸，慶父在歸國途中自殺。免賊，吳恂《漢書注商》認爲，《公羊傳》《風俗通》作"逸賊"，《穀梁傳》亦有"緩追逸賊"之語。"免"字當爲"逸"字之壞文。

［25］【顏注】師古曰：《公羊》之說也，言季友親其兄也。【今注】春秋：魯國編年體史書，傳說爲孔子編次，記載魯隱公元年（前722）至魯哀公十四年（前481）的歷史。有《左氏》《公羊》《穀梁》三傳。此處指《公羊傳》。　親親之道：見《公羊傳》閔公二年。原文作"既而不可及，緩追逸賊，親親之道也"。

［26］【今注】夷：西周時諸侯國，後入齊。在今山東即墨市西。

［27］【顏注】師古曰：哀姜，莊公夫人也，淫於二叔，而豫殺閔公，齊人殺之于夷。夷，齊地也。法而不譎者，言守法而行，不能用權以免其親也。【今注】法而不譎：正直而不欺詐。王念孫《讀書雜志·漢書第九》曰：法，通"正"。故《論語》作"正而不譎"。法，今本《論語》作"正"，"法而不譎"爲《魯論語》。

　　初，吳王濞與七國謀反，[1]及發，齊、濟北兩國城守不行。[2]漢既破吳，齊王自殺，不得立嗣。[3]濟北王亦欲自殺，幸全其妻子。齊人公孫獲謂濟北王曰：[4]"臣請試爲大王明說梁王，通意天子，說而不用，死未晚也。"公孫獲遂見梁王，曰："夫濟北之地，東接彊齊，南牽吳越，北脅燕趙，此四分五裂之國，[5]權不足以自守，勁不足以扞寇，[6]又非有奇怪云以待難也，[7]雖墜言于吳，非其正計也。[8]昔者鄭祭仲許宋人立公子突以活其君，非義也，《春秋》記之，爲其以生易死，以存易亡。[9]鄉使濟北見情實，示不從之端，[10]則吳必先歷齊畢濟北，[11]招燕、趙而總之。如此，則山東之從結而無隙矣。[12]今吳楚之王練諸侯之兵，毆白徒之衆，[13]西與天子爭衡，濟北獨底節堅守不下。使吳失與而無助，踥步獨進，[14]瓦解土崩，破敗而不救者，未必非濟北之力也。夫以區區之濟北而與諸侯爭彊，[15]是以羔犢之弱而扞虎狼之敵也。守職不橈，可謂誠一矣。[16]功義如此，尚見疑於上，脅肩低首，絫足撫衿，[17]使有自悔不前之心，[18]非社稷之利也。臣恐藩臣守職者疑之。臣竊料之，[19]能歷西山，[20]徑長樂，抵未央，[21]攘袂而正議者，獨大王耳。[22]上有全亡之功，下有安百姓之名，德淪於骨髓，[23]恩加於無窮，願大王留意詳惟之。"[24]孝王大説，[25]使人馳以聞。濟北王得不坐，徙封於淄川。[26]

[1]【今注】七國：當時與吳國一起謀反的有六國，加吳國爲七國。此處"七"當爲"六"字之誤。

[2]【今注】城守：據城守禦。

[3]【今注】不得立嗣：按漢律，自殺者不得爲立後。《張家山漢簡·置後律》規定："其自賊殺，毋爲置後。"但齊孝王自殺後，景帝以爲首善，即立其子。

[4]【顏注】師古曰：玃，音俱碧反（碧，蔡琪本、殿本作"略"）。

　　〔5〕【顏注】張晏曰：四方受敵，濟北居中央爲五。晉灼曰：四分，即交五而裂，如田字也。

　　〔6〕【顏注】師古曰：扞，禦也，音胡旦反。【今注】勁不足以扞寇：王念孫《讀書雜志·漢書第九》認爲，“勁”當爲“埶”字之誤。權輕則不足以守國，埶弱則不足以扞寇，“埶”與“權”正相對。

　　〔7〕【顏注】如淳曰：非有奇材異計欲以爲亂逆也，但假權詐吳以避其禍耳。晉灼曰：非有以怪異之心而城守，須待變難而應吳也。師古曰：二說皆非也。此言權謀勁力既不能扞守，又無奇怪神靈可以禦難，恐不自全，故墜言於吳也。

　　〔8〕【顏注】蘇林曰：墜猶失也。

　　〔9〕【顏注】師古曰：祭仲，鄭大夫祭足也，事鄭莊公，爲公娶鄧曼，生昭公，故祭仲立之。而宋大夫雍氏以女妻莊公而生突。昭公既立，宋人誘祭仲而執之，曰：“不立突，將死。”祭仲與宋人盟，以屬公歸而立之。昭公奔衞，言足脅於大國，苟順其心，欲以全昭公也。祭，音側界反。【今注】案，蔡琪本、大德本、殿本“以存易亡”後有“也”字。

　　〔10〕【顏注】師古曰：“鄉”讀曰“嚮”。見謂顯也。

　　〔11〕【顏注】張晏曰：歷，過。畢，盡收濟北之地。

　　〔12〕【顏注】師古曰：從，音子容反。【今注】山東之從結：指濟北、燕、趙與吳國聯合。三個諸侯國均在吳國北面。南北方向爲縱。從結，縱向聯合。

　　〔13〕【顏注】師古曰：練，選也。敺與驅同。白徒，言素非軍旅之人，若今言白丁矣。

　　〔14〕【顏注】師古曰：半步曰跬，音空橤反。

　　〔15〕【顏注】師古曰：區區，小貌也。

　　〔16〕【顏注】師古曰：橈，曲也，音女教反。

　　〔17〕【顏注】師古曰：脅，翕也，謂斂也。

［18］【顏注】張晏曰：悔不與吳西也。

［19］【顏注】師古曰：料，量也。

［20］【今注】西山：漢代長安東部的華山、崤山等，爲西至長安的交通要道。

［21］【今注】未央：未央宮。漢高祖七年（前200），蕭何主持興建。遺址在今陝西西安市西北漢長安故城内西南隅。漢未央宮在長樂宮的西面，自華山方向進入長安，先至長樂宮，後至未央宮。

［22］【顏注】師古曰：西山，謂崤及華山也。抵，至也。攘，卻也。袂，衣袖也。攘袂，猶今人云捋臂（捋臂，大德本同，蔡琪本、殿本作"掉臂"）耳。

［23］【顏注】師古曰：淪，入也。

［24］【顏注】師古曰：惟，思也。

［25］【顏注】師古曰："說"讀曰"悦"。

［26］【今注】淄川：侯國名。在今山東東北部。都據（今山東昌樂縣西北）。

枚乘字叔，淮陰人也，[1]爲吳王濞郎中。[2]吳王之初怨望謀爲逆也，乘奏書諫曰：

［1］【今注】淮陰：縣名。治所在今江蘇淮陰市西南。

［2］【今注】郎中：官名。掌宿衞，出充車騎。西漢初期侯國"自置吏，得賦斂"（本書卷一下《高紀下》），百官都如漢朝。諸侯國郎中其長官爲郎中令，同漢朝光禄勳。

臣聞得全者全昌，失全者全亡。[1]舜無立錐之地，以有天下；禹無十户之聚，以王諸侯。[2]湯、武之土不過百里，上不絶三光之明，[3]下不傷百姓之心者，有王術也。[4]故父子之道，天性也；忠臣不避重誅以直諫，[5]則事無遺策，[6]功流萬世。臣乘願披腹心而效愚忠，唯大王少加意念惻怛之心於臣乘言。[7]

[1]【今注】案，"得全者全昌"二句，得到保全之策則可以興盛，失去了則可能消亡。上"全"字義爲"保全之道"，下"全"字指"完全"。

[2]【顏注】師古曰：聚，聚邑也，音才喻反。【今注】案，《史記》卷六九《蘇秦列傳》載蘇秦說趙王，"舜無咫尺之地，以有天下；禹無百人之聚，以王諸侯；湯、武之土不過百里，爲天子"。

[3]【今注】三光：日、月、星。

[4]【顏注】師古曰：德政和平，上感天象，則日月星辰無有錯謬，故言不絕三光之明也。【今注】王術：王道。實行仁政，以德服人的統治方法。

[5]【顏注】師古曰：言父子君臣，其義一也。

[6]【今注】遺策：失策。

[7]【今注】惻怛之心：同情之心。

夫以一縷之任係千鈞之重，上縣無極之高，下垂不測之淵，雖甚愚之人，猶知哀其將絕也。[1]馬方駭鼓而驚之，[2]係方絕又重鎮之；[3]係絕於天不可復結，隊入深淵難以復出。[4]其出不出，閒不容髮。[5]能聽忠臣之言，百舉必脫。[6]必若所欲爲，危於累卵，難於上天；變所欲爲，易於反掌，安於太山。[7]今欲極天命之壽，[8]敝無窮之樂，究萬

乘之埶，^[9]不出反掌之易，以居泰山之安，而欲乘
絫卵之危，走上天之難，^[10]此愚臣之所大
惑也。^[11]

［1］【今注】案，"夫以一縷之任係千鈞之重"五句，以一條
細綫拴上千斤重的東西，上邊掛到沒有盡頭的高處，下邊垂到深不
可測的大淵，即使是很愚蠢的人也知道憺慮它將斷絕。枚乘以此告
誡吳王，事情十分危急，不要鋌而走險，自取滅亡。

［2］【顏注】師古曰：駭亦驚也。鼓，擊鼓也。

［3］【今注】案，"馬方駭鼓而驚之"二句，馬正受驚時又以
鼓聲驚之，綫將斷絕時又以重物壓之。比喻吳王此時的做法容易使
事情更糟。

［4］【今注】案，"係絕於天不可復結"二句，綫斷絕不能再
連接，墜入深淵則難以再出來。自段首至此數句，又見於《孔叢
子》。隊，蔡琪本作"墜"。

［5］【顏注】蘇林曰：改計取福正在今日，言其激切甚急也。
【今注】案，"其出不出"二句，出得來與出不來之間相差極爲細
微。指吳王能不能避免災禍，決定於今日，已經很緊迫了。

［6］【顏注】師古曰：脫者，免於禍也，音土活反。

［7］【今注】案，此句形容像泰山一樣穩固。太山，殿本作
"泰山"。

［8］【今注】天命之壽：上天賜予的百歲以上的壽命。

［9］【顏注】師古曰：敝，盡也。究，竟也。

［10］【顏注】師古曰：走，趨向之也，音"奏"。

［11］【今注】案，之所大惑也，蔡琪本、大德本、殿本作
"之所以爲大王惑也"。

人性有畏其景而惡其跡者，卻背而走，迹愈

多，景愈疾，[1]不知就陰而止，[2]景滅迹絕。欲人勿聞，莫若勿言；欲人勿知，莫若勿爲。欲湯之滄，[3]一人炊之，百人揚之，無益也，[4]不如絕薪止火而已。不絕之於彼，而救之於此，譬猶抱薪而救火也。養由基，[5]楚之善射者也，去楊葉百步，百發百中。楊葉之大，加百中焉，可謂善射矣。然其所止，迺百步之内耳，比於臣乘，未知操弓持矢也。[6]

[1]【顏注】師古曰：背，音步内反。

[2]【今注】不知就陰而止：王念孫《讀書雜志·漢書第九》認爲，“知”當爲“如”字之誤。“不如”與下文兩處“莫若”類似。“不如就陰而止”，與下文“不如絕薪止火而已”也是相同的句式。若作“不知”，則與下文不合。

[3]【顏注】鄭氏曰：音“悽愴”之“愴”，寒也。

[4]【顏注】師古曰：炊謂囊火也。

[5]【今注】養由基：字叔。春秋時期楚國大夫。善於射箭，能百步穿楊。

[6]【顏注】師古曰：乘自言所知者遠，非止見百步之中，故謂由基爲不曉射也。

　　福生有基，禍生有胎；[1]納其基，絕其胎，禍何自來？[2]泰山之霤穿石，[3]單極之統斷幹。[4]水非石之鑽，索非木之鋸，漸靡使之然也。[5]夫銖銖而稱之，[6]至石必差；寸寸而度之，至丈必過。[7]石稱丈量，徑而寡失。[8]夫十圍之木，[9]始生如蘗，足可搔而絕，手可擢而拔，[10]據其未生，先其未形也。磨礱底厲，不見其損，有時而盡；[11]種樹畜養，不見其益，有時而大；積德絫行，不知其善，有時而用；棄義背理，不知其惡，有時而亡。臣願大王孰計而身行之，此百世不易之道也。

[1]【顔注】服虔曰：基、胎，皆始也。【今注】案，"福生有基"二句，指福、禍皆有其根源。

[2]【顔注】師古曰：納猶藏也。何自來，言無所從來也。【今注】案，"納其基"三句，接受導致福的根源，拒絶形成禍的因素，則禍將不會發生。納，接受。

[3]【今注】霤：本義爲水從屋檐流下來，此處指自上而下流的水。

[4]【顔注】孟康曰：西方人名屋梁謂極。單，一也。一説幹謂井鹿盧也（一説幹謂，蔡琪本、大德本、殿本作"一梁謂"）。言鹿盧爲緪索久鍥，斷井幹也。晉灼曰：統，古緪字也。單，盡也，盡極之緪斷幹。幹，井上四交之幹。常爲汲索所契傷也。師古曰：晉説近之。幹者，文木井上以爲欄者也（文木，蔡琪本、大德本作"交木"）。孟云鹿盧，失其義矣。統、緪皆音"鯁"。鍥、契皆刻也，音口計反。【今注】單極之統斷幹：井梁上汲水的繩索，時間長了可以截斷井上的木欄。極，本指屋梁，此處指井梁。吴恂《漢書注商》以"單"爲"癉"之省文，義爲疲勞。用不舍之瓮索，足以鍥斷井闌上横桿。

[5]【顔注】師古曰：靡，盡也。【今注】漸靡：逐漸磨損。靡，同"摩"。

[6]【今注】銖：古代重量單位。一兩的二十四分之一。形容分量極輕微。

[7]【顔注】鄭氏曰：石，百二十斤。張晏曰：乘所轉四萬六千八十銖而至於石，合而稱之必有盈縮也。師古曰：言自小小

以至於大數，則有輕重不同也。度，音徒各反。

[8]【顏注】師古曰：徑，直也。【今注】徑而寡失：直接而少差錯。

[9]【今注】十圍：形容極其粗大。圍，計量圓周的單位，指兩隻胳膊合圍起來的長度。

[10]【顏注】師古曰：如蘖，言若蘖之生牙也。搔謂抓也。搔，音索高反。抓，音莊交反。

[11]【顏注】師古曰：礱亦磨也。厎，悍石也；厲，柔石也（蔡琪本、大德本、殿本作“厎，柔石也；厲，皁石也”）；皆可以磨者。“礱”音“聾”。【今注】磨礱厎厲：四種用途的磨石。磨，將糧食加工成麵粉的工具。圓形，上下兩扇爲一合（盤），磨盤中間有軸（木軸或鐵軸）。礱，用於去除穀物外殼的工具。在基座上設置帶有曲柄的磨盤，並使曲柄連接一根水準橫杆，此橫杆以兩條繩索懸掛，支撐其重量並便於操作。厎，通“砥”，質地較細，用於細磨。厲，通“礪”。砂粒較大，爲粗磨之用。

吳王不納。乘等去而之梁，從孝王游。

景帝即位，御史大夫鼂錯爲漢定制度，[1]損削諸侯，吳王遂與六國謀反，舉兵西鄉，[2]以誅錯爲名。漢聞之，斬錯以謝諸侯。枚乘復説吳王曰：[3]

[1]【今注】御史大夫：漢三公之一。輔佐丞相統理天下，掌執法彈劾、糾察百官以及圖籍秘書。秩中二千石。　鼂錯：傳見本書卷四九。傳載鼂錯“遷爲御史大夫，請諸侯之罪過，削其支郡”。

[2]【顏注】師古曰：“鄉”讀曰“嚮”。

[3]【今注】枚乘復説吳王曰：《漢書考正》劉攽、劉奉世等認爲，此段文字爲後人以吳事寓言，其理由是文中提及齊王自殺（漢平吳楚之後）、南距羌笮（武帝時始通）。周壽昌《漢書注校

補》也云，因吳王不納，枚乘已離吳國去梁國。此文或作於枚乘重新返回吳國時，或以書信寄於吳王。但文中提及漢平吳楚之後的齊王自殺事，故亦認爲是後人以吳事寓言。王先謙《漢書補注》據《説苑》所載，認爲此文或爲枚乘（爲梁王郎中）在梁國寄書於吳王，實有其事，祇不過文本有異。

　　昔者，秦西舉胡、戎之難，北備榆中之關，[1]南距羌筰之塞，[2]東當六國之從。[3]六國乘信陵之籍，[4]明蘇秦之約，屬荆軻之威，并力一心以備秦。然秦卒禽六國，滅其社稷，而并天下，是何也？則地利不同，而民輕重不等也。[5]今漢據全秦之地，兼六國之衆，脩戎狄之義，[6]而南朝羌筰，[7]此其與秦，地相什而民相百，大王之所明知也。[8]今夫讒諛之臣爲大王計者，不論骨肉之義，民之輕重，國之大小，以爲吳禍，[9]此臣所以爲大王患也。

　　[1]【顏注】師古曰：即今所謂榆關也。【今注】榆中之關：古關名。即榆溪塞。在今内蒙古准格爾旗東北黄河南岸十二連城。

　　[2]【顏注】師古曰：筰，西南夷也，音才各反（才，蔡琪本、殿本作“力”）。【今注】羌筰之塞：羌，古族名。主要分布在今甘肅南部、青海東部、四川北部一帶。筰，古族名。又稱“筰都夷”。主要分布在今四川漢源一帶。王念孫《讀書雜志・漢書第九》據《史記》卷一一六《西南夷列傳》云，秦時即通過五尺道通西南夷，於諸國置吏。漢初復棄之。

　　[3]【顏注】師古曰：從，音子容反。【今注】六國之從：六國在蘇秦的游説下聯合起來，西向抗秦。六國南北相連，故稱合

縱。六國，即齊、楚、燕、韓、趙、魏。從，通"縱"。

　　[4]【顏注】孟康曰：魏公子无忌號信陵君（无，蔡琪本、殿本作"無"）。無忌嘗總五國却秦，有地資也。【今注】信陵：魏無忌。戰國魏貴族。魏安僖王元年（前276）封爲信陵君。門下有食客三千人。安僖王三十年，聯合五國擊退秦將蒙驁。

　　[5]【今注】案，"則地利不同"二句，戰略上有利地勢不同，人口的多少也不一樣。輕重，指多少。

　　[6]【顏注】師古曰：脩恩義以撫戎狄。

　　[7]【今注】南朝羌笮：使羌笮自南邊來朝見。

　　[8]【顏注】師古曰：地十倍於秦，衆百倍於秦。

　　[9]【顏注】師古曰：言勸王之反，則於吳爲禍也。

　　　　夫舉吳兵以訾於漢，[1]譬猶蠅蚋之附群牛，腐肉之齒利劍，鋒接必無事矣。[2]天子聞吳率失職諸侯，願責先帝之遺約，[3]今漢親誅其三公，[4]以謝前過，是大王之威加於天下，而功越於湯武也。夫吳有諸侯之位，而實富於天子；有隱匿之名，而居過於中國。[5]夫漢并二十四郡，十七諸侯，[6]方輸錯出，[7]運行數千里不絶於道，其珍怪不如東山之府。[8]轉粟西鄉，陸行不絶，水行滿河，不如海陵之倉。[9]脩治上林，[10]雜以離宮，[11]積聚玩好，圈守禽獸，不如長洲之苑。[12]游曲臺，臨上路，不如朝夕之池。[13]深壁高壘，副以關城，[14]不如江淮之險。此臣之所爲大王樂也。[15]

　　[1]【顏注】李奇曰：訾，量也。師古曰：音子私反。

　　[2]【顏注】師古曰：蚋，蚊屬也。齒謂當之也。蚋，音

"芮"，又音人悦反。

[3]【顏注】師古曰：失職，謂被削黜，失其常分。【今注】願責先帝之遺約：本書《外戚恩澤侯表》載，高祖與大臣約"非劉氏不王，若有亡功非上所置而侯者，天下共誅之"，又作"高祖與大臣約，非劉氏王者天下共擊之"。

[4]【今注】今漢親誅其三公：指漢朝誅殺御史大夫鼂錯。三公，西漢以丞相、太尉、御史大夫爲三公（漢哀帝時改爲大司徒、大司馬、大司空）。

[5]【顏注】師古曰：隱匿，謂僻在東南。【今注】案，"有隱匿之名"二句，吳國有謀反之心，事迹還未顯露，但天下人皆知其事。又將過失（指誅殺鼂錯事）歸於中國（漢朝）。隱匿，隱藏的惡迹。匿，通"慝"。邪惡。

[6]【今注】案，"漢并二十四郡"二句，枚乘所説的"二十四郡、十七諸侯"在景帝三年（前154）初至三月間。二十四郡爲内史、河東、河内、河南、東郡、潁川、南陽、巴郡、蜀郡、雲中、上郡、北地、隴西、上黨、漢中、琅邪、廣漢、魏郡、勃海、武陵、桂陽、常山、北海、東海（參見程鍾書《孝景三年二十四郡考》，《歷史地理》2015年第1期）。十七諸侯爲魯、衡山、齊、城陽、濟北、淮南、燕、河間、廣川、中山、廬江、梁、臨江、汝南、淮陽、代、長沙（參見王勇《〈漢書·枚乘傳〉"二十四郡、十七諸侯"考辨》，載《秦漢研究》第7輯，陝西人民出版社2013年版）。

[7]【今注】方輸錯出：王念孫《讀書雜志·漢書第九》認爲，"方"同"並"，指郡國的貢賦之多，運輸的車輛絡繹不絕，交錯通行。

[8]【顏注】張晏曰：漢時有二十四郡，十七諸侯王也。四方更輸，錯互更出攻也。如淳曰：東方諸郡以封王侯，不以封者二十四耳。時七國謀反，其餘不反者，十七也。東山，吳王之府

藏也。師古曰：二説皆非也。言漢此時有二十四郡，十七諸侯，方軌而輸，雜出貢賦，入於天子，猶不如吳之富也。【今注】東山：章山。吳王有海鹽、章山之銅。

[9]【顔注】如淳曰：言漢京師仰須山東漕運以自給也。晉灼曰：海陵，海中山爲倉也。臣瓚曰：海陵，縣名也。有吳大倉。師古曰：瓚説是也。"鄉"讀曰"嚮"。【今注】海陵之倉：在今江蘇泰州市。吳王劉濞在此建倉貯鹽。

[10]【今注】上林：古苑囿名。故址在今陝西西安市西南鄠邑區、周至縣界。

[11]【今注】離宮：古代皇帝正宮以外臨時居住的宮室，常設在都城外的其他地方。

[12]【顔注】服虔曰：吳苑。孟康曰：以江水洲爲苑也。韋昭曰：長洲在吳東。【今注】長洲：古苑囿名。春秋時吳王闔閭所建。在今江蘇蘇州市西南。

[13]【顔注】張晏曰：曲臺，長安臺，臨道上。蘇林曰：吳以海水朝夕爲池也。師古曰：《三輔黃圖》未央宮有曲臺殿。【今注】曲臺：古宮殿名。漢時爲天子射宮。故址在今陝西西安市西北漢長安城未央宮區。　上路：上林苑的道路。　朝夕之池：大海。朝夕，通"潮汐"。

[14]【今注】關城：關塞上的城池。

[15]【顔注】師古曰：言其富饒及游宴之處踰天子也。

　　今大王還兵疾歸，尚得十半。[1]不然，漢知吳之有吞天下之心也，赫然加怒，遣羽林黃頭循江而下，[2]襲大王之都；魯東海絕吳之饟道；[3]梁王飭車騎，習戰射，[4]積粟固守，以備滎陽，[5]待吳之飢。大王雖欲反都，亦不得已。[6]夫三淮南之計不負其約，[7]齊王殺身以滅其跡，[8]四國不得出兵其郡，[9]趙囚邯鄲，[10]此不可掩，亦已明矣。[11]大王已去千里之國，而制於十里之內矣。[12]張、韓將北地，[13]弓高宿左右，[14]兵不得下壁，軍不得大息，[15]臣竊哀之。願大王孰察焉。

[1]【顏注】師古曰：十分之中可冀五分無患，故云尚得十半。

[2]【顏注】蘇林曰：羽林黃頭郎，習水戰者也。張晏曰：天子舟立黃旄於其端也。師古曰：鄧通以櫂船爲黃頭郎（船，蔡琪本、大德本作"舡"，殿本作"船"）。蘇說是也。【今注】羽林黃頭：黃頭郎見於本書卷九三《佞幸傳》，師古注稱，以土爲水之母，故行船的人皆着黃帽，因號曰黃頭郎。《史記》卷一二五《佞幸列傳》《集解》則認爲，土爲水之母，故設置黃旄於船頭，因稱其郎曰"黃頭郎"。然期門、羽林皆武帝時置，與本文時代矛盾。沈欽韓《漢書疏證》認爲，羽林騎自太初以後始有，此篇出於後人假託。

[3]【顏注】師古曰：饟，古餉字。【今注】魯東海絕吳之饟道：吳國的軍餉自海入河，故命魯國入東海郡，以絕其餉道。魯，侯國名。西漢初改薛郡置。治魯縣（今山東曲阜市）。東海，郡名。治郯（今山東郯城縣北）。

[4]【顏注】師古曰："飭"與"勅"同。飭，整也。

[5]【今注】滎陽：縣名。治所在今河南滎陽市東北。

[6]【顏注】師古曰：已，語終之辭。

[7]【顏注】晉灼曰：吳楚反，皆守約不從也。【今注】三淮南：淮南屬王劉長的三個兒子淮南王劉安、衡山王劉賜、濟北王劉勃。本書卷四四《淮南衡山濟北王傳》載，孝景三年（前154），吳楚七國反，吳使者至淮南，當時淮南王欲發兵應之。但其相領兵守城，不聽王而爲漢。衡山王亦堅守無二心。

[8]【顏注】晉灼曰：齊孝王將閭也。吳楚反，堅守距三國。後欒布聞齊初與三國有謀，欲伐之，王懼自殺。師古曰：齊王傳云吳楚已平，齊王乃自殺，今此枚乘諫書即已稱之。二傳不同，當有誤者。

[9]【顏注】晉灼曰：膠東、膠西、濟南、淄川王也。發兵應吳楚，皆見誅。【今注】四國不得出兵其郡：王先謙《漢書補注》認爲，四國爲齊所扼制，不能出兵與吳楚匯合，並非被誅。

[10]【顏注】應劭曰：漢將酈寄圍趙王於邯鄲，與囚無異。【今注】趙囚邯鄲：王先謙《漢書補注》引劉奉世説，景帝前元三年正月，吳國起兵，二月敗走，其間不到兩個月。膠西、膠東、菑川三國圍齊，三月不能下。漢將欒布、平陽侯等率兵至齊，解圍，之後齊王自殺。則齊王自殺的時間在吳敗走後一個多月。但此文中既稱“梁固守，以待吳飢”，又提及齊王自殺、四國被齊扼制以及酈寄圍趙王於邯鄲這些事？此文或爲後人所作。

[11]【顏注】師古曰：言事已彰著。

[12]【顏注】師古曰：梁下屯兵方十里也。

[13]【顏注】如淳曰：張，張羽；韓，韓安國也。時皆仕梁。北地良家子，善騎射者也。師古（蔡琪本、大德本、殿本“師古”後有“曰”字）：將北地者，言將軍而處吳軍之北以距吳，非北地良家子也。張羽、韓安國不將漢兵，如説非也。【今注】北地：吳楚反時，梁王守睢陽，使韓安國、張羽等爲將軍，以抵禦吳、楚。睢陽在吳國北面。

[14]【顏注】服虔曰：韓頽當也。如淳曰：宿軍左右也。後弓高侯竟將輕騎絶吳粮道（粮，殿本作“糧”）。師古曰：宿，止也。言弓高所將之兵屯止於吳軍左右也。【今注】弓高宿左右：即命弓高侯率軍駐於吳國軍隊的附近。本書卷四〇《周亞夫傳》載，使輕騎兵弓高侯等絶吳楚兵後食道。弓高侯，即韓頽當。弓高，縣名。治所在今河北阜城縣南。

[15]【今注】案，“兵不得下壁”二句，吳軍不得下營壘，不能得到很好的休整。壁，軍隊的營壘。

吳王不用乘策，卒見禽滅。

漢既平七國，乘由是知名。景帝召拜乘爲弘農都尉。[1]乘久爲大國上賓，與英俊並游，得其所好，不樂郡吏，以病去官。

[1]【今注】弘農都尉：弘農，郡名。武帝元鼎四年（前113）析河南郡地置。治弘農（今河南靈寶市北函谷關故城）。都尉，官名。景帝時改郡尉爲都尉。掌軍事。弘農置郡在武帝元鼎四年，此時不當有弘農都尉。錢大昭《漢書辨疑》認爲，漢初弘農當屬河南郡，弘農都尉爲河南都尉而治弘農。元鼎中，即因都尉治爲郡治。沈欽韓《漢書疏證》以函谷關本在弘農，此弘農都尉即關都尉。

復游梁，梁客皆善屬辭賦，[1]乘尤高。[2]孝王薨，乘歸淮陰。

[1]【今注】辭賦：辭産生於戰國楚地，以屈原《離騷》爲代表。賦始於戰國荀卿的《賦篇》。

[2]【今注】乘尤高：本書《藝文志》賦家有《枚乘賦》九篇。

武帝自爲太子聞乘名，及即位，乘年老，迺以安車蒲輪徵乘，[1]道死。[2]詔問乘子，無能爲文者，後迺得其孽子皋。[3]

　　[1]【顏注】師古曰：蒲輪，以蒲裹輪。【今注】安車：古代用一匹馬拉的可以坐乘的小車。尊貴者則用四匹。古代乘車時多站立，此車爲坐乘，且有車蓋，故名安車。

　　[2]【顏注】師古曰：在道病死也。

　　[3]【顏注】師古曰：孽，庶也。

　　皋字少孺。乘在梁時，取皋母爲小妻。乘之東歸也，皋母不肯隨乘，乘怒，分皋數千錢，留與母居。年十七，上書梁共王，[1]得召爲郎。[2]三年，爲王使，與冗從爭，[3]見讒惡遇罪，[4]家室没入。皋亡至長安。會赦，上書北闕，[5]自陳枚乘之子。上得大喜，[6]召入見待詔，[7]皋因賦殿中。詔使賦平樂館，[8]善之。拜爲郎，使匈奴。皋不通經術，詼笑類俳倡，[9]爲賦頌，好嫚戲，[10]以故得媟黷貴幸，[11]比東方朔、郭舍人等，[12]而不得比嚴助等得尊官。[13]

　　[1]【顏注】師古曰：恭王名買，孝王之子也。

　　[2]【今注】郎：官名。九卿之一郎中令（光禄勳）的屬官。掌守皇宫門户，充當皇帝的車騎。有議郎、中郎、侍郎、郎中等。

　　[3]【顏注】師古曰：冗從，散職之從王者也。冗，音人勇反（殿本無“冗音人勇反”五字）。

　　[4]【顏注】師古曰：惡謂冗從言其短惡之事。【今注】讒惡：讒言詆毁。王念孫《讀書雜志・漢書第九》認爲，“惡”與“詬”同。

　　[5]【今注】北闕：古代宫殿北面的門樓，爲臣子等朝見或上書之處。

　　[6]【今注】案，蔡琪本、大德本、殿本“大”前有“之”

字，當據補。

[7]【今注】待詔：官名。原爲應皇帝徵召隨時待命以備諮詢顧問。因待詔處所不同，有待詔公車、待詔殿中、待詔金馬門等。

[8]【今注】平樂館：宮館名。漢高祖時興建，武帝增修。在未央宮西上林苑中。又作“平樂觀”。

[9]【顏注】李奇曰：詼，嘲也。師古曰：俳，雜戲也。倡，樂人也。“詼”音“恢”（蔡琪本、大德本、殿本作“詼音恢”）。“俳”音“排”。嘲，音竹交反。

[10]【顏注】師古曰：嫚，褻汙也，音“慢”。【今注】嫚戲：褻狎戲謔。

[11]【顏注】師古曰：媟，狎也。黷，垢濁也，音“瀆”。【今注】媟黷：輕慢。

[12]【今注】東方朔：漢代文學家。傳見本書卷六五。　郭舍人：武帝寵幸的歌舞雜技藝人。事見本書卷六五《東方朔傳》。

[13]【顏注】師古曰：尊，高也。【今注】嚴助：漢代辭賦家。嚴忌之子。傳見本書卷六四上。

武帝春秋二十九迺得皇子，[1]群臣喜，故皋與東方朔作皇太子生賦及立皇子禖祝，[2]受詔所爲，皆不從故事，重皇子也。

[1]【今注】迺得皇子：當作“迺得皇太子”。皇太子即戾太子劉據。本書卷六三《武五子傳》作“武帝年二十九迺得太子，甚喜，爲立禖”。

[2]【顏注】師古曰：《禮·月令》“祀於高禖”（禮月令，蔡琪本、殿本作“禮記月令”）。高禖，求子之神也。武帝晚得太子，喜而立此禖祠，而令皋作祭祀之文也。【今注】禖祝：祭祀禖神的祝文。

　　初，衞皇后立，[1]皋奏賦以戒終。[2]皋爲賦善於朔也。[3]從行至甘泉、雍、河東，[4]東巡狩，封泰山，塞決河宣房，[5]游觀三輔離宮館，[6]臨山澤，弋獵射馭狗馬蹵鞠刻鏤，[7]上有所感，輒使賦之。爲文疾，受詔輒成，故所賦者多。司馬相如善爲文而遲，故所作少而善於皋。[8]皋賦辭中自言爲賦不如相如，又言爲賦迺俳。見視如倡，自悔類倡也。故其賦有詆娸東方朔，[9]又自詆娸。其文骫骳，曲隨其事，皆得其意，[10]頗詼笑，不甚閑靡。凡可讀者百二十篇，其尤嫚戲不可讀者尚數十篇。

[1]【今注】衞皇后：衞子夫。事見本書卷九七上《外戚傳上》。

[2]【顏注】師古曰：令慎終如始也。

[3]【今注】善於朔：枚皋的賦告誡慎終爲始，要强於東方朔等人如同俳倡一般衹好嫚戲。

[4]【今注】甘泉：宮名。又名“雲陽宮”。故址在今陝西淳化縣西北甘泉山。　河東：郡名。治安邑縣（今山西夏縣西北）。

[5]【今注】宣房：古地名。一作“宣防”。在今河南濮陽市西南。武帝元光（前134—前129）中，黃河在瓠子決堤。後二十餘年，武帝命人堵塞決口，在此建造宮殿，即宣房宮。

[6]【今注】三輔：景帝二年（前155），以左、右内史與主爵中尉（後改主爵都尉）一同治理京畿地區，稱爲“三輔”。武帝太初元年（前104）改左右内史、主爵都尉爲京兆尹、左馮翊、右扶風。三輔掌漢代京畿地區，在今陝西中部地區，治所均在長安城中。

[7]【顏注】師古曰：蹵，足蹵之也。鞠以韋爲之，中實以

物，蹵蹋爲戲樂也。蹵，音千六反。鞠，音巨六反。【今注】弋獵：射獵。　射馭：騎射。　狗馬：打獵時的獵狗和馬。　蹵鞠：古代一種球類游戲。鞠，以革製成的皮球。　刻鏤：銅製器物上雕刻花紋。案，此句泛指宫中游戲娱樂活動及玩賞器物。

[8]【今注】故所作少而善於皋：本書《藝文志》載司馬相如賦二十九篇，而枚皋賦一百二十篇。

[9]【顏注】如淳曰："娸"音"欺"。詆猶刑辟也。師古曰：詆，毁也。娸，醜也。詆，音丁禮反。

[10]【顏注】師古曰：骫，古"委"字也。"骳"音"被"。骫骳，猶言屈曲也。

　　路温舒字長君，鉅鹿東里人也。[1]父爲里監門。[2]使温舒牧羊，温舒取澤中蒲，截以爲牒，[3]編用寫書。[4]稍習善，求爲獄小吏，因學律令，轉爲獄史，[5]縣中疑事皆問焉。太守行縣，[6]見而異之，署決曹史。[7]又受《春秋》，通大義。舉孝廉，爲山邑丞，[8]坐法免，復爲郡吏。

[1]【今注】鉅鹿：縣名。治所在今河北平鄉縣西南。　里：古代居民聚居的地方。在鄉爲閭，在邑爲里。

[2]【今注】里監門：漢代的里之間設有圍墻，置里監門。設官掌管里門開閉，百姓出入。地位較低。

[3]【今注】牒：古代書寫用的竹片。《論衡·量知》云："截竹爲簡，破以爲牒，加筆墨之迹，乃成文字，大者爲經，小者爲傳記。"

[4]【顏注】師古曰：小簡曰牒，編聯次之。【今注】寫書：寫字。

[5]【今注】獄史：吏員名。漢代縣級掌管治獄的吏員。正職

稱獄掾，副職稱獄史。

　　［6］【今注】行縣：巡視縣境。

　　［7］【今注】署：試任官職。　　決曹史：郡府屬吏名。掌治獄、用法，多以曉習法律者任之。

　　［8］【顏注】蘇林曰：縣名，在常山。晉灼曰：《地理志》常山有石邑，無山邑。師古曰：山邑不知其處。今流俗書本云常山石邑丞，後人妄加石字耳。【今注】孝廉：漢代選官科目之一。由郡、國舉孝、廉各一人。孝指善事父母，廉指廉節正直。　　山邑：縣名。治所在今河北石家莊市西南。

　　元鳳中，[1]廷尉光以治詔獄，請温舒署奏曹掾，[2]守廷尉史。[3]會昭帝崩，[4]昌邑王賀廢，[5]宣帝初即位，[6]温舒上書，言宜尚德緩刑。其辭曰：

　　［1］【今注】元鳳：漢昭帝年號（前80—前75）。

　　［2］【顏注】張晏曰：光，解光。【今注】廷尉：官名。漢九卿之一。掌法律刑獄，主管詔獄。秩中二千石。　　光：李光。《漢書考證》齊召南説李光以元鳳六年（前75）爲廷尉，四年免。詔獄：奉皇帝詔令審訊的案件。　　奏曹掾：廷尉屬官。主奏議事。

　　［3］【今注】廷尉史：官名。廷尉屬官。主決獄、治獄諸事宜。

　　［4］【今注】昭帝：劉弗陵。公元前94年至前74年在位。紀見本書卷七。

　　［5］【今注】昌邑王賀：昌邑哀王劉髆之子。傳見本書卷六三。

　　［6］【今注】宣帝：劉詢。公元前73年至前48年在位。紀見本書卷八。

臣聞齊有無知之禍，[1]而桓公以興；晉有驪姬之難，[2]而文公用伯。[3]近世趙王不終，[4]諸呂作亂，[5]而孝文爲大宗。[6]繇是觀之，[7]禍亂之作，將以開聖人也。故桓文扶微興壞，尊文武之業，澤加百姓，功潤諸侯，雖不及三王，天下歸仁焉。文帝永思至惪，[8]以承天心，崇仁義，省刑罰，通關梁，[9]一遠近，敬賢如大賓，愛民如赤子，內恕情之所安，[10]而施之於海內，是以囹圄空虛，天下太平。夫繼變化之後，必有異舊之恩，[11]此賢聖所以昭天命也。往者，昭帝即世而無嗣，大臣憂戚，焦心合謀，皆以昌邑尊親，援而立之。[12]然天不授命，淫亂其心，遂以自亡。[13]深察禍變之故，迺皇天之所以開至聖也。故大將軍受命武帝，[14]股肱漢國，[15]披肝膽，決大計，黜亡義，立有德，輔天而行，然後宗廟以安，天下咸寧。

[1]【今注】無知之禍：齊襄公十二年（前686），公孫無知殺襄公，自立爲君。

[2]【今注】驪姬之難：春秋時驪戎國君之女，得寵於晉獻公。譖殺太子申生，使公子重耳、夷吾出奔。獻公死，立子奚齊。後爲晉大夫里克等所殺。

[3]【顏注】師古曰："伯"讀曰"霸"。【今注】文公：晉文公。名重耳。公元前636年即位。初出奔在外十九年，後由秦穆公送回即位，國力漸強。公元前635年，護送周襄王復位。公元前632年，與楚戰於城濮，大勝，與諸侯會盟於踐土，成爲霸主。事迹詳見《史記》卷三九《晉世家》。

［4］【今注】趙王：趙隱王劉如意。傳見本書卷三八。

［5］【今注】諸吕：本書卷三《高后紀》載，惠帝崩後，吕后稱制，立兄子吕台、吕産、吕禄、台子通四人爲王，封諸吕六人爲列侯。

［6］【今注】大宗：開國第二代皇帝的稱號。即"太宗"。案，蔡琪本作"太宗"。

［7］【顔注】師古曰：繇讀與由同。

［8］【今注】案，悳，蔡琪本作"德"。

［9］【今注】關梁：水陸交通的關門橋梁。

［10］【今注】内恕情之所安：以仁愛之心善待民衆期望安定的想法。

［11］【今注】案，"夫繼變化之後"二句，王念孫《讀書雜志·漢書第九》以爲，此二句當據《漢紀·孝宣紀》"變化"作"變亂"，"異舊之恩"作"雋異之德"。宣帝繼昌邑王之後，故曰"繼變亂之後"。雋異之恩，謂非常之恩。

［12］【顔注】師古曰：援，引也，音"爰"。

［13］【今注】遂以自亡：昌邑王無道，被大將軍霍光所廢，迎立宣帝繼位。

［14］【今注】大將軍：霍光。後元二年（前87），拜爲大司馬大將軍，與金日磾、上官桀、桑弘羊等受遺詔輔昭帝。傳見本書卷六八。

［15］【顔注】師古曰：謂霍光。

　　臣聞《春秋》正即位，大一統而慎始也。[1]陛下初登至尊，與天合符，宜改前世之失，正始受命之統，[2]滌煩文，除民疾，存亡繼絶，以應天意。

[1]【今注】大一統：尊重一個正統。大，重視、尊重。大一統見《公羊傳》隱公元年。

[2]【今注】正始受命之統：恢復漢高祖以來寬鬆刑罰的傳統。

臣聞秦有十失，其一尚存，治獄之吏是也。[1]秦之時，羞文學，好武勇，賤仁義之士，貴治獄之吏；正言者謂之誹謗，遏過者謂之妖言。[2]故盛服先生不用於世，[3]忠良切言皆鬱於胸，[4]譽諛之聲日滿於耳；虛美熏心，實禍蔽塞。[5]此乃秦之所以亡天下也。方今天下賴陛下恩厚，亡金革之危，[6]飢寒之患，父子夫妻勠力安家，然太平未洽者，獄亂之也。夫獄者，天下之大命也，死者不可復生，斷者不可復屬。[7]《書》曰："與其殺不辜，寧失不經。"[8]今治獄吏則不然，上下相毆，以刻爲明；[9]深者獲公名，平者多後患。[10]故治獄之吏皆欲人死，非憎人也，自安之道在人之死。是以死人之血流離於市，被刑之徒比肩而立，大辟之計歲以萬數，[11]此仁聖之所以傷也。太平之未洽，凡以此也。夫人情安則樂生，痛則思死。棰楚之下，[12]何求而不得？故囚人不勝痛，則飾辭以視之；[13]吏治者利其然，則指道以明之；[14]上奏畏却，則鍛練而周内之。[15]蓋奏當之成，[16]雖咎繇聽之，猶以爲死有餘辜。[17]何則？成練者衆，文致之罪明也。[18]是以獄吏專爲深刻，殘賊而亡極，[19]媮爲一切，[20]不顧國患，此世之大賊也。故俗語曰："畫地爲獄，議不入；刻木爲吏，期不對。"[21]此皆疾吏之風，[22]悲痛之辭也。故天下之患，莫深於獄；敗法亂正，離親塞道，莫甚乎治獄之吏。此所謂一尚存者也。

[1]【今注】治獄之吏：昭帝元鳳元年（前80），上官桀謀反，失敗被殺。霍光實行嚴刑竣罰。當時廷尉王平坐放縱不道的罪名，下獄棄市。路溫舒不敢直斥此事，以討論秦失進行諷諫，希望尚德寬刑。

[2]【顏注】師古曰：遏，止也，音一曷反。【今注】遏過：阻止過錯的産生。楊樹達《漢書窺管》認爲，"遏"當作"謁"，指稟告。

[3]【今注】盛服先生：王先謙《漢書補注》認爲，先生，謂儒生。因爲儒者襃衣大冠，故曰"盛服先生"。吳恂《漢書注商》以"盛服先生"當作"盛服先王"，指叔孫通。叔孫通在秦時，諸生皆稱之曰先生。秦二世賜叔孫通帛二十匹，衣一襲，拜博士。後叔孫通逃亡至楚，所以有盛服而不用的説法。

[4]【顏注】師古曰：鬱，積也。

[5]【顏注】師古曰：熏，氣烝也，音"勳"。

[6]【今注】金革：兵器盔甲。指戰事。

[7]【顏注】師古曰：繼，古"絶"字。屬，連也，音之欲反。

[8]【顏注】師古曰：《虞書·大禹謨》載咎繇之言。辜，罪也。經，常也。言人命至重，治獄宜慎，寧失不常之過，不濫無罪之人，所以崇寬恕也。【今注】與其殺不辜寧失不經：語出《尚書·大禹謨》，《僞古文尚書》中一篇。

[9]【顏注】師古曰：毆與驅同。【今注】以刻爲明：以刑罰嚴苛爲明察。

［10］【今注】案，“深者獲公名”二句，用法嚴深者獲公平的名聲，而用法持平者反而自己有被誣失職的後患。

［11］【今注】大辟：泛指死刑。

［12］【今注】棰楚：木棒和荆杖兩種刑具。

［13］【顏注】師古曰：“視”讀曰“示”。【今注】飾辭：屈打成招所提供的虛假證辭。

［14］【今注】指道：指揮引導。

［15］【顏注】晉灼曰：精孰周悉，致之法中也。師古曰：卻，退也，畏爲上所卻退。卻，音丘略反。【今注】鍛練而周内之：獄吏舞文弄法，比附律文，炮製供辭，以定人罪名。

［16］【顏注】師古曰：當謂處其罪也。

［17］【顏注】師古曰：咎繇作士，善聽獄訟，故以爲喻也。【今注】咎繇：皋陶。舜時名臣，傳説爲掌管刑法的“理官”，以善治獄聞名。

［18］【今注】案，“成練者衆”二句，羅織罪名，舞文弄法，定人罪名。

［19］【今注】殘賊而亡極：没有限度地殘害別人。

［20］【顏注】如淳曰：媮，苟且也。一切，權時也。

［21］【顏注】師古曰：畫獄木吏，尚不入對，況真實乎。期猶必也。議必不入對。【今注】案，“畫地爲獄”四句，在地上畫個圓圈當監牢，人們也不肯進入；刻削個木頭人做獄吏，人們也不願意同他面對面。形容獄吏極其嚴酷苟刻，使人害怕。

［22］【今注】此皆疾吏之風：以上所引俗語是人們因憎恨獄吏而發出的諷刺。風，通“諷”。

臣聞烏鳶之卵不毀，而後鳳皇集；[1]誹謗之罪不誅，而後良言進。故古人有言：“山藪藏疾，川澤納汙，瑾瑜匿惡，國君含詬。”[2]唯陛下除誹謗以招切言，[3]開天下之口，廣箴諫之路，掃亡秦之失，尊文武之憙，[4]省法制，寬刑罰，以廢治獄，[5]則太平之風可興於世，永履和樂，與天亡極，天下幸甚。[6]

[1]【顏注】師古曰：鳶，鴟也，音弋全反。【今注】鳶：鷙鳥名。即鷂鷹。　案，鳳皇，蔡琪本作"鳳凰"。

[2]【顏注】師古曰：《春秋左氏傳》載晉大夫伯宗之辭。詬，恥也。言山藪之有草木則毒害者居之，川澤之形廣大則能受於汙濁，人君之善御下，亦當忍恥病也。詬，音"垢"。【今注】案，"山藪藏疾"四句，比喻人君應當允許誹謗言論的存在。

[3]【今注】切言：切中時弊的正直言論。

[4]【今注】案，憙，蔡琪本作"德"。

[5]【今注】以廢治獄：除去煩苛的刑獄。

[6]【顏注】師古曰：與天長久，無窮極也。【今注】與天亡極：陳直《漢書新證》認爲，西安漢長安城遺址出土的"與天無極"瓦當文很多，知爲兩漢人之通常頌禱語。

上善其言，[1]遷廣陽私府長。[2]

[1]【今注】上善其言：宣帝因路溫舒的上書，設置廷平，掌平決詔獄事。詔書詳見本書《刑法志》。

[2]【顏注】師古曰：藏錢之府，天子曰少府，諸侯曰私府。長者，其官之長也。【今注】廣陽：侯國名。治薊縣（今北京市西南部）。　私府長：官名。漢代郡守、國相的屬官，掌錢財府庫。皇后、太子的私府長官稱令，諸侯郡國的私府長官稱長。

內史舉溫舒文學高第，[1]遷右扶風丞。[2]時，詔書令公卿選可使匈奴者，溫舒上書，願給廝養，暴骨方外，[3]以盡臣節。事下度遼將軍范明友、大僕杜延年問狀，[4]罷歸故官。[5]久之，遷臨淮太守，[6]治有異迹，卒於官。

[1]【今注】內史：官名。治京畿地區，相當於郡守。景帝時分爲左、右內史。 文學高第：漢朝察舉科目之一。通常多與"賢良"連稱作"賢良文學"。昭宣時始獨立以"文學"之名出現，稱作"文學高第"。文學，指精通儒學的人。

[2]【今注】右扶風：政區名，亦爲官名。治長安縣（今陝西西安市西北）。據《三輔黃圖》卷一，治所在長安城內夕陰街北。政區與郡同級，但地處畿輔，地位特殊，故不稱郡，而以其長官右扶風之名爲政區名。右扶風職掌大體如郡太守，但其身份有中央官員的性質，地位高於郡守。

[3]【顏注】師古曰：求爲卒而隨使至匈奴也。【今注】廝養：負責砍柴做飯的小卒。指爲人服役、地位低微的人。《史記》卷八九《張耳陳餘列傳》《集解》引韋昭云，析薪爲廝，炊烹爲養。飲食所以養人，故炊烹者稱爲養。路溫舒所説爲謙辭，並非真求爲廝養。

[4]【今注】度遼將軍：漢代將軍名號。昭帝初置。 大僕：即太僕。官名。九卿之一。掌皇帝的輿馬和馬政。秩中二千石。

[5]【顏注】師古曰：以其言無可取，故罷而遣歸故官。

[6]【今注】臨淮：郡名。治徐縣（今江蘇泗洪縣南）。

溫舒從祖父受歷數天文，[1]以爲漢厄三七之間，[2]上封事以豫戒。[3]成帝時，谷永亦言如此。[4]及王莽篡位,[5]欲章代漢之符,[6]著其語焉。温舒子及孫皆至牧守大官。[7]

[1]【今注】歷數天文：推算歲時節氣的次序和日月星辰在宇宙中分布運行的現象。

[2]【顏注】張晏曰：三七二百一十歲也。自漢初至哀帝元年二百一年也，至平帝崩二百十一年。

[3]【今注】封事：密封的奏章。

[4]【顏注】師古曰：永上書所謂"涉三七之節絶"者也。【今注】谷永：傳見本書卷八五。傳載谷永上書有"陛下承八世之功業，當陽數之標季，涉三七之節紀，遭《无妄》之卦運，直百六之災阸。三難異科，雜焉同會"。

[5]【今注】王莽：傳見本書卷九九。

[6]【今注】代漢之符：本書卷九九上《王莽傳上》有"陛下至聖，遭家不造，遇漢十二世三七之阸"的記載。

[7]【今注】牧守大官：州郡的長官。州爲牧，郡稱守。

贊曰：《春秋》魯臧孫達以禮諫君，君子以爲有後。[1]賈山自下廝上，[2]鄒陽、枚乘游於危國，[3]然卒免刑戮者，以其言正也。路温舒辭順而意篤，遂爲世家，宜哉![4]

[1]【顏注】師古曰：臧孫達，魯大夫臧哀伯也。桓公取郜大鼎於宋，哀伯諫之。周内史聞之，曰："臧孫達其有後於魯乎!君違，不忘諫之以德也。"

[2]【顏注】孟康曰：廝謂剴切之也。蘇林曰：廝，音"摩"（摩，蔡琪本、殿本作"靡"），屬也。師古曰：剴，音工來反。

【今注】自下劘上：賈山以臣下上書直言勸諫。劘，規勸。

　[3]【今注】危國：吳國。二人皆以勸諫吳王濞知名。吳王濞因謀反被殺，國除，故稱危國。

　[4]【顏注】師古曰：謂子孫爲大官不絕。

漢書　卷五二

竇田灌韓傳第二十二^[1]

　　[1]【今注】案，劉咸炘《漢書知意》認爲，此四人皆武帝初大臣，以養賓客著稱，又都爲丞相，故列爲一傳。

　　竇嬰字王孫，孝文皇后從兄子也。^[1]父世觀津人也。^[2]喜賓客。^[3]孝文時爲吳相，^[4]病免。孝景即位，^[5]爲詹事。^[6]

　　[1]【今注】孝文皇后：漢文帝劉恒的皇后，即下文竇太后。好黃老之學。　從兄：同祖父的堂兄。

　　[2]【顏注】師古曰：縣名也，《地理志》屬信都。觀，音工喚反。【今注】父世觀津人：自竇嬰之父以上數代居住在觀津，世爲觀津人。觀津，縣名。治所在今河北武邑縣東南。

　　[3]【顏注】師古曰：喜，好也，音許吏反。

　　[4]【今注】孝文：漢文帝劉恒。公元前179年至前158年在位。紀見本書卷四。　吳相：吳王濞的丞相。相，官名。漢朝派往諸侯國的最高行政長官。原稱丞相或相國。景帝中元五年（前145）改稱相。秩二千石。

　　[5]【今注】孝景。漢景帝劉啓。公元前157年至前141年在位。紀見本書卷五。

[6]【今注】詹事：官名。掌皇后、太子家事。秩二千石。

　　帝弟梁孝王，[1]母竇太后愛之。孝王朝，因燕昆弟飲。[2]是時上未立太子，酒酣，[3]上從容曰："千秋萬歲後傳王。"[4]太后驩。嬰引卮酒進上曰：[5]"天下者，高祖天下，父子相傳，漢之約也，上何以得傳梁王！"[6]太后由此憎嬰。嬰亦薄其官，[7]因病免。太后除嬰門籍，[8]不得朝請。[9]

　　[1]【今注】梁孝王：西漢諸侯王劉武，文帝之子，景帝同母弟。文帝前二年（前178）立爲代王。四年，改封淮陽王。十二年，又改封梁王。謚孝。傳見本書卷四七。

　　[2]【顏注】師古曰：序家人昆弟之親，不爲君臣禮也。【今注】因燕昆弟飲：《史記》卷一〇七《魏其武安侯列傳》作"因昆弟燕飲"。昆弟，兄弟。案，本書卷四七《梁孝王劉武傳》載，梁王入朝事，在景帝時有元年（前156）、二年兩次，本次爲第二次。據本書卷五《景紀》，景帝四年夏四月，立皇子榮爲皇太子。

　　[3]【今注】酒酣：飲酒至醉與醒之間的程度。裴駰《史記集解》云，不醒不醉曰酣。

　　[4]【顏注】師古曰：從，音千庸反。【今注】從容：閑談着說話。　千秋萬歲：對帝王之死的委婉說法。

　　[5]【今注】引卮酒進上：借敬酒以進言，意欲阻止景帝的酒後失言。引卮，舉起酒杯。卮，圓形酒杯。

　　[6]【今注】上何以得傳梁王：《史記·魏其武安侯列傳》作"上何以得擅傳梁王"。

　　[7]【顏注】師古曰：自嫌其官，輕薄之也。

　　[8]【今注】門籍：出入宮殿門的名籍。上記姓名、年紀、相貌，以便核查，相符方可進宮。

[9]【顏注】師古曰：請，音才性反。其下亦同。【今注】朝請：古時諸侯朝見天子，春天爲朝，秋天稱請。漢代中央政府擔任職務者參加常朝。朝請是漢代對外戚、諸侯及將軍等的優待。漢初爲十月朝請，此後改爲正月。(參見李俊方《漢代諸侯朝請考述》，《社會科學》2008 年第 2 期)

孝景三年，[1]吳楚反，[2]上察宗室諸竇無如嬰賢，[3]召入見，固讓謝，稱病不足任。[4]太后亦憨。於是上曰：“天下方有急，王孫寧可以讓邪？”迺拜嬰爲大將軍，[5]賜金千斤。嬰言爰盎、欒布諸名將賢士在家者進之。[6]所賜金，陳廊廡下，[7]軍吏過，[8]輒令財取爲用，[9]金無入家者。嬰守滎陽，[10]監齊趙兵。[11]七國破，封爲魏其侯。[12]游士賓客爭歸之。每朝議大事，條侯、魏其，[13]列侯莫敢與亢禮。[14]

[1]【今注】孝景三年：公元前 154 年。

[2]【今注】吳楚反：景帝前元三年，吳王濞、楚王劉戊聯合趙、濟南、膠西、菑川、膠東等，以誅晁錯爲名反叛。

[3]【顏注】師古曰：宗室，帝之同姓親也。諸竇，總謂帝外家也。以吳楚之難，故欲用内外之親爲將也。【今注】宗室諸竇：外戚竇氏。王先謙《漢書補注》認爲，宗室單指竇氏。《禮》，外宗兼母之黨。異姓女子子婦，通名外宗，則外戚爲宗室。此爲竇氏宗屬稱宗室的明證。

[4]【今注】案，“固讓謝，稱病不足任”，《史記》卷一〇七《魏其武安侯列傳》作“固辭，謝病，不足任”。

[5]【今注】大將軍：漢代將軍的最高稱號，掌統兵作戰。位在三公上，卿以下皆拜。多由貴戚擔任，位高權重。後又設大司

馬，爲將軍的加官。

[6]【今注】爰盎：字絲，曾任吳相，官至奉常。傳見本書卷四九。據本書《爰盎傳》，爰盎與竇嬰素相善。爰盎夜見竇嬰，言吳所以反，願至文帝前對狀。竇嬰入宮中上奏，文帝召見爰盎。文帝拜盎爲奉常，竇嬰爲大將軍。　樂布：漢初名將，曾爲梁王彭越大夫，後爲漢都尉。文帝時爲燕相，官至將軍。七國之亂平定後，封鄃侯。傳見本書卷三七。

[7]【顏注】師古曰：廊，堂下周屋也。廡，門屋也，音“侮”。【今注】廊廡：廊是上有周簷下無墻壁的通道，即今所謂游廊。廡是廊下之屋。

[8]【今注】軍吏過：軍吏前來謁見。

[9]【顏注】師古曰：“財”與“裁”同，謂裁量而用之也。

[10]【今注】滎陽：縣名。治所在今河南滎陽市東北。

[11]【今注】監齊趙兵：錢大昕《潛研堂文集》卷一二認爲，吳、楚七國反叛時，景帝一方面任命周亞夫爲太尉，統率大軍進擊吳、楚聯軍，另一方面派酈寄進攻趙國，派樂布進攻膠西、膠東等國，而派大將軍竇嬰駐軍滎陽，策應酈寄、樂布兩軍。並非竇嬰親自監軍。

[12]【今注】魏其：縣名。治所在今山東臨沂市南。

[13]【今注】條侯：周亞夫，絳侯周勃之子。文帝後元二年（前162）封條侯。傳見本書卷四〇。條，又作“脩”。縣名。治所在今河北景縣南。本書《地理志上》作“蓨”。

[14]【顏注】師古曰：言特敬此二人也。【今注】列侯：秦漢二十等爵的最高一級（第二十級）。即徹侯，因避武帝劉徹諱，稱通侯或列侯。漢初以軍功封授，武帝時公孫弘以丞相得封。也有以外戚、恩澤而受封的。劉姓子孫封王者稱爲諸侯，其子弟分封後稱列侯。　亢禮：互相以平等的禮節對待。

四年，立栗太子，[1]以嬰爲傅。[2]七年，栗太子廢，[3]嬰爭弗能得，謝病，屏居田南山下[4]數月，諸竇賓客辯士説，莫能來。梁人高遂迺説嬰曰：[5]"能富貴將軍者，上也；能親將軍者，太后也。今將軍傅太子，太子廢，爭不能拔，又不能死，自引謝病，[6]擁趙女，屏閒處而不朝，[7]祇加懟，自明揚主之過。[8]有如兩宫奭將軍，[9]則妻子無類矣。"[10]嬰然之，迺起，朝請如故。

[1]【顏注】師古曰：栗姬之子，故曰栗大子（大子，蔡琪本、大德本、殿本作"太子"）。【今注】栗太子：臨江閔王劉榮。傳見本書卷五三。

[2]【今注】以嬰爲傅：以竇嬰爲太子傅。有太子太傅、少傅兩職，掌輔弼太子。

[3]【今注】栗太子廢：景帝前元七年（前150），景帝的姬妾王夫人（武帝劉徹生母）想立自己的兒子爲太子，設計陷害栗姬，唆使大臣向景帝請求立栗姬爲皇后。景帝大怒，將進言的大臣處死，廢太子爲臨江王。

[4]【顏注】師古曰：屏，隱也。【今注】屏居田：蔡琪本、大德本、殿本作"屏居藍田"，此處當缺一"藍"字。藍田，縣名。治所在今陝西藍田縣西。　南山：終南山。在今陝西西安市南四十多公里處。因此山在關中之南，處天下之中、都城之南，又稱"中南山"，爲漢代顯貴隱居游樂之所。

[5]【今注】梁：縣名。治所在今河南汝州市西南。

[6]【今注】自引謝病：託病推辭官職，自行引退。

[7]【顏注】師古曰：擁，抱也。閒處，猶言私處也。【今注】趙女：美女。古時倡優多爲趙地女子，故以趙女代指美女。　閒

處：閑居不上朝。

[8]【顏注】師古曰：衹，適也。懟，怨怒也。衹，音“支”，其字從衣。懟，音直類反。【今注】衹加懟自明揚主之過：如此做法衹不過加深怨怒，是有意顯揚君主的過失。自明，故意。《史記》卷一〇七《魏其武安侯列傳》作：“相提而論，是自明揚主上之過。”

[9]【顏注】師古曰：兩宮，太后及帝也。奭，怒貌也，音“赫”。【今注】兩宮奭將軍：比喻太后與皇帝若忌恨而怒必加害於竇嬰。長樂宮爲太后所居，稱東宮，未央宮爲皇帝所居，稱西宮。兩宮代指太后及皇帝。奭將軍，《史記·魏其武安侯列傳》作“螫將軍”，“奭”爲“螫”，指蜂蝎等用毒針螫人。

[10]【顏注】師古曰：言被誅戮無遺類也。

桃侯免相，[1]竇太后數言魏其。景帝曰：“太后豈以臣有愛相魏其者？[2]魏其沾沾自喜耳，多易，[3]難以爲相持重。”遂不用，用建陵侯衛綰爲丞相。[4]

[1]【顏注】服虔曰：劉舍也。【今注】桃侯：劉舍，泗水下相（今江蘇宿遷市西南）人。其父劉襄於高祖十二年（前195）封桃侯。景帝中元三年（前147），劉舍爲丞相。桃，縣名。治所在今河北衡水市西北。　相：丞相。漢三公之一。掌輔佐皇帝，協理百官。秩萬石。

[2]【顏注】師古曰：愛猶惜也。【今注】太后豈以臣有愛相魏其者：太后難道以爲我有所吝惜，不任魏其爲相嗎？臣，景帝表示自謙的稱呼。愛，有所吝惜。《史記》卷一〇七《魏其武安侯列傳》作“太后豈以爲臣有愛，不相魏其”，語意較爲明確。

[3]【顏注】張晏曰：沾沾，言自整頓也。多易，多輕易之行也（蔡琪本無“多”字）。或曰，“沾”音“瞻”。師古曰：沾

沾，輕薄也，或音他兼反，今俗言薄沾沾。喜，音許吏反。易，
音弋豉反。【今注】沾沾自喜：自己認爲很好而得意的樣子。沾
沾，自得的樣子。　多易：輕浮草率，不穩重。

[4]【今注】建陵侯衛綰：景帝後元元年（前143）爲丞相，
因軍功被封於建陵。傳見本書卷四六。建陵，故城在今江蘇新沂市
南沭河西岸。

田蚡，[1]孝景王皇后同母弟也，[2]生長陵。[3]竇嬰
已爲大將軍，方盛，蚡爲諸曹郎，[4]未貴，往來侍酒嬰
所，跪起如子姓。[5]及孝景晚節，蚡益貴幸，[6]爲中大
夫。[7]辯有口，學《盤盂》諸書，[8]王后賢之。[9]孝景
崩，[10]武帝初即位，[11]蚡以舅封爲武安侯，弟勝爲周
陽侯。[12]

[1]【今注】田蚡：因外戚封武安侯。武安，縣名。治所在今
河北武安市西南。案，蔡琪本、殿本“田蚡”後有“蘇林曰：蚡
音蚡，鼠。蚡，扶粉反”。

[2]【今注】孝景王皇后同母弟：孝景王皇后，下文稱王太
后，名娡。事見本書卷九七《外戚傳上》。王太后母臧兒前夫姓王，
生王信、王皇后、王兒姁；後夫姓田，生田蚡、田勝。故王皇后與
田蚡爲同母異父姐弟。

[3]【今注】長陵：縣名。治所在今陝西咸陽市東北。因漢高
祖長陵在此而得名置縣。

[4]【今注】諸曹郎：《漢書考證》齊召南認爲，《史記》卷
一〇七《魏其武安侯列傳》無“曹”字，《集解》引徐廣注，作
“諸郎”，又稱“諸卿”。漢初並未有諸曹郎的説法。故此處“曹”
字當衍。諸郎，泛指郎官。郎官有議郎、中郎、侍郎、郎中，掌守
宮門，備諮詢，出充車騎。

　　[5]【顏注】師古曰：姓，生也，言同子禮，若己所生。【今注】子姓：子孫。《史記·魏其武安侯列傳》作"子姪"。

　　[6]【顏注】師古曰：晚節，猶言末時也。

　　[7]【今注】中大夫：漢九卿之一郎中令（光禄勳）屬官，掌議論，無定員。秩比二千石。武帝太初元年（前104）改名光禄大夫。

　　[8]【顏注】應劭曰：黄帝史孔甲所作也，凡二十九篇，書盤盂中，所以爲法戒也。諸書，諸子之書也。孟康曰：孔甲盤盂二十六篇，雜家書，兼儒墨名法者也。晉灼曰：案《藝文志》，孟説是也。【今注】盤盂：本書《藝文志》歸入雜家，已佚。王應麟《漢書藝文志考證》云，孔甲書盤盂中爲誡法，或於鼎，名曰銘。《史記·魏其武安侯列傳》作"槃盂"。

　　[9]【今注】案，王后，蔡琪本、大德本、殿本作"王皇后"。

　　[10]【今注】崩：古代稱皇帝死爲崩。如同山陵崩。

　　[11]【今注】武帝：劉徹。公元前141年至前87年在位。紀見本書卷六。景帝崩於後元三年（前141），武帝即位後，王太后執政，同年三月封田蚡、田勝爲侯。

　　[12]【今注】周陽：縣名。治所在今山西聞喜縣東北。

　　蚡新用事，[1]卑下賓客，[2]進名士家居者貴之，[3]欲以傾諸將相。[4]上所填撫，多蚡賓客計策。[5]會丞相綰病免，上議置丞相、太尉。[6]藉福説蚡曰：[7]"魏其侯貴久矣，素天下士歸之。今將軍初興，未如，即上以將軍爲相，必讓魏其。魏其爲相，將軍必爲太尉。太尉、相尊等耳，[8]有讓賢名。"蚡迺微言太后風上，[9]於是迺以嬰爲丞相，蚡爲太尉。藉福賀嬰，因弔曰：[10]"君侯資性喜善疾惡，[11]方今善人譽君侯，故至丞相；然惡人衆，亦且毀君侯。君侯能兼容，則幸久；[12]不能，今以毀去矣。"嬰不聽。

[1]【今注】用事：掌握權力。

[2]【顏注】師古曰：下，音胡稼反。【今注】卑下賓客：對賓客謙恭有禮，而不高高在上。

[3]【顏注】晉灼曰：滯在里巷未仕者。

[4]【顏注】師古曰：傾謂踰越而勝之也。

[5]【顏注】如淳曰：多薦名士，名士得進爲帝畫計策也。師古曰：填，音竹刃反。

[6]【今注】太尉：武官名。漢三公之一。掌軍事顧問，有兵事則設，無事則罷。秩萬石。

[7]【今注】藉福：田蚡的門客。王先謙《漢書補注》認爲，《史記》卷一〇七《魏其武安侯列傳》作"籍福"，當據改。

[8]【顏注】師古曰：言其尊貴同一等也。

[9]【顏注】師古曰："風"讀曰"諷"。

[10]【今注】弔：原意爲對遭遇不幸的人表示慰問。竇嬰升任丞相，但隱藏危機，藉福前往祝賀，實際上有勸誡、警告的意思。

[11]【顏注】師古曰：喜，好也，音許吏反。【今注】君侯：西漢丞相皆封侯，故君侯爲丞相的尊稱。

[12]【顏注】師古曰：兼容，謂不嫉惡人令其怨也。

嬰、蚡俱好儒術，[1]推轂趙綰爲御史大夫，王臧爲郎中令。[2]迎魯申公，[3]欲設明堂，[4]令列侯就國，[5]除關，[6]以禮爲服制，[7]以興太平。舉謫諸竇宗室無行者，[8]除其屬籍。[9]諸外家爲列侯，[10]列侯多尚公主，皆不欲就國，以故毀日至竇太后。太后好黄老言，而嬰、蚡、趙綰等務隆推儒術，貶道家言，是以竇太后滋不説。[11]二年，御史大夫趙綰請毋奏事東宮。[12]竇太后大怒，曰："此欲復爲新垣平邪！"[13]迺罷逐趙綰、王臧，[14]而免丞相嬰、太尉蚡，以柏至侯許昌爲丞相，[15]武彊侯莊青翟爲御史大夫。[16]嬰、蚡以侯家居。

[1]【今注】儒術：用儒家經典並融合道家、法家和陰陽五行思想等經邦治國的學説。

[2]【顏注】師古曰：推轂，謂升薦之，若轉車轂之爲也。【今注】推轂：本義爲推車前進，一人推車，一人助推曰轂。比喻舉薦人才。　御史大夫：漢三公之一。佐丞相統理天下，掌監察執法，糾劾百官，主管重要文書圖籍。秩中二千石。　王臧：東海郡蘭陵縣（今山東蘭陵縣西南）人。漢代儒者申培的學生。事見本書卷八八《儒林傳》。　郎中令：九卿之一，掌侍從皇帝、備顧問、護衛皇宮，統屬諸大夫、郎、謁者。秩中二千石。

[3]【今注】魯：侯國名。治所在今山東曲阜市魯故城。　申公：申培。與楚元王劉交從齊人浮丘伯學《詩》。文帝時爲博士。武帝初，年八十餘，被召見問治亂之事，爲太中大夫。傳《魯詩》。傳見本書卷八八。

[4]【今注】明堂：古代天子宣明政教的地方。凡朝會、祭祀、慶賞、選士、養老、教學等都在此舉行。

[5]【今注】就國：回到各自的封國。漢初諸侯王大多居住在長安，並不在自己的封國。

[6]【顏注】服虔曰：除關禁也。【今注】除關：廢除關禁。文帝十二年（前168），除關無用傳；景帝四年（前153），以七國新反，復置諸關用傳出入。武帝初復欲除之，即此次。"除關"之"關"是指環繞關中的五關（扞關、郿關、函谷關、武關、臨晉

關）和“諸塞之河津”（關中與關外的水路交通要津）。即除關不用傳，廢除出入關檢查身份證明的制度。（參見臧知非《論漢文帝“除關無用傳”：西漢前期中央與諸侯王國關係的演變》，《史學月刊》2010 年第 7 期）

[7]【顏注】師古曰：謂喪服之制也。【今注】以禮爲服制：按照古代禮制規定吉凶服飾制度。

[8]【今注】舉謫：揭發、譴責。謫，大德本同，蔡琪本、殿本作“讁”。

[9]【今注】除其屬籍：從宗譜中開除他的名籍。屬籍，指宗譜。藉，通“籍”。

[10]【今注】外家：外戚。

[11]【顏注】師古曰：滋，益也。“說”讀曰“悅”。

[12]【今注】東宮：漢長樂宮在長安城東南部，太后居之，故謂之東宮，亦謂之東朝。

[13]【今注】新垣平：西漢趙國人，善於望氣之術。漢文帝十五年，以望氣官至上大夫，賜千金。十七年，派人獻玉杯給文帝，杯上刻“人主延壽”。後被人揭發，新垣平被殺，並滅三族。事見《史記》卷二八《封禪書》。

[14]【今注】罷逐趙綰王臧：趙綰、王臧二人實際上死於獄中。

[15]【今注】柏至侯許昌：高祖七年（前 200），其祖父許溫封侯。

[16]【今注】武彊侯莊青翟：高祖六年，其祖父莊不識封侯。武彊，侯國名。治所在今河南中牟縣西北。

蚡雖不任職，以王太后故親幸，[1]數言事，多效，[2]士吏趨埶利者皆去嬰而歸蚡。蚡日益橫。[3]六年，竇太后崩，丞相昌、御史大夫青翟坐喪事不辦，[4]

免。上以蚡爲丞相，大司農韓安國爲御史大夫。[5]天下士郡、諸侯俞益附蚡。[6]

[1]【今注】親幸：信任寵愛。楊樹達《漢書窺管》據本書卷六四《嚴助傳》，武帝建元三年（前138），東甌求救於漢朝，武帝問田蚡，田蚡認爲不應當救。

[2]【顏注】師古曰：效謂見聽用。

[3]【顏注】師古曰：橫，恣也，音胡孟反。

[4]【今注】坐喪事不辦：因爲沒辦好竇太后的喪事而獲罪。

[5]【今注】大司農：秦漢九卿之一。掌租稅賦役。秩中二千石。秦設治粟内史。漢景帝後元元年（前143）改稱大農令，武帝太初元年（前104）稱大司農。故此處當作"大農令"。

[6]【顏注】師古曰：郡及諸侯也，猶言郡國耳。【今注】天下士郡諸侯俞益附蚡：天下仕諸郡及仕諸侯國者無不趨赴田蚡。士，通"仕"。

蚡爲人貌侵，生貴甚。[1]又以爲諸侯王多長，[2]上初即位，富於春秋，[3]蚡以肺附爲相，[4]非痛折節以禮屈之，天下不肅。[5]當是時，丞相入奏事，語移日，[6]所言皆聽。薦人或起家至二千石，[7]權移主上。[8]上迺曰："君除吏盡未？吾亦欲除吏。"[9]嘗請考工地益宅，[10]上怒曰："遂取武庫！"是後迺退。[11]召客飲，坐其兄蓋侯北鄉，自坐東鄉，[12]以爲漢相尊，不可以兄故私橈。[13]由此滋驕，[14]治宅甲諸弟，[15]田園極膏腴，[16]市買郡縣器物相屬於道。[17]前堂羅鍾鼓，[18]立曲旃；[19]後房婦女以百數。[20]諸奏珍物狗馬玩好，不可勝數。[21]

[1]【顏注】服虔曰：侵，短小也。師古曰：生貴，謂自尊高示貴寵也。【今注】貌侵：矮小。　生貴甚：田蚡方幼時已爲外戚，故曰“生貴甚”。

[2]【顏注】張晏曰：多長年。【今注】諸侯王：漢朝封爵的最高稱號。漢初分封異姓功臣、同姓皇子，像古代的諸侯國君，故稱爲諸侯王。金印綠綬，食邑。漢朝置諸侯國丞相，掌統率衆官。諸侯王治國，可以任命内史以下官吏。有太傅輔佐諸侯王，内史治民，中尉掌管武事。宫室官制如同漢朝。

[3]【顏注】師古曰：謂年幼也。齒歷方久，故云富於春秋。

[4]【顏注】師古曰：舊解云肺附，如肝肺之相附著也。一説，肺，斫木札也，喻其輕薄附著大材也。【今注】肺附：《史記》卷一〇七《魏其武安侯列傳》作“肺腑”。指皇帝的親屬或外戚。施之勉《漢書集釋》認爲，肺爲諸臟之主，通陰陽，故十二經脈皆會於太陰，所以決吉凶。田蚡爲丞相，如人之肺，可以知陰陽順逆，又爲皇帝腹心親戚。

[5]【顏注】師古曰：痛猶甚也。言以尊貴臨之，皆令其屈節而下己也。【今注】不肅：不感到敬畏。施之勉《漢書集釋》引李治説，認爲此時田蚡如不降低自己的身份，以謙卑之禮待人，則天下的人就不會敬重他。

[6]【今注】移日：日影移動了位置。指時間過去了很久。

[7]【今注】二千石：漢代官吏從朝廷的九卿、郎將到各王國的傅、相以及郡守、尉，均爲兩千石。其中又分中二千石、真二千石、二千石、比二千石四個等級。指田蚡推薦人才或從平民中提拔高級官吏。

[8]【今注】權移主上：將皇帝的權力移到自己手裏。

[9]【顏注】師古曰：凡言除者，除去故官就新官。【今注】除吏：新任命官吏。

[10]【今注】考工地：考工室官署所在的地方。考工室，官

署名。漢武帝太初元年（前 104）更名爲考工。掌製作兵器等器械。長官爲考工令，副長官爲考工丞。

[11]【顏注】師古曰：考工，少府之屬官也，主作器械。上責其此請，故謂之曰："何不遂取武庫！"蚡乃退也。【今注】武庫：西漢貯存武器的倉庫。蕭何主持修建。在今陝西西安市西北漢都長安城未央宮與長樂宮之間。《史記·魏其武安侯列傳》作"君何不遂取武庫"。考工室所造武器，做好後會貯存於武庫中。兩者不僅在職能上有關係，而且地點鄰近。故武帝有這樣的説法。

[12]【顏注】師古曰：自處尊位也。鄉讀皆曰"嚮"。【今注】案，"坐其兄蓋侯北鄉"二句：使其兄蓋侯王信坐在面向北方的位置，而自己坐在面向東方的位置。當時座次以面向東方爲尊位，田蚡因爲自己是漢丞相，故認爲私下裏也要處於尊位，即使面對兄長也是如此。沈欽韓《漢書疏證》認爲，"北鄉"應當作"南鄉"。《史記·魏其武安侯列傳》作"南鄉"。蓋侯，王信。蓋，侯國名。治所在今山東沂源縣東南。

[13]【顏注】師古曰：橈，曲也，音女教反。【今注】私橈：謂私下委曲自己，屈居人下。

[14]【顏注】師古曰：滋，益也。

[15]【顏注】師古曰：言爲諸第之最也。以甲乙之次，言甲則爲上矣。【今注】弟：同"第"。上等房屋。

[16]【顏注】師古曰：膏腴，謂肥厚之處。

[17]【顏注】師古曰：屬，逮及也，音之欲反。

[18]【今注】前堂：周代天子和諸侯的住所爲前堂後室，前部爲堂，後部中間爲室，左右兩側有房。士大夫則前堂後室之外，有左右房（有認爲無右房）。前堂後室的建築格局，將房屋開間的前半間虛敞布置爲"堂"，以接待賓客或辦公，後半間封閉爲室，以作爲起居處。而秦漢時期庶民階層常采用"一堂二內"的住居形式。（參見王暉《民居在野：西南少數民族民居堂室格局研究》，

同濟大學出版社 2016 年版，第 149—163 頁）　　鍾鼓：編鐘和建鼓。古代鐘鐸屬於金樂，鼓屬於革樂。建鼓裝在笋虡上。古代以懸挂鐘磬的架子，橫的爲笋，竪直的爲虡。（參見孫機《漢代物質文化資料圖說（增訂本）》，上海古籍出版社 2011 年版，第 95—96 頁）

[19]【顏注】如淳曰：旆，旗之名也，通帛曰旆。曲旆，偃也。蘇林曰：禮，大夫建旆。曲，柄上曲也。師古曰：蘇説是也。許慎云“旆，旗曲柄也，所以旆表士衆也”。【今注】曲旆：用整幅帛製成的曲柄長幡。古代國君樹旆以招賢士，故田蚡將其置於廳堂，屬於僭越。

[20]【今注】後房：姬妾居住的地方。

[21]【顏注】師古曰：奏，進也。【今注】案，諸奏珍物狗馬玩好，《史記·魏其武安侯列傳》作“諸侯奉金玉狗馬玩好”。

而嬰失竇太后，益疏不用，無埶，諸公稍自引而怠驁，[1]唯灌夫獨否。故嬰墨墨不得意，[2]而厚遇夫也。

[1]【顏注】師古曰：驁與傲同。【今注】諸公稍自引而怠驁：竇嬰的門客漸漸離開，且表現得十分輕視傲慢。諸公，《史記》卷一〇七《魏其武安侯列傳》作“諸客”。

[2]【今注】墨墨：心中有想法而説不出來。墨，通“默”。

灌夫字仲孺，潁陰人也。[1]父張孟，常爲潁陰侯灌嬰舍人，[2]得幸，因進之，[3]至二千石，故蒙灌氏姓爲灌孟。[4]吳楚反時，潁陰侯灌嬰爲將軍，屬太尉，[5]請孟爲校尉。[6]夫以千人與父俱。[7]孟年老，潁陰侯彊請之，鬱鬱不得意，[8]故戰常陷堅，[9]遂死吳軍中。漢法,[10]父子俱,[11]有死事,[12]得與喪歸。[13]夫不肯隨喪歸,奮曰:"願取吳王若將軍頭以報父仇。"[14]於是夫被甲持戟,[15]募軍中壯士所善願從數十人。[16]及出壁門,[17]莫敢前。獨兩人及從奴十餘騎馳入吳軍,[18]至戲下,[19]所殺傷數十人。不得前,復還走漢壁,[20]亡其奴,獨與一騎歸。夫身中大創十餘,適有萬金良藥,故得無死。[21]創少瘳,[22]又復請將軍曰:"吾益知吳壁曲折,請復往。"[23]將軍壯而義之,恐亡夫,迺言太尉,太尉召固止之。吳軍破,夫以此名聞天下。

[1]【今注】潁陰:縣名。治所在今河南許昌市。

[2]【今注】常爲潁陰侯灌嬰舍人:案,《漢書考正》引宋祁説,南本、浙本"常"並作"嘗"。灌嬰,傳見本書卷四一。舍人,戰國及漢初貴族的家臣。

[3]【顏注】師古曰:進,薦也。嬰薦孟也。

[4]【顏注】師古曰:蒙,冒也。【今注】案,沈欽韓《漢書疏證》據《太平御覽》卷三八六引《漢語》,潁川張欽孟孝,吳楚反,與亞夫常爲前鋒,陷陣潰圍,旁人觀曰:"壯哉此君。"欽聞自矜,遂死軍。當即張孟。

[5]【顏注】師古曰:時潁陰侯是灌嬰之子,名何,轉寫誤爲嬰耳。【今注】灌嬰:《史記》卷一〇七《魏其武安侯列傳》作"灌何"。　太尉:當時太尉爲周亞夫。

[6]【今注】校尉:武官名。職位次於將軍。因職務不同,加各種名號,如司隸校尉、輕騎校尉、戊己校尉等。

[7]【顏注】孟康曰:官主千人,如候司馬也。【今注】千人:武官名。中尉屬官,掌領兵。另外車騎將軍、屬國都尉、西域都護屬官也有千人。又作"千長"。

[8]【今注】鬱鬱不得意：吳楚反時，灌嬰爲張孟請爲校尉，但太尉周亞夫因其年老而不同意，故張孟不得意。楊樹達《漢書窺管》認爲，因張孟年老，不想從軍，潁陰侯强請，不得已而行，故不得意。

[9]【今注】陷堅：戰鬪時深入敵軍的堅固陣地。以此表示不服老。

[10]【今注】漢法：《史記·魏其武安侯列傳》作"軍法"。

[11]【今注】父子俱：父子一起從軍。《史記·魏其武安侯列傳》作"父子俱從軍"。

[12]【今注】死事：死於國事。指戰死或因公殉職。

[13]【今注】得與喪歸：可以與死者的靈柩一起回原籍。案，《後漢書》卷四六《陳忠傳》載，人從軍屯，大父母、父母死未滿三月，皆令送葬。可見漢軍法規定，無論父在不在軍中，皆准許歸與喪葬（參見吳忠匡《〈漢軍法〉輯補》，《中華文史論叢》1981年第 1 輯）。

[14]【顏注】張晏曰：自奮屬也。【今注】吳王若將軍：吳王及其手下將軍。若，及。

[15]【今注】被甲執戟：穿着盔甲，拿着戟。戟，古代兵器。戟頭爲矛與戈相結合。

[16]【顏注】師古曰：所善，素與己善者。【今注】所善願從：同自己要好而願意跟隨的。

[17]【今注】壁門：軍營的門。壁，軍營。原意爲軍營的牆壁。

[18]【今注】從奴：發配灌夫軍中罰充兵役的罪犯。

[19]【顏注】師古曰：戲，大將之旗也，讀與"麾"同，又音許宜反。【今注】戲下：吳軍的指揮旗幟所在的地方。指吳軍陣地的核心。

[20]【顏注】師古曰：走，趣嚮也，音"奏"。

　　[21]【顏注】師古曰：萬金者，言其價貴也。“金”字或作“全”，言得之者必生全也。

　　[22]【顏注】師古曰：瘳，差也，音丑流反。【今注】少瘳：創傷稍微好一些。瘳，病愈。

　　[23]【顏注】師古曰：曲折，猶言委曲也。

　　潁陰侯言夫，[1]夫爲郎中將。[2]數歲，坐法去。[3]家居長安中，諸公莫不稱，由是復爲代相。[4]

　　[1]【今注】言：向皇帝上奏。

　　[2]【今注】郎中將：官名。戰國始置。漢代屬郎中令。初有車、户、騎三將，分別統率車郎、户郎、騎郎，管理宫廷車騎、護衛。

　　[3]【今注】坐法：犯法。

　　[4]【今注】代相：代國的相。高祖七年（前200）封劉喜爲代王，都代縣（今河北蔚縣東北）。領雲中、雁門、代三郡。九年國除。十一年，分雲中郡東部置定襄郡，又以定襄、雁門、代、太原四郡置代國，封劉恒。都晉陽（今山東太原市西南）。文帝二年（前178）以劉武爲代王。景帝三年（前154），代國僅餘太原一郡。武帝元鼎三年（前114）國除。此時代王爲恭王劉登（參見周振鶴《西漢政區地理》，商務印書館2017年版，第70—74頁）。相，官名。漢代朝廷派往諸侯國的最高長官。秩二千石。原稱丞相或相國，掌統衆官。景帝中元五年（前145）改稱相。成帝綏和元年（前8）令相治民如郡太守。

　　武帝即位，以爲淮陽天下郊，[1]勁兵處，[2]故徙夫爲淮陽太守。[3]入爲太僕。[4]二年，夫與長樂衛尉竇甫飲，[5]輕重不得，[6]夫醉，搏甫。[7]甫，竇太后昆弟。

上恐太后誅夫，徙夫爲燕相。^[8]數歲，坐法免，家居長安。

[1]【今注】淮陽：郡名。治陳縣（今河南淮陽縣）。　天下郊：四面八方交會的交通樞紐。郊，通“交”。

[2]【顏注】師古曰：郊謂四交輻湊，而兵又勁彊。

[3]【今注】太守：官名。秦漢郡的最高行政長官，掌一郡政務。秩二千石。原作“郡守”，景帝時改稱太守。

[4]【今注】太僕：官名。秦漢時掌管皇帝車騎、馬政。秩中二千石。

[5]【今注】長樂衛尉：官名。掌管長樂宮的衛士。長樂，宮名。故址在今陝西西安市西北漢長安城東南隅。因在未央宮之東，亦稱東宮。漢高祖五年（前202）改建。

[6]【顏注】晉灼曰：飲酒輕重不得其平也。師古曰：禮數之輕重也。

[7]【顏注】師古曰：搏，以手擊之。

[8]【今注】燕：王國名。治薊（今北京市西南隅）。高祖十二年（前195）封劉建。景帝三年（前154），祇餘廣陽一郡。武帝元朔元年（前128）除爲郡。武帝元狩六年（前117）封劉旦爲燕王。此時燕王爲劉定國。

　　夫爲人剛直，使酒，^[1]不好面諛。^[2]貴戚諸執在己之右，^[3]欲必陵之；士在己左，俞貧賤，^[4]尤益禮敬，與鈞。^[5]稠人廣衆，薦寵下輩。^[6]士亦以此多之。^[7]

[1]【顏注】師古曰：使酒，因酒而使氣也。

[2]【今注】面諛：當面奉承。

[3]【今注】貴戚諸執：貴族外戚等有權勢的人。

［4］【今注】案，俞，蔡琪本、大德本、殿本作"愈"。

［5］【顏注】師古曰：右，尊也。左，卑也。鈞，等也。

［6］【顏注】師古曰：稠，多也。下輩，下等之人也。每於人衆之中故寵薦也。【今注】案，"稠人廣衆"二句：在人數衆多的場合，推薦、稱贊比自己地位低的人。下輩，王先謙《漢書補注》認爲，下輩指行輩低於自己者。包括年少及地位在自己之下的人。

［7］【顏注】師古曰：多猶重之。

夫不好文學，[1] 喜任俠，[2] 已然諾。[3] 諸所與交通，無非豪桀大猾。家累數千萬，食客日數十百人。[4] 波池田園，宗族賓客爲權利，[5] 横潁川。[6] 潁川兒歌之曰："潁水清，灌氏寧；潁水濁，灌氏族。"[7]

［1］【今注】文學：儒家經典和學説。

［2］【今注】任俠：與人交往講信用，遇事不平行俠仗義。

［3］【顏注】師古曰：已，必也。謂一言許人，必信之也。喜，音許吏反。

［4］【顏注】師古曰：或八九十，或百人也。

［5］【顏注】師古曰："波"讀曰"陂"。【今注】波池：池塘。又作"陂池"。

［6］【顏注】師古曰：横，音胡孟反。其下亦同。【今注】潁川：郡名。治陽翟（今河南禹州市）。

［7］【顏注】師古曰：深怨嫉之，故爲此言也。【今注】潁水：發源於今河南登封市，東南流入安徽境内，到壽縣正陽關匯入淮河。

夫家居，卿相侍中賓客益衰。[1] 及竇嬰失埶，亦欲倚夫引繩排根生平慕之後棄者。[2]夫亦得嬰通列侯宗室爲名高。[3]兩人相爲引重，[4]其游如父子然，相得驩甚，無厭，[5]恨相知之晚。

[1]【顏注】師古曰：以夫居家，而卿相侍中素爲夫之賓客者，漸以衰退不復往也。【今注】卿相：三公九卿之類的高級官員。

侍中：加官名。凡列侯及文武官員加侍中即可入禁中，侍從皇帝。初掌宮廷雜務，後參與政事。沒有固定員數。

[2]【顏注】蘇林曰：二人相倚，引繩直排根賓客去之者，不與交通也。孟康曰：根音（蔡琪本、殿本作“根者”），根格，引繩以彈排擯根格之也。師古曰：孟説近之。根，音下恩反。格，音下各反。言嬰與夫共相提挈，有人生平慕嬰、夫，後見其失職而頗慢弛，如此者，共排退之，不復與交。譬如相對挽繩而根格之也。今吳楚俗猶謂牽引前卻爲根格。【今注】引繩排根：比喻竇嬰與灌夫互相勾結，共同排斥那些因灌夫失勢而怠慢的人。“引繩”是牽引墨綫，用以取直；“排根”是批削根株，使之成器。

[3]【今注】夫亦得嬰通列侯宗室爲名高：灌夫也通過竇嬰接觸列侯宗室等提高自己的名望。

[4]【顏注】張晏曰：相薦達爲聲勢也。師古曰：相牽引而致於尊重也。爲，音于僞反。

[5]【今注】無厭：不感到厭煩。

夫嘗有服，[1]過丞相蚡。蚡從容曰：[2]“吾欲與仲孺過魏其侯，[3]會仲孺有服。”夫曰：“將軍迺肯幸臨況魏其侯，[4]夫安敢以服爲解！[5]請語魏其具，[6]將軍旦日蚤臨。”[7]蚡許諾。夫以語嬰。嬰與夫人益市牛酒，[8]夜洒埽張具[9]至旦。平明，[10]令門下候司。[11]至日中，蚡不來。嬰謂夫曰："丞相豈忘之哉？"夫不懌，[12]曰："夫以服請，不宜。"[13]迺駕，自往迎蚡。蚡特前戲許夫，[14]殊無意往。夫至門，蚡尚臥也。於是夫見，曰："將軍昨日幸許過魏其，魏其夫妻治具，至今未敢嘗食。"蚡悟，[15]謝曰："吾醉，忘與仲孺言。"迺駕往。往又徐行，夫愈益怒。及飲酒酣，夫起舞屬蚡，[16]蚡不起。夫徙坐，語侵之。[17]嬰迺扶夫去，謝蚡。蚡卒飲至夜，極驩而去。

[1]【顏注】師古曰：謂喪服也。【今注】有服：灌夫爲他的姐姐服喪。

[2]【顏注】師古曰：從，音千容反。

[3]【今注】過：登門拜訪。

[4]【顏注】師古曰：況，賜也。【今注】將軍：此時田蚡爲丞相，而灌夫稱其爲"將軍"。錢大昕《廿二史考異·史記五》云漢代稱人爲將軍，祇不過是表示尊重，不必實指其官。此類事例在《漢書》中有很多。　臨況：光顧。況，通"貺"。賞賜。

[5]【顏注】師古曰：解謂辭之也，若今言分疏矣。【今注】案，周壽昌《漢書注校補》認爲，竇嬰、田蚡勢力正盛，迎魯申公，重視服制，故田蚡以灌夫有服爲說辭，而灌夫也以此爲借口。但灌夫之父此前死於吳楚七國之亂，此時灌夫所服當是期功之服，爲期一年。期功之喪則需棄官。

[6]【顏注】師古曰：具，辦具酒食。

[7]【顏注】師古曰：旦日，明旦也。蚤，古"早"字。

[8]【顏注】師古曰：益，多也。【今注】牛酒：牛和酒。古代用作饋贈、宴請、祭祀的物品。

[9]【顏注】師古曰：洒，音"灑"，又音所寄反。【今注】

張具：擺設宴請的器具。案，"嬰與夫人"二句，竇嬰準備宴請的物品，灑掃收拾，從夜裏一直到清晨。表現竇嬰對田蚡到來的重視和緊張。"至旦"二字應屬上文。

[10]【今注】平明：天快亮的時候。

[11]【今注】門下：竇嬰家中的門客。　候司：探聽等待。

[12]【顏注】師古曰：懌，悅也。

[13]【顏注】師古曰：不當忘也。

[14]【顏注】師古曰：特，但也。【今注】特前戲許：田蚡祇不過開玩笑答應灌夫，實際並不想赴宴。

[15]【今注】悟：《史記》卷一〇七《魏其武安侯列傳》作"鄂"。

[16]【顏注】師古曰：屬，付也，猶今之舞訖相勸也。屬，音之欲反。【今注】起舞：起身舞蹈。這是宴會上的禮儀。

[17]【顏注】師古曰：徙坐，謂移就其坐也（移就，蔡琪本作"後就"）。【今注】夫徙坐：《史記·魏其武安侯列傳》作"夫從坐上"。

　　後蚡使藉福請嬰城南田，嬰大望曰：[1]"老僕雖棄，將軍雖貴，寧可以執相奪乎！"不許。夫聞，怒罵福。福惡兩人有隙，迺謾好謝蚡[2]曰："魏其老且死，易忍，[3]且待之。"已而蚡聞嬰、夫實怒不予，亦怒曰："魏其子嘗殺人，蚡活之。蚡事魏其無所不可，[4]愛數頃田？且灌夫何與也？[5]吾不敢復求田。"由此大怒。[6]

[1]【顏注】師古曰：望，怨也。

[2]【顏注】師古曰：謾猶詭也，詐爲好言也。謾，讀與

"慢"同，又音莫連反。

[3]【今注】易忍：忍耐不了多長時間。案，楊樹達《漢書窺管》引本書卷三七《季布傳》載，季布之弟季心畜灌夫、籍福之屬，則籍福等應當是游俠之人。

[4]【今注】無所不可：對竇嬰所請求的事情，田蚡沒有不答應的。

[5]【顏注】師古曰："與"讀曰"預"。預，干也。

[6]【今注】大怒：《史記》卷一〇七《魏其武安侯列傳》作"大怨"。

　　元光四年春，[1]蚡言灌夫家在潁川，橫甚，民苦之。請案之。[2]上曰："此丞相事，何請？"夫亦持蚡陰事，[3]爲姦利，受淮南王金與語言。[4]賓客居閒，遂已，俱解。[5]

[1]【今注】元光四年：公元前 131 年。《史記》卷一〇七《魏其武安侯列傳》《索隱》說，據本書卷六《武紀》，武帝元光四年冬，竇嬰有罪棄市，田蚡薨於元光四年三月，則此處當作"元光三年"。

[2]【今注】案：調查。

[3]【今注】陰事：隱秘的事情。

[4]【今注】淮南王：劉安。傳見本書卷四四。本書《劉安傳》載："安初入朝，雅善太尉武安侯，武安侯迎之霸上，與語曰：'方今上無太子，王親高皇帝孫，行仁義，天下莫不聞。宮車一日晏駕，非王尚誰立者！'淮南王大喜，厚遺武安侯寶賂。"

[5]【顏注】師古曰：兩家賓客處於中閒和解之。

　　夏，蚡取燕王女爲夫人，[1]太后詔召列侯宗室皆往賀。嬰過夫，欲與俱。夫謝曰：“夫數以酒失過丞相，[2]丞相今者又與夫有隙。”嬰曰：“事已解。”彊與俱。酒酣，蚡起爲壽，[3]坐皆避席伏。[4]已嬰爲壽，獨故人避席，餘半膝席。[5]夫行酒，[6]至蚡，蚡膝席曰：“不能滿觴。”[7]夫怒，因嘻笑曰：“將軍貴人也，畢之！”[8]時蚡不肯。[9]行酒次至臨汝侯灌賢，[10]賢方與程不識耳語，[11]又不避席。夫無所發怒，迺罵賢曰：“平生毀程不識不直一錢，[12]今日長者爲壽，迺效女曹兒呫囁耳語！”[13]蚡謂夫曰：“程、李俱東西宮衛尉，[14]今衆辱程將軍，仲孺獨不爲李將軍地乎？”[15]夫曰：“今日斬頭穴匈，何知程、李！”[16]坐乃起更衣，[17]稍稍去。嬰去，戲夫。[18]夫出，[19]蚡遂怒曰：“此吾驕灌夫罪也。”迺令騎留夫，[20]夫不得出。藉福起爲謝，案夫項令謝。[21]夫愈怒，不肯順。蚡迺戲騎縛夫[22]置傳舍，[23]召長史曰：“今日召宗室，[24]有詔。”劾灌夫罵坐不敬，[25]繫居室。[26]遂其前事，[27]遣吏分曹逐捕諸灌氏支屬，皆得棄市罪。嬰愧，[28]爲資使賓客請，莫能解。[29]蚡吏皆爲耳目，諸灌氏皆亡匿，夫繫，遂不得告言蚡陰事。

[1]【顏注】師古曰：燕王澤之子康王嘉女。

[2]【顏注】師古曰：言因酒有失，得罪過於丞相。【今注】過：《史記》卷一〇七《魏其武安侯列傳》作“得過”。

[3]【今注】爲壽：敬酒。壽，爲“醻”字之假借。“醻”的本義爲勸酒，指席間幣帛相贈，乃至一般的贈禮、報謝。

[4]【今注】避席伏：離開自己的席位，伏在地上，表示不

敢當。

[5]【顏注】蘇林曰：下席而膝半在席上也。如淳曰：以膝跪席上也。師古曰：如說是也。【今注】膝席：古代禮儀的一種，以雙膝跪於席上，上身直立坐正，以表示對施禮者的恭敬。一般用於尊長者答復晚輩，或不太正式莊重的場合（參見顏品忠等主編《中華文化制度辭典》，中國國際廣播出版社 1998 年版，第 486 頁）。

[6]【今注】行酒：按照次序敬酒。

[7]【今注】觴：古代盛酒器。飲人以酒亦曰觴。

[8]【顏注】張晏曰：行酒過之爲已畢。如淳曰：言雖貴，且當盡酒，以其執劫之也。師古曰：如說近之。言將軍雖貴人也，請盡此觴。嘻，強笑也，音許其反。【今注】畢之：《史記·魏其武安侯列傳》作“屬之”。

[9]【顏注】師古曰：不爲盡也。

[10]【今注】灌賢：潁陰侯灌嬰孫，封臨汝侯。漢武帝元光二年（前133）始封。

[11]【顏注】師古曰：附耳小語也。

[12]【今注】程不識：西漢將領。約與李廣同時。景帝時，任太中大夫。作戰時，所部營陣嚴整，匈奴不敢貿然進攻。武帝時，任長樂衛尉。武帝元光元年（前134）以衛尉爲車騎將軍，率軍屯雁門。

[13]【顏注】師古曰：女曹兒猶言兒女輩也。呫，音昌涉反。囁，音人涉反。【今注】女曹兒：兒女輩。指小孩子們。《史記·魏其武安侯列傳》作“女兒”。

[14]【顏注】孟康曰：李廣爲東宮，程不識爲西宮。【今注】東西宮：《漢書考證》齊召南認爲，漢以長樂宮爲東宮，太后居之。天子居未央宮，在長樂西，爲西宮。據本書卷五四《李廣傳》，李廣入爲未央衛尉，而程不識爲長樂衛尉，則李廣守衛西宮，程不識

守衛東宮。李，即李廣。　衛尉：官名。漢九卿之一。掌管宮門警衛，統率宮中警衛部隊。秩中二千石。衛尉通常是指未央宮衛尉。長樂、建章諸宮的衛尉，則時設時廢。

[15]【顏注】蘇林曰：不爲李將軍除道地邪？如淳曰：二人同號比尊，今辱一人，不當爲毀廣邪？師古曰：如說近之。言既毀程，令廣何地自安處。【今注】爲李將軍地：爲李廣留有餘地。

[16]【顏注】晉灼曰：斬頭見刺，猶不止也。【今注】穴匈：刺胸。指不避死亡。“匈”通“胸”。《史記·魏其武安侯列傳》作“陷胷”。

[17]【顏注】師古曰：坐謂坐上之人也。更，改也。凡久坐者，皆起更衣，以其寒煖或變也。【今注】坐乃起更衣：在座的賓客借口上廁所而離開。更衣，上廁所的代稱。

[18]【顏注】晉灼曰：戲，古“麾”字也。師古曰：招麾之令出也。《漢書》多以“戲”爲“麾”字。

[19]【今注】夫出：李慈銘《越縵堂讀史札記·漢書五》説，《史記·魏其武安侯列傳》作“魏其侯去，麾灌夫出”，疑《漢書》此處誤重一“夫”字。王先謙《漢書補注》認爲，下文明言“令騎留夫，夫不得出”，若夫出，何云“不得出”乎？明“夫”字衍。

[20]【顏注】師古曰：騎謂常從之騎也。

[21]【顏注】師古曰：使其拜也。

[22]【顏注】師古曰：“戲”讀亦曰“麾”。謂指麾命之而令收縛夫也。

[23]【顏注】師古曰：傳舍，解在《酈食其傳》。【今注】傳舍：古時驛站中供來往人員住宿休息的場所。傳舍一般爲三十里一置，也有以一縣爲間距的。

[24]【顏注】師古曰：長史，丞相長史也。召宗室，謂請召之爲客也。【今注】長史：官名。西漢三公、將軍府皆設，爲諸掾

史之長，秩千石。丞相長史爲丞相屬吏，掌管理丞相府諸曹事務。有兩員。

　　[25]【顏注】師古曰：於大坐中罵詈，爲不敬。【今注】罵坐不敬：李慈銘《越縵堂讀史札記·漢書五》云，田蚡説今日召集宗室，是按太后詔旨而行，灌夫罵坐，屬於輕視詔命，故爲不敬。封建時代把所謂不敬皇帝作爲一項重大罪名。

　　[26]【顏注】師古曰：居室，署名也，屬少府。其後改名曰保宫。【今注】居室：漢代拘禁犯罪官吏的監獄。武帝太初元年（前104）改名保宫。

　　[27]【顏注】師古曰：遂，竟也。【今注】遂其前事：《史記·魏其武安侯列傳》作“遂按其前事”。

　　[28]【今注】嬰愧：《史記·魏其武安侯列傳》作“魏其侯大媿”。因灌夫本來不去田蚡住所，但竇嬰勉强讓他去，因此罹禍，所以感到愧疚。

　　[29]【顏注】如淳曰：爲出資費，使人爲夫請罪也。師古曰：如説非也。爲資，爲其資地耳，非財物也。“爲”讀如本字。【今注】案，“爲資使賓客請”二句：給灌夫出謀划策，使賓客向田蚡求情。

　　嬰鋭爲救夫，嬰夫人諫曰：“灌將軍得罪丞相，與太后家迕，[1]寧可救邪？”嬰曰：“侯自我得之，自我捐之，無所恨。[2]且終不令灌仲孺獨死，嬰獨生。”迺匿其家，竊出上書。[3]立召入，具告言灌夫醉飽事，不足誅。上然之，賜嬰食，曰：“東朝廷辨之。”[4]

　　[1]【顏注】師古曰：相迕迕也。“迕”音“悟”。
　　[2]【顏注】師古曰：言不過失爵耳。
　　[3]【顏注】師古曰：匿，避也。不令家人知之，恐其又止

諫也。

[4]【顏注】如淳曰：東朝，太后朝也。張晏曰：會公卿大夫東朝，共理而分別也。【今注】東朝：東宮。漢代長樂宮在未央宮之東稱東朝，爲太后所居。東朝代指太后。　案，辨，蔡琪本、大德本同，殿本作"辯"。

嬰東朝，[1]盛推夫善，言其醉飽得過，迺丞相以它事誣罪之。蚡盛毀夫所爲横恣，罪逆不道。嬰度無可奈何，[2]因言蚡短。蚡曰："天下幸而安樂無事，蚡得爲肺附，所好音樂狗馬田宅，所愛倡優巧匠之屬，[3]不如魏其、灌夫日夜招聚天下豪桀壯士與論議，腹誹而心謗，[4]卬視天，俛畫地，[5]辟睨兩宫間，[6]幸天下有變，而欲有大功。[7]臣乃不如魏其等所爲。"上問朝臣："兩人孰是？"御史大夫韓安國曰："魏其言灌夫父死事，身荷戟馳不測之吳軍，[8]身被數十創，名冠三軍，[9]此天下壯士，非有大惡，争杯酒，[10]不足引它過以誅也。魏其言是。丞相亦言灌夫通姦猾，侵細民，家累巨萬，横恣潁川，輘轢宗室，侵犯骨肉，[11]此所謂'支大於幹，脛大於股，不折必披'。[12]丞相言亦是。唯明主裁之。"主爵都尉汲黯是魏其，[13]内史鄭當時是魏其，[14]後不堅。[15]餘皆莫敢對。上怒内史曰："公平生數言魏其、武安長短，今日廷論，局趣效轅下駒，[16]吾并斬若屬矣！"[17]即罷起入，上食太后。[18]太后亦已使人候司，具以語太后。太后怒，不食，曰："我在也，而人皆藉吾弟，[19]令我百歲後，皆魚肉之乎！[20]且帝寧能爲石人邪！[21]此特帝在，即録録，[22]設百歲後，是屬寧有可信者乎？"[23] 上謝曰："俱外家，故廷辨之。[24] 不然，此一獄吏所決耳。"是時郎中令石建爲上分別言兩人。[25]

[1]【今注】嬰東朝：《史記》卷一〇七《魏其武安侯列傳》作"魏其之東朝"。

[2]【顏注】師古曰：度，音徒各反。

[3]【顏注】師古曰：倡，樂人也。優，諧戲者也。

[4]【今注】腹誹而心謗：嘴上不説而内心不滿。張湯處死顏異，定腹誹罪。

[5]【顏注】張晏曰：視天，占三光也。畫地，知分野所在也。念欲作反事也。師古曰："卬"讀曰"仰"。

[6]【顏注】張晏曰：占太后與帝吉凶之期也。師古曰：辟睨，傍視也。辟，音普計反，字本作瞞（瞞，蔡琪本作"瞡"）。睨，音吾計反。【今注】辟睨：斜着眼睛看。側目窺探。　兩宮：指王太后和漢武帝。

[7]【顏注】張晏曰：幸有反者，當爲將立大功也。臣瓚曰：天下有變，謂因國家變難之際得立大功也。師古曰：瓚説是（殿本"是"前有"爲"字）。

[8]【顏注】師古曰：荷，負也。不測，言其彊盛也。"荷"音"何"。

[9]【今注】三軍：春秋時期，周王設六軍，諸侯大國多設三軍。後代用作軍隊的總稱。

[10]【今注】案，柸，蔡琪本、大德本同，殿本作"杯"。

[11]【顏注】師古曰：輘轢，謂蹈踐之也。輘，音"凌"。轢，音郎擊反。【今注】案，"輘轢宗室"二句，指欺壓皇親外戚。輘（líng）轢（lì），原義爲車輪碾壓。指欺壓、踐踏。骨肉，至親的人。《吕氏春秋·精通》：父母之於子，子之於父母，謂骨肉

之親。

[12]【顏注】師古曰：披，音丕靡反。【今注】案，"支大於幹"三句，枝葉大於主幹，小腿强於大腿，不折斷就會破裂。比喻臣下的勢力强於君主，就會遭禍患。此句爲當時的成語。輕大於股，蔡琪本、大德本、殿本作"脛大於股"。

[13]【今注】主爵都尉：官名。掌列侯封爵之事。秩二千石。原名主爵中尉，景帝中元六年（前144），更名主爵都尉。 汲黯：傳見本書卷五〇。

[14]【今注】内史：官名。治理京城和附近地區，職位相當於郡守。景帝時分爲左、右内史。據本書卷五〇本傳，此處内史當爲右内史。 鄭當時：傳見本書卷五〇。

[15]【今注】後不堅：《史記·魏其武安侯列傳》作"後不敢堅對"。

[16]【顏注】應劭曰：駒者，駕著轅下。局趣，蹴小之貌也（殿本無"也"字）。張晏曰：俛頭於車轅下，隨母而已。師古曰：張説非也。駕車不以牝馬。《小雅·皇皇者華》之詩曰"我馬維駒"，非隨母也。【今注】局趣：通"局促"。拘束。 轅下駒：比喻有所畏忌而局促不安。轅，車前駕牲畜的兩根直木。駒，幼馬。

[17]【顏注】師古曰：若，汝也。

[18]【今注】上食：進獻飯食。皇帝親自向皇太后奉案上食，以表示孝道。

[19]【顏注】晉灼曰：藉，蹈也。

[20]【顏注】師古曰：以比魚肉而食啗也。

[21]【顏注】師古曰：言徒有人形耳，不知好惡也。一曰，石人者，謂常存不死也。【今注】石人：比喻没有主見的人。

[22]【顏注】師古曰：録録，言循衆也。

[23]【顏注】師古曰：設猶脱也。

[24]【顔注】師古曰：嬰，景帝從舅（蔡琪本、大德本、殿本"舅"後有"子"字）。田蚡（田蚡，蔡琪本、大德本、殿本作"蚡"），太后同母弟。故言俱外家。

[25]【今注】石建：傳見本書卷四六。

　　蚡已罷朝，出止車門，[1]召御史大夫安國載，[2]怒曰："與長孺共一禿翁，何爲首鼠兩端？"[3]安國良久謂蚡曰："君何不自喜！[4]夫魏其毀君，君當免冠解印綬歸，[5]曰：'臣以肺附幸得待罪，[6]固非其任，魏其言皆是。'如此，上必多君有讓，[7]不廢君。魏其必媿，杜門齚舌自殺。[8]今人毀君，君亦毀之，譬如賈豎女子爭言，何其無大體也！"蚡謝曰："爭時急，不知出此。"

　　[1]【今注】止車門：官吏上朝時，到這裏必須下車，步行進入宮殿。未央宮東有蒼龍闕，闕內有止車門。

　　[2]【顔注】師古曰：韓安國也。載謂共乘車。

　　[3]【顔注】服虔曰：禿翁，言嬰無官位版授也（授，蔡琪本、大德本、殿本作"綬"）。首鼠，一前一卻也。張晏曰：嬰年老，又嗜酒，頭禿，言當共治一禿翁也。師古曰：服說是也。【今注】首鼠兩端：形容遲疑不決、瞻前顧後。又作"首施兩端""首尾兩端"。

　　[4]【顔注】師古曰：何不自謙遜爲可喜之事也。喜，音許吏反。【今注】何不自喜：何不自愛。指田蚡不應當因此事而惱怒。

　　[5]【顔注】師古曰：歸印綬於天子也。【今注】免冠解印綬歸：辭官以謝罪。免冠，摘下帽子。古人謝罪的一種方式。印綬，繫印鈕的絲帶，顏色不同代表官職高低。此處代指印信。

　　[6]【今注】待罪：做官的謙詞說法。古代官吏常怕因失職獲

罪，以待罪作爲任職的謙詞。

[7]【顏注】師古曰：多猶重也。

[8]【顏注】師古曰：杜，塞也。齰，齧也，音仕客反。【今注】杜門：閉門。 齰（zé）舌：咬舌。

於是上使御史簿責嬰[1]所言灌夫頗不讎，[2]劾繫都司空。[3]孝景時，嬰嘗受遺詔，曰："事有不便，以便宜論上。"[4]及繫，灌夫罪至族，事日急，諸公莫敢復明言於上。嬰廼使昆弟子上書言之，[5]幸得召見。[6]書奏，案尚書，大行無遺詔。[7]詔書獨臧嬰家，嬰家丞封。[8]廼劾嬰矯先帝詔害，罪當棄市。[9]五年十月，悉論灌夫支屬。[10]嬰良久廼聞有劾，即陽病痱，不食欲死。[11]或聞上無意殺嬰，復食，治病，議定不死矣。[12]廼有飛語爲惡言聞上，[12]故以十二月晦論棄市渭城。[13]

[1]【顏注】師古曰：簿責，以文簿一一責之也。簿，音步户反。【今注】御史：官名。此處當指御史大夫屬官侍御史。掌管典籍文書。秩六百石。

[2]【顏注】晉灼曰：讎，當也。

[3]【顏注】師古曰：都司空，宗正屬官也，見《百官公卿表》。【今注】都司空：官名。宗正屬官。掌管水土工程、督造磚瓦，並審理皇族、外戚犯罪或皇帝交辦案件。竇嬰是外戚，故犯罪被繫都司空。

[4]【顏注】師古曰：論説其事而上於天子。

[5]【今注】昆弟子：兄弟的兒子。

[6]【顏注】師古曰：幸，冀也。

　　[7]【顏注】如淳曰：大行，主諸侯官也。師古曰：此説非也。大行，景帝大行也。尚書之中無此大行遺詔也。【今注】尚書：官名。掌文書章奏。武帝時，爲削弱相權，更多地利用尚書，由宦者擔任，稱中書，參與議政，地位逐漸重要。　大行：古代稱剛死的皇帝爲大行。

　　[8]【顏注】孟康曰：以家丞印封遺詔也。【今注】家丞：官名。漢代食邑千户以上的列侯設家丞，管理家政。漢代詔書、上書一般有正本、副本，副本由尚書保存。故不可能存在景帝遺詔衹存竇嬰家而尚書却没有的情況。

　　[9]【顏注】鄭氏曰：矯詔有害、不害也。【今注】害：王念孫《讀書雜志·漢書第十》認爲，漢律規定，矯詔罪有大害、害、不害的分別，根據矯詔後果的嚴重程度來決定罪刑的輕重。　棄市：在人衆集聚的鬧市執行死刑，以示犯人爲大衆所棄。

　　[10]【今注】五年：王先謙《漢書補注》據張守節《史記正義》引《漢書》，武帝元光四年（前131）冬，魏其侯嬰有罪棄市。故“五年”當作“四年”。　支屬：親屬、宗族。

　　[11]【顏注】師古曰：痱，風病也，音“肥”。【今注】即陽病痱：據《史記》卷一〇七《魏其武安侯列傳》作“病痱”，下文又稱“治病”，或竇嬰確實病痱。病痱，患中風病。

　　[12]【顏注】張晏曰：蚡爲作飛揚誹謗之語也。臣瓚曰：無根而至也。【今注】飛語：没有根據的言語，即流言。

　　[13]【顏注】張晏曰：著日月者，見春垂至，恐遇赦贖之。【今注】晦：陰曆每月最後一天。　渭城：縣名。治所在今陝西咸陽市東北。原秦咸陽，漢元年（前206）改爲新城縣，七年廢。武帝元鼎三年（前114）置爲渭城縣。竇嬰死時尚未設渭城縣，此當爲史家追述。

　　春，[1]蚡疾，一身盡痛，若有擊者，謼服謝罪。[2]

上使視鬼者瞻之，[3]曰："魏其侯與灌夫共守，笞欲殺之。"竟死。子恬嗣，元朔中有罪免。[4]

　　[1]【今注】春：漢武帝元光五年（前130）春季。漢初以夏曆十月爲歲首，每年先冬後春。至武帝太初元年（前104），乃按夏曆以正月爲歲首。

　　[2]【顔注】晉灼曰："服"音"殹"。關西俗謂得杖呼及小兒啼呼爲呼殹（啼呼爲呼殹，蔡琪本作"啼爲呼呼"，殿本作"啼爲呼殹"）。或言蚡號呼謝服罪也。師古曰：兩説皆通。謼，古"呼"字也。若謂啼爲謼服，則"謼"音火交反，"服"音平卓反。【今注】謼（hū）服：呼喊號哭。謼，同"呼"。

　　[3]【今注】使視鬼者瞻之：使能看見鬼的巫者查看情況。《史記》卷一〇七《魏其武安侯列傳》作"使巫視鬼者視之"。

　　[4]【今注】元朔：武帝年號（前128—前123）。　有罪免：本書《外戚恩澤侯表》載，恬衣襜褕（直襟的單衣，非正式的朝服）入宮，坐不敬，免。

　　後淮南王安謀反，[1]覺。始安入朝時，[2]蚡爲太尉，迎安霸上，[3]謂安曰："上未有太子，大王最賢，高祖孫，即宮車晏駕，[4]非大王立，尚誰立哉？"[5]淮南王大喜，厚遺金錢財物。上自嬰、夫事時不直蚡，[6]特爲太后故。及聞淮南事，上曰："使武安侯在者，族矣。"[7]

　　[1]【今注】淮南王安：劉安。傳見本書卷四四。

　　[2]【今注】安入朝時：事在漢武帝建元二年（前139）。

　　[3]【今注】霸上：地名。又作"灞上"。在今陝西西安市東南白鹿原北首。

[4]【今注】宮車晏駕：對皇帝死亡的委婉説法。皇帝的車駕本該早起臨朝，車駕晚出，一定有變故，代指皇帝死亡。

[5]【顏注】師古曰：言大王尚不得立，當誰立也？

[6]【今注】不直：不信任。

[7]【顏注】師古曰：言其賴自死。

　　韓安國字長孺，梁成安人也，[1]後徙睢陽。[2]嘗受《韓子》、雜説鄒田生所。[3]事梁孝王，爲中大夫。吳楚反時，孝王使安國及張羽爲將，扞吳兵於東界。張羽力戰，安國持重，以故吳不能過梁。吳楚破，安國、張羽名由此顯梁。

　　[1]【今注】梁：王國名。都睢陽（今河南商丘市睢陽區）。漢高祖十一年（前 196）封劉恢。吕后七年（前 181）改爲吕國，次年復置。文帝元年（前 179）國除，次年以碭郡置梁國，立劉輯。十二年，以劉武爲梁王。　成安：縣名。治所在今河南民權縣東北。景帝中元六年（前 144）四月，梁國分爲五，成安屬濟川國。武帝建元三年（前 138），國除，成安屬陳留郡。

　　[2]【今注】睢陽：梁國都城。治所在今河南商丘市睢陽區。

　　[3]【顏注】師古曰：田生，鄒縣人。【今注】韓子：先秦法家代表作《韓非子》，共五十五篇。　雜説：雜家學説。戰國末年至漢初學者雜揉各派思想的一種學説，如《吕氏春秋》《淮南鴻烈》。　鄒：縣名。治所在今山東鄒城市東南。

　　梁王以至親故，[1]得自置相、二千石，出入游戲，僭於天子。[2]天子聞之，心不善。太后知帝弗善，迺怒梁使者，弗見，案責王所爲。安國爲梁使，見大長公主而泣^[3]曰：“何梁王爲人子之孝，爲人臣之忠，而太后曾不省也？^[4]夫前日吴、楚、齊、趙七國反，自關以東皆合從而西嚮，^[5]唯梁最親，爲限難。^[6]梁王念太后、帝在中，^[7]而諸侯擾亂，壹言泣數行而下，跪送臣等六人將兵擊卻吴楚，^[8]吴楚以故兵不敢西，而卒破亡，梁之力也。今太后以小苛禮責望梁王。^[9]梁王父兄皆帝主，^[10]而所見者大，^[11]故出稱趕，入言警，^[12]車旗皆帝所賜，即以娉鄙小縣，^[13]驅馳國中，欲夸諸侯，令天下知太后、帝愛之也。今梁使來，輒桉責之，^[14]梁王恐，日夜涕泣思慕，不知所爲。何梁王之忠孝而太后不卹也？”長公主具以告太后，太后喜曰：“爲帝言之。”言之，帝心迺解，而免冠謝太后曰：“兄弟不能相教，迺爲太后遺憂。”悉見梁使，厚賜之。其後，梁王益親驩。太后、長公主更賜安國直千餘金。^[15]由此顯，結於漢。^[16]

[1]【今注】至親：最親近的親屬。梁王劉武爲景帝同母弟、武帝的叔父，故稱至親。

[2]【顏注】師古曰：僭，儗也。【今注】僭：超越本分。古代指在下位的冒用在上位的名義、禮儀和器物等。

[3]【顏注】如淳曰：大長公主，景帝姊也（姊，蔡琪本作“妹”）。【今注】大長公主：漢制，皇帝的女兒稱公主，皇帝的姊妹稱長公主。館陶公主劉嫖爲文帝長女，景帝姊，故稱大長公主。

[4]【顏注】師古曰：省，視也。

[5]【顏注】師古曰：從，音子容反。【今注】關：函谷關。舊關在今河南靈寶市東北。新關在今河南新安縣城東，武帝時徙

此。　合從：聯合。從，通"縱"。指吳楚等七國聯合反叛。

[6]【今注】爲限難：梁國阻隔吳楚等七國向西進攻。

[7]【顏注】師古曰：中，關中也。一說謂京師爲中，猶言中國也。

[8]【今注】六人：王先謙《漢書補注》認爲，指韓安國、張羽、傅伯、丁寬，其餘二人不詳。陳直《漢書新證》則以爲李廣或亦在六人之列。

[9]【顏注】師古曰：苛，細也。【今注】小苛禮：繁瑣細微的禮節。《史記》卷一○八《韓長孺列傳》作"小節苛禮"。

[10]【今注】案，主，蔡琪本同，大德本、殿本作"王"。

[11]【今注】見者大：周壽昌《漢書注校補》認爲，平常所見皆是帝王制度禮儀，故習以爲常，見到帝王警蹕也不感到奇怪。

[12]【顏注】師古曰：趕，止行人也。警，令戒肅也。天子出入皆備此儀。而今云出稱警入言趕者（警入言趕者，殿本作"趕入言警者"），互舉之耳。

[13]【顏注】服虔曰：姱，夸妊也（妊，殿本作"好"）。晉灼曰：姱，音坼姱之姱（坼，殿本作"折"）。鄧展曰：姱，好也。自以車服之好曜邊鄙之邑也。師古曰：服說、晉音是也。鄙，小縣，言在外部之小縣也。【今注】姱（hù）鄙：向邊遠地區夸耀車旗。姱，美好，夸耀。鄙，邊遠地區。《史記·韓長孺列傳》正文作"侘鄙"。

[14]【今注】案，桉，蔡琪本、大德本、殿本作"案"。

[15]【顏注】師古曰：更，音工衡反。

[16]【今注】案，《史記·韓長孺列傳》作"名由此顯，結於漢"。

其後，安國坐法抵罪，蒙[1]獄吏田甲辱安國。安國曰："死灰獨不復然乎？"甲曰："然即溺之。"[2]居無幾，梁内史缺，[3]漢使使者拜安國爲梁内史，起徒中爲二千石。田甲亡。安國曰：“甲不就官，我滅而宗。”[4]甲肉袒謝，安國笑曰：“公等足與治乎？”[5]卒善遇之。

　　[1]【顏注】師古曰：蒙，梁國之縣也。【今注】蒙：縣名。治所在今河南商丘市東北。

　　[2]【顏注】師古曰：“溺”讀曰“尿”。【今注】然：通“燃”。燃燒。

　　[3]【顏注】師古曰：無幾，未多時也。幾，音居豈反（豈，蔡琪本作“起”）。【今注】梁内史：梁國内史，掌管諸侯國政事。

　　[4]【顏注】師古曰：而，汝也。

　　[5]【顏注】師古曰：治謂當敵也，今人猶云對治。治，音丈吏反。一曰，不足繩治也（大德本、殿本無“也”字）。治讀如本字。【今注】笑曰：《史記》卷一〇八《韓長孺列傳》“笑曰”下有“可溺矣”三字。

　　内史之缺也，王新得齊人公孫詭，[1]説之，[2]欲請爲内史。竇太后所，[3]乃詔王以安國爲内史。

　　[1]【今注】公孫詭：梁孝王門客，多奇謀詭計。初次拜見梁王，梁王即賜千金，官至中尉，號之曰公孫將軍。

　　[2]【顏注】師古曰：“説”讀曰“悦”。

　　[3]【今注】竇太后所：《史記》卷一〇八《韓長孺列傳》作“竇太后聞”，當據改。

　　公孫詭、羊勝説王求爲帝太子及益地事，[1]恐漢大臣不聽，迺陰使人刺漢用事謀臣。[2]及殺故吳相袁盎，[3]景帝遂聞詭、勝等計畫，迺遣使捕詭、勝，必得。[4]漢使十輩至梁，相以下舉國大索，[5]月餘弗得。安國聞詭、勝匿王所，迺入見王而泣曰：“主辱者臣死。大王無良臣，故紛紛至此。今勝、詭不得，請辭賜死。”王曰：“何至此？”安國泣數行下，曰：“大王自度於皇帝，孰與太上皇之與高帝及皇帝與臨江王親？”[6]王曰：“弗如也。”安國曰：“夫太上皇、臨江親父子閒，然高帝曰‘提三尺取天下者朕也’，[7]故太上終不得制事，居于櫟陽。[8]臨江，適長太子，[9]以一言過，廢王臨江；[10]用宮垣事，卒自殺中尉府。[11]何者？治天下終不用私亂公。語曰：‘雖有親父，安知不爲虎？雖有親兄，安知不爲狼？’[12]今大王列在諸侯，訹邪臣浮説，[13]犯上禁，橈明法。[14]天子以太后故，不忍致法於大王。太后日夜涕泣，幸大王自改，大王終不覺寤。有如太后宮車即晏駕，大王尚誰攀乎？”語未卒，王泣數行而下，謝安國曰：“吾今出之。”即日詭、勝自殺。漢使還報，梁事皆得釋，[15]安國力也。景帝、太后益重安國。

[1]【今注】益地：增加封地。

[2]【今注】漢用事謀臣：景帝前元七年（前150），已立膠東王劉徹爲太子，後梁孝王與羊勝、公孫詭陰謀刺殺爰盎等大臣。故此處所説求爲太子，怨大臣不聽而刺之。當記載有誤。

[3]【今注】爰盎：傳見本書卷四九。

[4]【顏注】師古曰：必令得之。【今注】案，遣使，蔡琪本、大德本同，殿本作“使使”。

[5]【顏注】師古曰：索，搜也，音山客反。

[6]【顏注】師古曰：孰與，猶言何如也。【今注】案，"大王自度於皇帝"二句，梁王與景帝爲兄弟關係，而太上皇與漢高祖劉邦，景帝與栗太子劉榮，則是父子關係，故更加親密。太上皇，劉邦即位後尊其父劉太公爲太上皇。臨江王，栗太子劉榮。景帝長子。

[7]【顏注】師古曰：三尺，謂劍也。

[8]【今注】櫟陽：縣名。治所在今陝西西安市閻良區武屯鄉。

[9]【顏注】師古曰："適"讀曰"嫡"。

[10]【顏注】師古曰（師古，《史記》卷一〇八《韓長孺列傳》《集解》引作"如淳"）：景帝嘗屬諸姬子，太子母栗姬言不遜，由是廢太子，栗姬憂死也。【今注】案，本書卷九七上《外戚傳上》載，景帝的姐姐長公主劉嫖向景帝稱讚當時爲膠東王的劉徹，景帝也很看重他。劉徹之母王夫人暗中令人鼓動大臣立栗姬爲皇后，大行上書，稱："'子以母貴，母以子貴。'今太子母號宜爲皇后。"景帝看後很憤怒，認爲栗姬不應當這樣説。於是，誅大行，癈太子爲臨江王。栗姬因此不被召見，慢懼而死。景帝立王夫人爲皇后，劉徹爲太子。

[11]【顏注】張晏曰：以侵壞垣徵，自殺也。【今注】用宮垣事：劉榮起宮室侵占了祖廟圍墻內的空地。 中尉：武官名。掌管京師治安並統率首都警衛部隊。秩中二千石。

[12]【顏注】師古曰：言其恩愛不可必保也。

[13]【顏注】師古曰：誅，誘也，音"戍"。【今注】浮説：沒有根據、不可信的言論。

[14]【顏注】師古曰：橈，曲也，音女教反。【今注】案，犯上禁橈明法，梁孝王謀爲太子，派人謀殺大臣，故有此説。橈，蔡琪本、殿本同，大德本作"撓"。

[15]【顏注】師古曰：釋，解也。

孝王薨，^[1]共王即位，^[2]安國坐法失官，家居。武帝即位，武安侯田蚡爲太尉，親貴用事。安國以五百金遺蚡，蚡言安國太后，上素聞安國賢，即召以爲北地都尉，^[3]遷爲大司農。^[4]閩、東越相攻，^[5]遣安國、大行王恢將兵。未至越，越殺其王降，漢兵亦罷。其年，田蚡爲丞相，^[6]安國爲御史大夫。

[1]【今注】薨：諸侯死稱薨。

[2]【顏注】師古曰："共"讀曰"恭"。【今注】共王：梁孝王長子劉買。

[3]【今注】北地：郡名。治義渠（今甘肅寧縣西北）。　都尉：官名。郡的最高武官，輔佐郡守掌管郡軍事。秦置郡尉，景帝時改爲都尉。秩比二千石。錢大昭《漢書辨疑》說，北地有兩都尉，北部都尉治神泉障（今寧夏靈武市東），渾懷都尉治塞外渾懷障（今寧夏銀川市東）。

[4]【今注】遷爲大司農：據本書《百官公卿表》，在武帝建元三年（前138）。

[5]【今注】閩東越相攻：王先謙《漢書補注》據本書卷六《武紀》、卷九五《西南夷兩粵朝鮮傳》，武帝建元六年，閩越攻南越，漢擊閩越，閩越王弟餘善殺王郢以降。故"閩"後當有"越"字，"東越"當作"南越"。《史記》卷一〇八《韓長孺列傳》作"閩越、東越相攻"，亦誤。

[6]【今注】田蚡爲丞相：事在武帝建元六年。

匈奴來請和親，^[1]上下其議。^[2]大行王恢，^[3]燕人，

數爲邊吏，習胡事，議曰："漢與匈奴和親，率不過數歲即背約。不如勿許，舉兵擊之。"安國曰："千里而戰，即兵不獲利。今匈奴負戎馬足，懷鳥獸心，[4]遷徙鳥集，難得而制。得其地不足爲廣，有其衆不足爲彊，自上古弗屬。[5]漢數千里爭利，則人馬罷，[6]虜以全制其敝，[7]埶必危殆。臣故以爲不如和親。"群臣議多附安國，於是上許和親。

[1]【今注】和親：本書卷九四上《匈奴傳上》載"武帝即位，明和親約束，厚遇關市，饒給之"，或即此事。

[2]【顏注】師古曰：下，音胡亞反。

[3]【今注】大行：官名。漢九卿之一大鴻臚屬官。秦時典客，景帝中元六年（前144）更名大行令，簡稱大行。武帝太初元年（前104），大行令改爲大鴻臚，其屬官行人改名大行令。掌王侯入朝之迎送、朝會及少數民族朝覲禮儀。秩六百石。此處大行即大行令。

[4]【顏注】師古曰：負，恃也。【今注】負戎馬足：匈奴倚仗强大的騎兵以及機動靈活的作戰方式。

[5]【顏注】師古曰：不內屬於中國。【今注】自上古弗屬：自遠古就不是中國的編户齊民。指不被納入中原王朝的統治之下。《史記》卷一〇八《韓長孺列傳》作"自上古不屬爲人"。

[6]【顏注】師古曰："罷"讀曰"疲"。

[7]【今注】以全制其敝：匈奴以逸待勞，用保全的兵力對付疲弊的漢朝軍隊。

明年，[1]雁門馬邑豪聶壹[2]因大行王恢言："匈奴初和親，親信邊，可誘以利致之，伏兵襲擊，必破之道也。”上迺召問公卿曰：[3]“朕飾子女以配單于，[4]幣帛文錦，[5]賂之甚厚。單于待命加嫚，侵盜無已，邊竟數驚，朕甚閔之。[6]今欲舉兵攻之，何如？”

　　[1]【今注】明年：漢武帝元光二年（前133）。
　　[2]【顏注】張晏曰：豪猶帥也。【今注】雁門：郡名。治善無（今山西右玉縣南）。　馬邑：縣名。治所在今山西朔州市。
　　[3]【今注】公卿：三公、九卿，後泛指朝廷中的高級官員。
　　[4]【今注】單于：匈奴君主的稱號。全稱作“撐犁孤涂單于”。撐犁孤涂，即天之子。單于，广大之貌。
　　[5]【今注】幣帛文錦：古代用於饋贈的禮物，泛指財物。幣，泛指金、玉等。帛，絲織品的總稱。文錦，紋彩斑爛的織錦。
　　[6]【顏注】師古曰：“竟”讀曰“境”。其下亦同。

　　大行恢對曰：“陛下雖未言，臣固願效之。[1]臣聞全代之時，[2]北有彊胡之敵，[3]内連中國之兵，[4]然尚得養老長幼，種樹以時，倉廩常實，[5]匈奴不輕侵也。今以陛下之威，海内爲一，天下同任，[6]又遣子弟乘邊守塞，[7]轉粟輓輸，以爲之備，[8]然匈奴侵盜不已者，無它，以不恐之故耳。[9]臣竊以爲擊之便。”

　　[1]【顏注】師古曰：效，致也，致其計。【今注】固：本來。
　　[2]【顏注】服虔曰：代未分之時也。李奇曰：六國之時全代爲一國，尚能以擊匈奴，況今加以漢之大乎！【今注】全代：漢代代國曾几經分合，變化很大。全代指戰國時代國，以區別於漢初代國。
　　[3]【今注】彊胡：匈奴。

［4］【今注】中國：春秋戰國時期中原諸侯國。泛指中原地區。

［5］【顏注】師古曰：樹，殖也。【今注】種樹：種植莊稼。

［6］【顏注】如淳曰：任，事也。

［7］【顏注】師古曰：乘，登也。登其城而備守也。

［8］【顏注】師古曰：輓，引車也，音“晚”。

［9］【顏注】師古曰：不示威令恐懼也。

御史大夫安國曰：“不然。臣聞高皇帝嘗圍於平城，[1]匈奴至者投鞍高如城者數所。[2]平城之飢，七日不食，天下歌之，[3]及解圍反位，而無忿怒之心。夫聖人以天下爲度者也，[4]不以己私怒傷天下之功，[5]故迺遣劉敬奉金千斤，[6]以結和親，至今爲五世利。[7]孝文皇帝又嘗壹擁天下之精兵聚之廣武常谿，[8]然終無尺寸之功，而天下黔首無不憂者。[9]孝文寤於兵之不可宿，[10]故復合和親之約。此二聖之迹，足以爲效矣。臣竊以爲勿擊便。”

［1］【今注】平城：縣名。治所在今山西大同市東北。高皇帝嘗圍於平城，指高祖六年（前 201），劉邦被匈奴圍困於白登山（今山西大同市東北馬鋪山）。

［2］【顏注】師古曰：解脱其馬，示閑暇也。投積其鞍，若營壘也。【今注】投鞍高如城：王先謙《漢書補注》認爲，匈奴聚鞍爲營壘，高如城垣。形容匈奴馬之多。

［3］【今注】歌之：據本書卷九四上《匈奴傳上》載：“天下歌之曰：‘平城之下亦誠苦，七日不食，不能彀弩。’”

［4］【顏注】師古曰：言當隨天下人心而寬大其度量也。

［5］【今注】傷天下之功：高帝不因自己受辱而興兵征討，反

而與匈奴和親，是由於能從全局考慮，不因個人私怒傷害國家和人民。王念孫《讀書雜志・漢書第十》云，高祖遭白登之圍，報仇雪恥爲一己之私怒，案兵恤民爲天下之公義。本作“傷天下之公義”。“功”與“公”同。“公義”與“私怒”相對爲文。“議”與“義”同。

[6]【今注】劉敬：本姓婁，漢五年（前 202）後賜姓劉。傳見本書卷四三。

[7]【今注】五世：自惠帝、高后、文帝、景帝至武帝共五代。

[8]【顏注】張晏曰：廣武，雁門縣。常谿，谿名。【今注】廣武：縣名。治所在今山西代縣西南。　常谿：水名。流經廣武，向南注入滹沱河。

[9]【今注】黔首：平民百姓。這一稱呼在秦統一之前就已經使用。先秦時，黑色爲平民在日常勞作中形成的膚色，又有蒼生、黎民的稱呼。黔，黑色。（參見王子今《説“黔首”稱謂——以出土文獻爲中心的考察》，載《出土文獻研究》第 11 輯，中西書局 2012 年版）

[10]【顏注】師古曰：宿，久留也。

恢曰：“不然。臣聞五帝不相襲禮，三王不相復樂，[1]非故相反也，各因世宜也。且高帝身被堅執銳，蒙霧露，沐霜雪，行幾十年，[2]所以不報平城之怨者，非力不能，所以休天下之心也。今邊竟數驚，士卒傷死，中國槽車相望，[3]此仁人之所隱也。[4]臣故曰擊之便。”

[1]【顏注】師古曰：襲，因也。復，重也。復，音扶目反。【今注】案，“臣聞五帝不相襲禮”二句，五帝、三王的禮儀制度

也不會因襲重複，而是會有變革。五帝，上古傳說中的五位帝王，説法不一。一説爲黃帝（軒轅）、顓頊（高陽）、帝嚳（高辛）、唐堯、虞舜。三王，指夏、商、周三代之君，即夏禹、商湯、周文（武）王。襲，繼承，沿襲。

[2]【顏注】師古曰：幾，近也，音鉅依反。

[3]【顏注】師古曰：櫝，小棺也。從軍死者以櫝送致其喪，載櫝之車相望於道，言其多也。“櫝”音“衞”。

[4]【顏注】張晏曰：隱，痛也。

安國曰：“不然。臣聞利不十者不易業，功不百者不變常，[1]是以古之人君謀事必就祖，發政占古語，重作事也。[2]且自三代之盛，夷狄不與正朔服色，[3]非威不能制，彊弗能服也，以爲遠方絶地不牧之民，[4]不足煩中國也。[5]且匈奴，輕疾悍亟之兵也，[6]至如猋風，去如收電，[7]畜牧爲業，弧弓射獵，[8]逐獸隨草，居處無常，難得而制。今使邊郡久廢耕織，以支胡之常事，[9]其執不相權也。[10]臣故曰勿擊便。”

[1]【今注】案，“臣聞利不十者不易業”二句，沒有充分的好處就不會輕易改變之前的常規，即做出變革需要有一定條件。

[2]【顏注】師古曰：祖，祖廟也。占，問也。重猶難之也。【今注】案，“是以古之人君謀事必就祖”三句，古代帝王在謀劃政事、發布政令時，常常前往祖廟祭祀，並通過占卜詢問事情的結果。占，問卜。古語，指《易》的卦辭、爻辭。

[3]【顏注】師古曰：“與”讀曰“豫”（豫，殿本作“預”）。【今注】夷狄不與正朔服色：四夷不遵循中原的禮儀制度。正朔，正月朔日。一年開始的第一天。不同曆法推出的正月及

各月朔日的干支、時刻、節氣、閏月不同。改朝換代時，新王朝常要改正朔，正朔指新頒布的曆法。服色，旗幟、車馬、祭牲、服飾等的顏色。

[4]【今注】遠方絕地不牧之民：遙遠偏僻不受漢朝統治的人。

[5]【顏注】師古曰：不牧，謂不可牧養也。

[6]【顏注】師古曰：悍，勇也。亟，急也，音居力反。【今注】輕疾悍亟：輕捷迅猛。

[7]【顏注】師古曰：猋，疾風也，音必遙反。【今注】收電：疾逝之閃電。

[8]【顏注】師古曰：以木曰弧，以角曰弓。【今注】弧弓：木製的弓，力強，可以遠射甲革堅硬之物。　案，射，大德本、殿本同，蔡琪本作“躬”。

[9]【今注】胡之常事：匈奴以戰鬥爲常事，使當時漢朝邊郡戰爭不斷，耕織無法正常進行，故無力與之對抗。

[10]【顏注】師古曰：輕重不等也。

恢曰：“不然。臣聞鳳鳥乘於風，聖人因於時。昔秦繆公都雍，[1]地方三百里，知時宜之變，攻取西戎，[2]辟地千里，并國十四，[3]隴西、北地是也。[4]及後蒙恬爲秦侵胡，[5]辟數千里，以河爲竟，[6]累石爲城，樹榆爲塞，[7]匈奴不敢飲馬於河，置烽燧然後敢牧馬。[8]夫匈奴獨可以威服，不可以仁畜也。今以中國之盛，萬倍之資，遣百分之一以攻匈奴，譬猶以彊弩射且潰之癰也，必不留行矣。[9]若是，則北發月氏可得而臣也。[10]臣故曰擊之便。”

　　[1]【顏注】師古曰："繆"讀與"穆"同。【今注】秦繆公：春秋時秦國國君。公元前 659 年至前 621 年在位，春秋五霸之一。雍：古邑名。在今陝西鳳翔縣西南豆腐村、河南屯之間。春秋時秦國都邑。

　　[2]【今注】西戎：古時西北少數民族的總稱，原分布在黃河上游和今甘肅西北部，後逐漸東遷。

　　[3]【顏注】師古曰："辟"讀曰"闢"。次下亦同。【今注】并國十四：《史記》卷五《秦本紀》作"益國十二"。

　　[4]【今注】隴西：郡名。治狄道（今甘肅臨洮縣南）。

　　[5]【今注】蒙恬：秦朝名將。秦統一後，率軍三十萬擊退匈奴，收復河南地（今內蒙古河套一帶），並修築長城，守衛數年。

　　[6]【顏注】師古曰："竟"讀曰"境"。

　　[7]【顏注】如淳曰：塞上種榆也。【今注】案，"累石爲城，樹榆爲塞"，《史記》卷八八《蒙恬列傳》載，秦已并天下，命蒙恬將三十萬衆築長城，起臨洮，至遼東，長萬餘里。並派軍隊擊退匈奴，在匈奴退出的地方置九原郡（今內蒙古包頭市西南黃河北岸），並因河爲塞，築縣城四十四座（今內蒙古河套和鄂爾多斯高原地區），由九原郡管轄（參見徐衞民《秦始皇長城研究綜述》，載《秦漢研究》第 6 輯，陝西人民出版社 2012 年版）。樹榆爲塞，當即榆林塞。古關塞名。在今內蒙古河套東北。

　　[8]【顏注】師古曰：燧（蔡琪本、殿本作"㷮"），古"燧"字。【今注】燧烽：古代邊防報警的兩種信號：夜晚舉火爲燧，白天升烟叫烽。燧，蔡琪本、殿本作"㷮"。

　　[9]【顏注】師古曰：留，止也。言無所礙也。

　　[10]【顏注】師古曰：發猶徵召也。言威聲之盛，北自月支以來皆可徵召而爲臣也。"氏"讀曰"支"。【今注】北發：古國名。有學者認爲即"發人"，在今遼寧、河北交界一帶（參見吳其昌《史學論叢》（上），三晉出版社 2009 年版，第 206 頁）。　月

氏：古族名。秦漢之際，游牧於敦煌、祁連間（今甘肅蘭州市以西至敦煌河西走廊一帶）。漢文帝時，因避匈奴，西遷至今新疆西部伊犁河流域及其以西，稱大月氏。

安國曰：“不然。臣聞用兵者以飽待饑，正治以待其亂，定舍以待其勞。[1]故接兵覆衆，伐國墮城，[2]常坐而役敵國，此聖人之兵也。且臣聞之，衝風之衰，不能起毛羽；[3]彊弩之末，力不能入魯縞。[4]夫盛之有衰，猶朝之必莫也。[5]今將卷甲輕舉，深入長歐，難以爲功；[6]從行則迫脅，衡行則中絕，[7]疾則糧乏，[8]徐則後利，[9]不至千里，人馬乏食。兵法曰：‘遺人獲也。’[10]意者有它繆巧可以禽之，[11]則臣不知也；不然，則未見深入之利也。臣故曰勿擊便。”

[1]【顏注】師古曰：舍，止息也。【今注】案，“臣聞用兵者以飽待饑”三句，軍隊糧草充足、軍紀嚴明、以逸待勞，是能够打勝仗的重要條件。

[2]【顏注】師古曰：覆，敗也。墮，毀也。言兵與敵接則敗其衆，所伐之國則毀其城也。覆，音芳目反（芳，殿本作“方”）。墮，音火規反。

[3]【顏注】師古曰：衝風，疾風之衝突者也。

[4]【顏注】師古曰：縞，素也，曲阜之地，俗善作之，尤爲輕細，故以取喻也。

[5]【今注】朝之必莫：一天中從早晨到傍晚。莫，通“暮”。太陽落山的時候。

[6]【顏注】師古曰：“歐”與“驅”同。

[7]【顏注】師古曰：從，音子容反。衡猶橫也。【今注】

案，“從行則迫脅”二句，指大軍縱向魚貫前行，則有迎頭受擊或隊伍中部被擊之患；橫向數道並出，則有被隔絶或抄襲之憂。

[8]【今注】疾則糧乏：軍隊行動太快則糧草不能及時供應。

[9]【顏注】師古曰：後利，謂不及於利。【今注】徐則後利：軍隊行動遲緩則抓不住有利戰機。

[10]【顏注】師古曰：言以軍遺敵人，令其虜獲也。遺，音弋季反。

[11]【今注】繆巧：計謀，機智。　禽：通“擒”。

恢曰：“不然。夫草木遭霜者不可以風過，[1]清水明鏡不可以形逃，[2]通方之士，不可以文亂。[3]今臣言擊之者，固非發而深入也，將順因單于之欲，誘而致之邊，吾選梟騎、壯士陰伏而處以爲之備，[4]審遮險阻以爲其戒。[5]吾埶已定，或營其左，或營其右，或當其前，或絶其後，單于可禽，百全必取。”[6]

[1]【顏注】師古曰：言易零落。【今注】不可以風過：草木經霜後被風吹更容易零落。

[2]【顏注】師古曰：言美惡皆見。【今注】不可以形逃：在清水明鏡中美醜都看得很清楚。

[3]【顏注】師古曰：方，道也。【今注】不可以文亂：不被浮夸的言論所迷惑。

[4]【今注】梟騎：勇猛的騎兵。　陰伏：埋伏。

[5]【今注】審遮險阻：慎重地隱蔽在險要之地以作戒備。

[6]【今注】百全必取：考慮周全，必定取勝。

上曰：“善。”迺從恢議。陰使聶壹爲間，[1]亡入匈奴，謂單于曰：“吾能斬馬邑令丞，[2]以城降，財物可盡得。”單于愛信，以爲然而許之。聶壹迺詐斬死罪囚，縣其頭馬邑城下，視單于使者爲信，[3]曰：“馬邑長吏已死，[4]可急來。”於是單于穿塞，將十萬騎入武州塞。[5]

[1]【顏注】師古曰：閒，音居莧反。

[2]【今注】令丞：馬邑縣令和縣丞。秦、漢縣在萬户以上者長官稱令，在萬户以下者稱長。丞爲縣令輔佐，掌管文書、倉庫、監獄。

[3]【顏注】師古曰：“視”讀曰“示”。

[4]【今注】長吏：秦漢時期郡守（太守）、郡尉（都尉）、王國相、三輔（京兆尹、左馮翊、右扶風）、都官、侯國相等都被稱作長吏；道、三輔所轄縣、障候等機構的主要負責人也都稱長吏（參見張欣《秦漢長吏再考——與鄒水傑先生商榷》，《中國史研究》2010 年第 3 期）。此處指縣之令、丞、尉等。

[5]【顏注】師古曰：在雁門。【今注】武州塞：古塞名。又名武周塞。在今山西左雲縣至大同市區以西一帶。

當是時，[1]漢伏兵車騎材官三十餘萬，[2]匿馬邑旁谷中。衛尉李廣爲驍騎將軍，[3]太僕公孫賀爲輕車將軍，[4]大行王恢爲將屯將軍，太中大夫李息爲材官將軍，[5]御史大夫安國爲護軍將軍，諸將皆屬。約單于入馬邑縱兵。王恢、李息別從代主擊輜重。[6]於是單于入塞，未至馬邑百餘里，覺之，[7]還去。語在《匈奴傳》。塞下傳言單于已去，漢兵追至塞，度弗及，[8]王恢等皆罷兵。

［1］【今注】當是時：漢武帝元光五年（前 130）。

［2］【今注】材官：秦漢地方兵種名稱。秦時諸郡多有材官，漢代則廣泛分布於郡國。亦稱材士，屬徵兵。民年二十三以上，爲材官、騎士一歲。材官善射，也用於步戰。遇有戰事，由中央統一徵調，或戍衛京師，或駐屯邊塞。有時用於儀仗。其中有材官引强、材官蹶張等，指能引强弓、能以脚踏强弩而張之的材官。（參見王彦輝《論秦漢時期的正卒與材官騎士》，《歷史研究》2015 年第 4 期）

［3］【今注】驍騎將軍：武官名。與下文將屯將軍、材官將軍、護軍將軍都是將軍的名號，不常設。

［4］【今注】公孫賀：傳見本書卷六六。

［5］【今注】太中大夫：官名。秦漢九卿之一郎中令（光禄勳）屬官。掌議論。秩比千石。　李息：傳見本書卷五五。

［6］【顏注】師古曰：輜，衣車也。重謂載重物車也（謂，大德本作"讀"）。故行者之資，總曰輜重。重，音直用反。【今注】案，《史記》卷一〇八《韓長孺列傳》作"王恢、李息、李廣"，此處缺李廣。

［7］【今注】覺之：匈奴軍隊正要進行搶劫，但不見一人，單于感到奇怪，攻打烽火臺，捉到了武州尉史，尉史告知漢軍計謀，單于立即退去。詳見本書卷九四《匈奴傳》。

［8］【顏注】師古曰：度，音徒各反。

上怒恢不出擊單于輜重也，[1]恢曰："始約爲入馬邑城，兵與單于接，而臣擊其輜重，可得利。今單于不至而還，臣以三萬人衆不敵，祇取辱。[2]固知還而斬，然完陛下士三萬人。"於是下恢廷尉，[3]廷尉當恢逗橈，當斬。[4]恢行千金丞相蚡。蚡不敢言上，而言於太后曰："王恢首爲馬邑事，今不成而誅恢，是爲匈奴報仇也。"上朝太后，太后以蚡言告上。上曰："首爲馬邑事者恢，故發天下兵數十萬，從其言，爲此。且縱單于不可得，恢所部擊，猶頗可得，以尉士大夫心。[5]今不誅恢，無以謝天下。"於是恢聞，乃自殺。

[1]【今注】輜重：行軍時運輸部隊携帶的軍械、糧草、被服等物資。輜，古時指有帷蓋可載重的車。

[2]【顏注】師古曰：衹，適也，音"支"。

[3]【今注】廷尉：官名。漢九卿之一。掌管刑獄。秩中二千石。廷尉獄屬於詔獄，所囚犯人多爲奉詔收捕（參見沈剛《漢代廷尉考述》，《史學集刊》2004 年第 1 期；宋傑《漢代的廷尉獄》，《史學月刊》2008 年第 1 期）。

[4]【顏注】服虔曰："逗"音"企"。應劭曰：逗，曲行避敵也，橈，顧望也，軍法語也。蘇林曰："逗"音"豆"。如淳曰：軍法，行而逗留畏懦者要斬。師古曰：服、應二說皆非也。逗謂留止也（逗，大德本、殿本作"豆"）。橈，屈弱也。"逗"又音"住"。【今注】逗橈：行軍遲緩而畏懦。王念孫《讀書雜志·漢書第十》曰：案，"逗"當爲"迢"，指曲行避敵。

[5]【顏注】師古曰：或當得其輜重人衆也。古尉安之字正如此，其後流俗乃加心耳。【今注】尉：通"慰"。安慰。

安國爲人多大略，知足以當世取舍，[1]而出於忠厚，[2]貪耆財利，[3]然所推舉皆廉士賢於己者。於梁舉壺遂、臧固，[4]至它，皆天下名士，[5]士亦以此稱慕之，唯天子以爲國器。[6]安國爲御史大夫五年，丞相蚡薨。[7]安國行丞相事，引墮車，蹇。[8]上欲用安國爲丞相，使使視，蹇甚，迺更以平棘侯薛澤爲丞相。[9]安國病免，[10]數月，瘉，復爲中尉。

[1]【顏注】師古曰：舍，止也。取舍，言可取則取，可止則止。【今注】當（dàng）世：隨順世俗。

[2]【今注】出於忠厚：王先謙《漢書補注》曰：言智計雖工，而能出以忠厚；雖貪利，然能舉廉士。四語相對爲文。

[3]【顏注】師古曰："耆"讀曰"嗜'。

[4]【今注】壺遂：西漢名士。梁（今河南商丘市南）人。武帝時任詹事，與司馬遷切磋經義，並共訂律曆。

[5]【顏注】師古曰：於梁舉二人，至於他餘所舉，亦皆名士也。【今注】至它：人名。姓郅，名他。與壺遂、臧固，皆天下名士。《史記》卷一〇八《韓長孺傳》作"郅他"。"至"與"郅"通；它，古"他"字。

[6]【顏注】師古曰：言臣下皆敬重之，天子一人亦以爲國器。國器者，言其器用重大，可施於國政也。【今注】案，"士亦以此稱慕之"二句：不僅大臣因此稱贊仰慕韓安國，皇帝也認爲他是具有治國才能的人才。王先謙《漢書補注》認爲，"唯"讀爲"雖"，義爲即使。王念孫《讀書雜志·漢書第八》則認爲，"亦"字當在"唯天子"下。

[7]【今注】丞相蚡薨：事在武帝元光五年（前130）。

[8]【顏注】如淳曰：爲天子導引，而噅車跛蹇也。【今注】蹇：跛足。

[9]【今注】平棘：縣名。治所在今河北趙縣東南。

[10]【顏注】師古曰：以足疾。

歲餘，徙爲衞尉。而將軍衞青等擊匈奴，破龍城。[1]明年，匈奴大入邊。語在《青傳》。安國爲材官將軍，屯漁陽，[2]捕生口虜，[3]言匈奴遠去。即上言方佃作時，[4]請且罷屯。罷屯月餘，匈奴大入上谷、漁陽。[5]安國壁迺有七百餘人，[6]出與戰，安國傷，入壁。匈奴虜略千餘人及畜產去。[7]上怒，使使責讓安國。徙益東，屯右北平。[8]是時虜言當入東方。

[1]【今注】龍城：匈奴祭天、大會的地方。又作"籠城""蘢城""龍庭"。在今蒙古國和碩柴達木湖附近。

[2]【今注】漁陽：郡名。治漁陽（今北京市懷柔區北房鎮梨園莊東）。王先謙《漢書補注》據本書卷六《武紀》、卷九四《匈奴傳》認爲，衛青等破龍城在武帝元光六年（前129）冬。安國屯漁陽即在這一年秋天。次年秋，匈奴入遼西，殺太守，入漁陽，擊敗韓安國。故此處説衛青破龍城之明年，安國爲將軍，屯漁陽，應有誤。

[3]【今注】生口虜：俘虜。一般作"生口"或"生虜"。此處當有衍文。

[4]【顏注】師古曰：安國上奏也。佃，治田也，音與田同。

[5]【今注】上谷漁陽：王先謙《漢書補注》據本書《武紀》《匈奴傳》以爲，武帝元朔元年（前128），匈奴入遼西、漁陽、雁門，未入上谷；二年，乃入上谷、漁陽。上谷，郡名。治沮陽（今河北懷來縣大古城村）。

[6]【今注】壁：營壘。

[7]【今注】匈奴虜略千餘人及畜產去：本書《匈奴傳》作匈奴圍安國，"安國時千餘騎亦且盡，會燕救之，至，匈奴乃去"。

[8]【今注】右北平：郡名。漢初治無終（今天津市薊州區），後徙治平剛（今内蒙古寧城縣西）。

安國始爲御史大夫及護軍，後稍下遷。[1]新壯將軍衛青等有功，[2]益貴。安國既斥疏，將屯又失亡多，[3]

甚自媿。幸得罷歸，[4]迺益東徙，意忽忽不樂，數月，病歐血死。[5]

[1]【今注】下遷：降職。

[2]【今注】新壯將軍：新近得到皇帝寵信的年輕將軍。衛青大約生於景帝五年（前 152）到七年之間，武帝元光六年（前 129），拜爲車騎將軍，約 21 至 23 歲。《史記》卷一〇八《韓長孺列傳》作“而新幸壯將軍衛青等”。

[3]【今注】將屯：將兵屯守。指中央派將領統率、屯駐邊境的軍隊。

[4]【顏注】師古曰：冀得罷歸，以爲幸也。他皆類此。

[5]【今注】案，《史記・韓長孺列傳》“以元朔二年（前 127）中卒”。

壺遂與太史遷等定漢律歷，[1]官至詹事，其人深中篤行君子。[2]上方倚欲以爲相，會其病卒。[3]

[1]【今注】太史遷：太史令司馬遷。傳見本書卷六二。司馬遷爲太史令在武帝元封四年（前 107）。太史，官名。即太史令。漢九卿之一太常屬官。掌天文曆法，記録瑞應、災異。秩六百石。

[2]【今注】深中篤行：内心深沉，行爲淳厚。

[3]【顏注】師古曰：倚謂杖任之也，音於綺反（殿本無“音”字）。

贊曰：竇嬰、田蚡皆以外戚重，[1]灌夫用一時決策[2]而各名顯，[3]並位卿相，大業定矣。然嬰不知時變，夫亡術而不遜，[4]蚡負貴而驕溢。[5]凶德參會，[6]

待時而發，[7]藉福區區其閒，惡能救斯敗哉！[8]以韓安國之見器，[9]臨其摯而顛墜，[10]陵夷以憂死，[11]遇合有命，悲夫！若王恢爲兵首而受其咎，豈命也虖？[12]

[1]【今注】外戚：外家親屬，特指皇帝的母族和妻族。又稱外族。《史記》卷一○七《魏其武安侯列傳》在此句下有"魏其之舉以吳楚，武安之貴在日月之際"二句，對二人分別介紹。

[2]【顏注】師古曰：謂馳入吳軍，欲報父讎也（讎，殿本作"讐"）。

[3]【今注】而各名顯：王念孫《讀書雜志·漢書第十》認爲，竇嬰、田蚡皆以外戚重，而灌夫則以一時決策而名顯，"各"字衍。《史記》正作"灌夫用一時決策而名顯"。

[4]【顏注】師古曰：遜，順也。

[5]【顏注】師古曰：負，恃也。

[6]【今注】凶德：違背仁德的惡行。

[7]【顏注】師古曰：三人相遇，故曰參會。

[8]【顏注】師古曰："惡"音"烏"，謂於何也。

[9]【今注】見器：武帝欲用安國爲相。上文亦有武帝以安國爲國器。

[10]【顏注】李奇曰：摯，極也。【今注】臨其摯而顛墜：韓安國即將至相位，而因墮車受傷。摯，通"至"。

[11]【顏注】師古曰：陵夷，即陵遲也，言漸卑替也（漸卑，蔡琪本、殿本作"漸陵"）。【今注】陵夷：漸漸衰退。

[12]【顏注】師古曰：言自己爲之，非由命也。【今注】兵首：對匈奴作戰的倡議者。

漢書　卷五三

景十三王傳第二十三^[1]

[1]【今注】景十三王傳：《漢書》此卷以《史記》卷五九《五宗世家》爲基礎改寫增補而來，武帝前史事多有承襲《史記》處。

孝景皇帝十四男。王皇后生孝武皇帝。^[1]栗姬生臨江閔王榮、河間獻王德、臨江哀王閼。^[2]程姬生魯共王餘、^[3]江都易王非、^[4]膠西于王端。^[5]賈夫人生趙敬肅王彭祖、中山靖王勝。^[6]唐姬生長沙定王發。^[7]王夫人生廣川惠王越、膠東康王寄、清河哀王乘、常山憲王舜。^[8]

[1]【今注】王皇后：漢武帝之母，《史記》卷四九《外戚世家》引皇甫謐說，稱其名爲“娡”。事見本書卷九七上《外戚傳上》。

[2]【顏注】師古曰：閼，音烏曷反。【今注】臨江：諸侯王國名。秦時爲南郡，漢初改爲臨江郡，至景帝時置國，後復爲南郡，治江陵（今湖北江陵縣）。　河間：諸侯王國名。治樂成（今河北獻縣東南）。

[3]【顏注】師古曰：“共”讀曰“恭”。下皆類此。【今注】

魯：諸侯王國名。漢景帝時以薛郡置，治魯縣（今山東曲阜市魯故城）。

[4]【顏注】師古曰：易，音"改易"之"易"。《謚法》云"好更故舊曰易"。

[5]【顏注】師古曰：于，遠也，言其所行不善，遠乖道德，故以爲謚。【今注】膠西：諸侯王國名、郡名。治高密（今山東高密市西南）。

[6]【今注】趙：諸侯王國名。漢景帝時以邯鄲郡置趙國，治邯鄲（今河北邯鄲市）。　中山：諸侯王國名。治盧奴（今河北定州市）。

[7]【今注】長沙：諸侯王國名。治臨湘（今湖南長沙市）。

[8]【顏注】師古曰：王夫人，即王皇后之妹也。【今注】王夫人：王皇后之妹，名兒姁，事見本書《外戚傳上》。　廣川：諸侯王國名。治信都（今河北衡水市冀州區）。　膠東：諸侯王國名。治即墨（今山東平度市東南）。　清河：諸侯王國名、郡名。治清河（河北清河縣東南）。　常山：諸侯王國名、郡名。治元氏（今河北元氏縣西北）。

河間獻王德以孝景前二年立，[1]脩學好古，實事求是。[2]從民得善書，必爲好寫與之，留其真，[3]金帛賜以招之。[4]繇是四方道術之人不遠千里，[5]或有先祖舊書，多奉以奏獻王者，[6]故得書多，與漢朝等。是時，淮南王安亦好書，[7]所招致率多浮辯。[8]獻王所得書皆古文先秦舊書，[9]《周官》《尚書》《禮》《禮記》[10]《孟子》《老子》之屬，[11]皆經傳説記，七十子之徒所論。[12]其學舉六藝，[13]立《毛氏詩》《左氏春秋》博士。[14]脩禮樂，被服儒術，造次必於儒者。[15]山東諸

儒多從而遊。^[16]

[1]【今注】河間獻王德：據考證，河間獻王作爲景帝次子，當生於公元前 173 年至前 170 年。由於劉德在文化方面的貢獻，其在兩漢儒學内部地位極高。有觀點認爲，劉德所搜集、主張的古文經學代表了周代以前的分封制傳統，體現了諸侯王國的利益，而漢廷所主張的今文經學則代表了秦漢以來的郡縣制傳統，體現了大一統王朝的利益，帶有文化衝突的因素。不過，《史記》對河間獻王這些文化貢獻並無記載，因而近代以來，亦有觀點懷疑《漢書》的這些記載是否有誇大之處。（參見李揚眉《方法論視野中的"古史辨"派》，博士學位論文，山東大學，2005 年，第 83—84 頁；成祖明《河間獻王與景武之世的儒學》，《史學集刊》2007 年第 4 期）案，《史記》卷五九《五宗世家》載河間獻王事頗略，僅云"河間獻王德，以孝景帝前二年用皇子爲河間王。好儒學，被服造次必於儒者。山東諸儒多從之游。二十六年卒"。

[2]【顏注】師古曰：務得事實，每求真是也。今流俗書本云"求長長老，以是從人得善書"，蓋妄加之（大德本、殿本句末後有"耳"字）。

[3]【顏注】師古曰：真，正也。留其正本。

[4]【今注】案，蔡琪本、殿本、大德本"金帛"前多一"加"字。

[5]【顏注】師古曰：不以千里爲遠，而自致也。"繇"與"由"同（殿本"與"前有"讀"字）。

[6]【顏注】師古曰：奏，進也。

[7]【今注】淮南：諸侯王國名。治壽春（今安徽壽縣）。安：劉安。傳見本書卷四四。

[8]【顏注】師古曰：言無實用耳。

[9]【顏注】師古曰：先秦，猶言秦先，謂未焚書之前。【今

注】古文：指漢隸以前的文字，如六國古文字、小篆、大篆、金文之類。　先秦：王先謙《漢書補注》認爲，“先秦”爲前朝之意。秦代焚書，除內府外無藏書，乃有此說。今案，秦內府之藏書多已焚於戰火。河間獻王從民間求書，其非內府藏書已是昭然。前文云“先祖藏書”，可證。當以顏說爲準。

[10]【顏注】師古曰：《禮》者，《禮經》也。《禮記》者，諸儒記《禮》之說也。【今注】周官：即《周禮》，儒家經典之一，傳爲周公所作。西漢時儒師對此書講習較少，自王莽居攝後方被尊爲諸經之一。宋明以後之今文學家多有以此書爲劉歆僞作者。經過近代以來百餘年的研究，學界主流觀點多不同意所謂劉歆僞作說，多認爲是戰國時人所編的一部官制彙編性質的典籍，至晚不晚於西漢初年。此外，據《隋書·經籍志》記載，《周禮》中《冬官》一篇本佚，係河間獻王拿《考工記》所補。據相關研究，《考工記》年代當早於其他各部分，約在戰國初年（參見彭林《〈周禮〉主體思想與成書年代研究》，中國人民大學出版社 2009 年版；聞人軍《〈考工記〉成書年代新考》，《文史》第 23 輯）。　尚書：先秦時稱《書》。漢初始稱《尚書》，指上古之書。尚，同“上”。記載上古及夏商事迹，體裁有典、謨、訓、誥、誓、命六種。武帝立五經博士，該書成爲儒家經典之一。據說《尚書》原本達百餘篇，因秦代焚書，導致了《尚書》流傳史上的今古文之爭。今文《尚書》爲故秦博士伏生在漢文帝時所傳，用漢隸書寫，故稱《今文尚書》，僅餘二十八篇。後來在漢代多有《古文尚書》被發現的記載，河間獻王所搜爲其中之一。至西晉永嘉之亂時，古文尚書佚失，豫章內史梅賾復獻之，傳於後世。然自宋儒開始懷疑，至清儒閻若璩作《尚書古文疏證》，已證明梅本《古文尚書》爲僞作。至於漢代流傳的《古文尚書》之真僞，尚存在爭議。具體到河間獻王所搜之《尚書》，部分學者根據《史記》卷五九《五宗世家》不載獻王搜書事而認爲是後人附會，然無確據。（參見劉起釪《尚書學史》，

中華書局 1989 年版）　禮：即《禮經》《士禮》，至晉代以後又被稱作《儀禮》（明代以後《禮》成爲《禮記》的代稱，與漢晉時不同）。該書內容主要是記録先秦貴族的各種禮儀規定，主要以士階層的禮爲主，故有“士禮”之稱。關於該書的起源，古文經學家推之於周公，此説已基本不被取信。今文經學家認爲是孔子所著，近現代學者雖不完全采信此説，然多亦認爲本書産生於春秋戰國之交，爲孔子及其後學陸續撰著。秦代焚書後，至漢初，有魯高堂生傳《禮》十七篇，後世所傳《儀禮》即本於此。有漢鄭玄注、唐賈公彦疏的《儀禮注疏》。（參見沈文倬《略論禮典的實行和〈儀禮〉書本的撰作》（上、下），《文史》第 15、16 輯；丁鼎《試論〈儀禮〉的作者與撰作時代》，《孔子研究》2002 年第 6 期）　禮記：戰國至漢初由孔子弟子及再傳弟子記載講習禮儀的著作，內容重在闡明禮的作用和意義。漢宣帝時戴德選定八十五篇，稱《大戴禮記》，其侄戴聖選定四十九篇，稱《小戴禮記》。成帝時，劉向校書編定位一百三十一篇，後世將該本稱作《禮記》，與《儀禮》《周禮》合稱“三禮”，至明代，甚至代替《儀禮》成爲五經中“禮”的代表。今本共存四十九篇，有漢鄭玄注、唐孔穎達《禮記正義》，清孫希旦《禮記集解》等。案，《漢書考證》齊召南指出，《禮經》即《儀禮》十七篇。《禮記》爲七十子後學所記，即《藝文志》所謂“《記》百三十一篇”。

[11]【今注】孟子：由戰國思想家孟子及其弟子公孫丑、萬章等人合編而成。《藝文志》著録《孟子》十一篇。其中《外書》四篇被東漢末年學者趙岐考證爲僞，今已佚。現存本爲《孟子》內篇，共七篇。內容主要以孟子的言行爲主，反映了孟子的思想觀點與主張，是研究孟子思想、先秦思想史乃至政治、經濟史的重要史料。漢文帝時，與《論語》同被列入“傳記博士”。南宋朱熹將其與《論語》《大學》《中庸》一起並列爲四書，後來成爲明、清科舉考試的主要內容，遂成爲士人必讀之書。　老子：道家思想代表作。傳統上認爲春秋晚期思想家老子所作，至清代以來，汪中、梁

啓超、錢穆、馮友蘭等認爲此書爲託名老子的戰國晚期的作品。然郭店楚簡《老子》的出土，證明此書至晚不晚於戰國中期，即非老子親著，亦當是春秋末、戰國初老子學派的門人所作。出土馬王堆帛書《老子》德篇在前、道篇在後，與《韓非子》引文順序相同，和通行本相反。其注釋以魏晉時期學者王弼注最爲通行。案，王先謙《漢書補注》指出，趙岐《孟子題辭》稱文帝置《論語》《孝經》《孟子》《爾雅》博士；河上公序《老子》稱其傳授文帝《老子》。與此處云《孟子》《老子》爲獻王所得不同。

［12］【顏注】師古曰：七十子，孔子弟子也。解具在《藝文志》。

［13］【顏注】師古曰：此六蓺，謂《六經》。

［14］【今注】案，《漢書考證》齊召南指出，按本書卷八八《儒林傳》，毛公治《詩》，貫公傳《左氏》，皆爲河間獻王博士。此二書皆爲當時不立於學官者。　博士：官名。秦置，漢因之，隸屬九卿之一奉常（太常）。漢武帝罷黜百家之前，博士治各家之學，其後乃專立儒學一家。掌議政、制禮、藏書、顧問及教授經學、考核人材、奉命出使等。初秩比四百石，後升比六百石。

［15］【顏注】師古曰：被服，言常居處其中也。造次，謂所向必行也（向，蔡琪本、大德本、殿本作“嚮”）。被，音皮義反。造，音千到反。

［16］【今注】山東：戰國、秦、漢時代，通稱華山或崤山以東爲山東，與“關東”含義相似。

武帝時，獻王來朝，獻雅樂，對三雍宮[1]及詔策所問三十餘事。其對推道術而言，得事之中，[2]文約指明。[3]

［1］【顏注】應劭曰：辟雍、明堂、靈臺也。雍，和也，言

天地君臣人民皆和也。【今注】對三雍宮：《漢書考證》齊召南指出，本書《藝文志》有獻王的《對上下三雍宮》三篇。

[2]【顏注】師古曰：中，音竹仲反。

[3]【顏注】師古曰：約，少也。指，謂義之所趨，若人以手指物也。他皆類此。

立二十六年薨。中尉常麗以聞，[1]曰：[2]“王身端行治，[3]溫仁恭儉，[4]篤敬愛下，明知深察，惠于鰥寡。”大行令奏：[5]“《諡法》曰‘聰明睿知曰獻’，[6]宜諡曰獻王。”[7]子共王不害嗣，[8]四年薨。子剛王堪嗣，[9]十二年薨。子頃王授嗣，[10]十七年薨。子孝王慶嗣，四十三年薨。子元嗣。

[1]【今注】中尉：此指王國中尉，爲王國頂級武官。典武職，備盜賊。

[2]【今注】曰：李慈銘《越縵堂讀史札記·漢書五》認爲，“曰”字上當有“制”字。

[3]【顏注】師古曰：端，直；治，理也。

[4]【今注】案，恭，蔡琪本作“恭”。

[5]【今注】大行令：秦稱典客，漢景帝改名大行令，武帝時改大鴻臚。掌少數民族事務，及諸侯王喪事，又掌引導百官朝會，兼管京師郡國邸舍及郡國上計吏之接待。成帝時省典屬國併入，又兼管少數民族朝貢使節、侍子。九卿之一，秩中二千石。

[6]【顏注】師古曰：睿，深也，通也。

[7]【今注】案，《史記》卷五九《五宗世家》裴駰《集解》引《漢名臣奏》，杜業奏疏云：“河間獻王經術通明，積德累行，天下雄俊衆儒皆歸之。孝武帝時，獻王朝，被服造次必於仁義。問以

五策，獻王輒對無窮。孝武帝艴然難之，謂獻王曰：'湯以七十里，文王百里，王其勉之。'王知其意，歸即縱酒聽樂，因以終。"何焯《義門讀書記》卷一七認爲，漢廷策謚之詞既已褒崇若此，杜業之語當爲無稽。王先謙《漢書補注》指出，根據本書《諸侯王表》，武帝元光五年（前 130），河間獻王來朝，時即王之二十六年也，歸後即薨。此應爲當時流傳之誤。徐復觀《兩漢思想史》（華東師範大學出版社 2001 年版，第 110 頁）認爲，何焯輕信了武帝的政治姿態，河間獻王當是因受武帝猜忌，抑鬱而終。成祖明《河間獻王與景武之世的儒學》（《史學集刊》2007 年第 4 期）則指出，河間獻王在景帝朝入朝三次，而在武帝繼位後長期不朝，至此方首次朝見，旋即去世。他認爲，河間獻王是爲了勸說武帝接受自己所持的先秦儒學傳統而冒險朝見，終受武帝猜忌而自殺。

[8]【今注】不害：王先謙《漢書補注》指出，《諸侯王表》作"不周"，然《史記·漢興以來諸侯王年表》《五宗世家》皆作"不害"，當以"不害"爲是。

[9]【今注】堪：王先謙《漢書補注》指出，《史記·五宗世家》作"基"。

[10]【顏注】師古曰：項，音傾。諸爲謚者，皆類此也。【今注】授：王先謙《漢書補注》指出，《諸侯王表》作"緩"，誤。

元取故廣陵厲王、厲王大子及中山懷王故姬廉等以爲姬。[1]甘露中，翼州刺史敞奏元事，[2]下廷尉，[3]逮召廉等。元迫脅凡七人，令自殺。有司奏請誅元，有詔削二縣，萬一千户。後元怒少史留貴，[4]留貴踰垣出，欲告元，元使人殺留貴母。有司奏元殘賊不改，不可君國子民。廢勿王，處漢中房陵。[5]居數年，坐與妻若共乘朱輪車，怒若，又笞擊，令自髡。[6]漢中太守請治，[7]病死。立十七年，國除。

[1]【今注】廣陵：諸侯王國名、郡名。由故江都國部分地區演變而來，治廣陵（今江蘇揚州市西北蜀岡上）。　屬王大子：蔡琪本、殿本、大德本均作“屬王太子”，“大”與“太”通假。

[2]【今注】冀州：蔡琪本、大德本、殿本作“冀州”。漢武帝所置十三刺史部之一，監察趙國、廣平、真定、中山國、河間、信都、魏郡、常山、鉅鹿、清河等郡國。　刺史：漢武帝時始置，分全國爲十三部州，州置刺史一人。奉詔巡行諸郡，以六條問事，省察治政，黜陟能否，斷理冤獄。無治所，秩六百石。　敞：錢大昭《漢書辨疑》指出，“敞”爲張敞。

[3]【今注】廷尉：戰國秦始置，秦、西漢沿置。主管詔獄。列位九卿，秩中二千石。

[4]【今注】少史：何焯《義門讀書記》卷一七認爲，“少史”即“少使”。本書卷九七《外戚傳》載有長使、少使、主供使者。

[5]【顏注】師古曰：房陵，漢中縣。【今注】漢中：郡名。秦時治南鄭（今陝西漢中市），漢時移治西城（今陝西安康市西北）。　房陵：縣名。屬漢中郡，治所在今湖北房縣。

[6]【今注】髡：刑罰名。把頭髮剃光。

[7]【今注】太守：職官名。漢地方郡的最高長官。原稱郡守。漢景帝中元二年（前148）更爲現名，秩二千石。

絕五歲，成帝建始元年，復立元弟上郡庫令良，[1]是爲河間惠王。良脩獻王之行，母太后薨，服喪如禮。哀帝下詔襃揚曰：“河間王良，喪太后三年，爲宗室儀表，其益封萬户。”二十七年薨。子尚嗣，王莽時絕。

[1]【顏注】如淳曰：《漢官》："北邊郡庫，官兵之所藏，故置令。"【今注】上郡：治膚施（今陝西榆林市東南）。

臨江哀王閼[1]以孝景前二年立，三年薨。無子，國除爲郡。

[1]【今注】閼：王先謙《漢書補注》指出，《史記》卷五九《五宗世家》作"閼于"。

臨江閔王榮以孝景前四年爲皇太子，[1]四歲廢爲臨江王。[2]三歲，[3]坐侵廟壖地爲宮，[4]上徵榮。榮行，祖於江陵北門，[5]既上車，軸折車廢。[6]江陵父老流涕竊言曰："吾王不反矣！"[7]榮至，詣中尉府對簿。中尉郅都簿責訊王，[8]王恐，自殺。[9]葬藍田，[10]燕數萬銜土置冢上。[11]百姓憐之。

[1]【今注】爲皇太子：以其母姓，劉榮又被稱爲栗太子。
[2]【今注】廢爲臨江王：劉榮母栗姬因妒景帝寵幸他妃，與景帝多有齟齬。兼之景帝姊長公主劉嫖欲嫁女予劉榮而爲栗姬所拒，乃屢毀栗姬，終致其被廢。劉榮乃被波及，失太子之位。丞相周亞夫亦因力爭不廢太子而爲景帝所疏。
[3]【今注】三歲：王先謙《漢書補注》指出，此及本書《諸侯王表》作"三歲"。本書卷五《景紀》榮死繫中二年三月，《史記》卷一一《孝景本紀》同，與"三歲"相合。《史記》卷五九《五宗世家》作"四年"，《諸侯王表》繫中三年，當誤。
[4]【顏注】師古曰：壖，音人緣反。解在《食貨志》及《鼂錯傳》。【今注】壖：指宮廟外的空地。案，王先謙《漢書補注》

指出，本書《景紀》作"侵太宗廟地"，當爲臨江國所立之廟。

〔5〕【顔注】師古曰：祖者，送行之祭，因饗飲也。昔黄帝之子纍祖好遠遊而死於道，故後人以爲行神也。【今注】江陵：縣名。治所在今湖北江陵縣。

〔6〕【顔注】師古曰：廢，壞也。

〔7〕【今注】案，王先謙《漢書補注》指出，《史記正義》引《荆州圖副》，稱自此以後，江陵北門存而不啓，以紀念劉榮。

〔8〕【顔注】師古曰：簿，皆音薄戶反。訊，問也，音信。【今注】郅都：漢景帝朝酷吏。傳見本書卷九〇。

〔9〕【今注】自殺：王先謙《漢書補注》指出，《史記·孝景本紀》記此事爲"即死中尉府中"，《荆州圖副》記爲"懼而縊死"。今案，劉榮自殺事詳見本書卷九〇《酷吏傳》。郅都因此事爲竇太后所惡，免官。

〔10〕【今注】藍田：縣名。屬京兆尹，治所在今陝西藍田縣西灞河西岸。

〔11〕【今注】案，銜，蔡琪本、大德本作"衘"。冢，蔡琪本、大德本、殿本作"冢"。

榮最長，亡子，國除。^{〔1〕}地入于漢，爲南郡。^{〔2〕}

〔1〕【顔注】師古曰：榮實最長，而傳居二王之後者，以其從大子被廢（大，蔡琪本、殿本作"太"），後乃立爲王也。

〔2〕【今注】南郡：治江陵（今湖北江陵縣）。

魯恭王餘以孝景前二年，^{〔1〕}立爲淮陽王。^{〔2〕}吴楚反破後，以孝景前三年徙王魯。^{〔3〕}好治宮室苑囿狗馬，^{〔4〕}季年好音，^{〔5〕}不喜辭。^{〔6〕}爲人口吃難言。^{〔7〕}

　　[1]【今注】恭王：王先謙《漢書補注》指出，前云“魯共王餘”，《漢興以來諸侯王年表》及史記《諸侯王表》《五宗世家》皆作“共”。然則此及下文“恭”皆當爲傳寫之誤，當作“共”。

　　[2]【今注】淮陽：諸侯王國名。治陳縣（今河南淮陽縣）。

　　[3]【今注】徙王魯：王先謙《漢書補注》據《史記·漢興以來諸侯王年表》指出，時間在六月。

　　[4]【今注】案，沈欽韓《漢書疏證》據《西京雜記》指出，魯恭王好養各種鳥類，俸穀一年費二千石。

　　[5]【顏注】師古曰：季年，末年也。

　　[6]【顏注】師古曰：喜，音許吏反（殿本無“音”字）。【今注】不喜辭：王先謙《漢書補注》指出，《史記》卷五九《五宗世家》此處爲“不喜辭辯”，文意較明。

　　[7]【顏注】師古曰：吃，音訖。

　　二十八年薨。[1]子安王光嗣，初好音樂輿馬，晚節遴，[2]唯恐不足於財。四十年薨。子孝王慶忌嗣，三十七年薨。子頃王勁嗣，二十八年薨。子文王晙嗣，十八年薨，亡子，國除。哀帝建平三年，復立頃王子晙弟郚鄉侯閔爲王。[3]王莽時絶。[4]

　　[1]【今注】二十八年：王先謙《漢書補注》指出，《諸侯王表》與此相同；史記《漢興以來諸侯王年表》《五宗世家》並作二十六年。他認爲，安王既是元朔元年（前128）嗣，則共王當爲二十六年。當以《史記》爲是。

　　[2]【顏注】師古曰：晚節，猶言末時也。“遴”與“吝”同，猶言貪嗇也。

　　[3]【顏注】蘇林曰：郚，音魚，縣名也，屬東海郡。師古曰：又音“吾”。

［4］【今注】案，王先謙《漢書補注》據《諸侯王表》記其後事，稱王莽篡位後，貶其爲公。次年，因獻神書之功封列侯，賜姓"王"。

恭王初好治宮室，［1］壞孔子舊宅以廣其宮，聞鐘磬琴瑟之聲，遂不復敢壞，［2］於其壁中得古文經傳。［3］

［1］【今注】案，《文選》王延壽《魯靈光殿賦》序稱魯靈光殿爲魯恭王因春秋魯僖公宮室之基礎而營建。參見王先謙《漢書補注》。

［2］【今注】案，復敢，蔡琪本、大德本、殿本作"敢復"。

［3］【今注】得古文經傳：王先謙《漢書補注》據本書《藝文志》指出，壁中得《古文尚書》《禮記》《論語》《孝經》凡數十篇，皆爲古字。

江都易王非以孝景前二年立爲汝南王。［1］吳楚反時，非年十五，有材氣，［2］上書自請擊吳。景帝賜非將軍印，擊吳。

［1］【今注】汝南：諸侯王國名。治上蔡（今河南上蔡縣西南）。

［2］【今注】案，材氣，《史記》卷五九《五宗世家》作"材力"。

吳已破，徙王江都，［1］治故吳國，［2］以軍功賜天子旗。元光中，［3］匈奴大入漢邊，非上書願擊匈奴，上不許。非好氣力，［4］治宮館，招四方豪桀，［5］驕奢甚。［6］

二十七年薨，[7]子建嗣。

[1]【今注】徙王江都：《史記》卷五九《五宗世家》作"二歲，徙爲江都王"，然則其爲王當在孝景四年（前153）。王先謙《漢書補注》據《史記·漢興以來諸侯王年表》指出，孝景四年劉非徙江都，與《五宗世家》相合。

[2]【顏注】師古曰：治，謂都之。劉濞所居也。

[3]【今注】元光中：《史記·五宗世家》作"元光五年"。王先謙《漢書補注》指出，匈奴入邊在元光二年（前133）、六年。

[4]【今注】非好氣力：沈欽韓《漢書疏證》指出，《西京雜記》有關於江都王"勁捷"的記載。

[5]【今注】案，豪桀，殿本作"豪傑"。

[6]【今注】案，王先謙《漢書補注》指出，劉非事亦見於本書卷五六《董仲舒傳》。

[7]【今注】二十七年：王先謙《漢書補注》指出，《諸侯王表》作"二十八年"，《史記》之《漢興以來諸侯王年表》《五宗世家》並作"二十六年"。他認爲，王建元朔二年（前127）嗣，則易王在位正二十六年，以《史記》爲是。

　　建爲太子時，邯鄲人梁蚡持女欲獻之易王，[1]建聞其美，私呼之，因留不出。蚡宣言曰："子迺與其公爭妻！"建使人殺蚡。蚡家上書，下廷尉考，[2]會赦，不治。易王薨未葬，建居服舍，[3]召易王所愛美人淖姬等凡十人與姦。[4]建女弟徵臣爲蓋侯子婦，[5]以易王喪來歸，建復與姦。[6]建異母弟定國爲淮陽侯，[7]易王最小子也，其母幸立之，[8]具知建事，行錢使男子荼恬上書[9]告建淫亂，不當爲後。事下廷尉，廷尉治恬受人錢財爲上書，論棄市。[10]建罪不治。後數使使至長安迎徵臣，魯恭王太后聞之，[11]遺徵臣書曰："國中口語籍籍，慎無復至江都。"[12]後建使謁者吉請問共大后，[13]大后泣謂吉："歸以吾言謂而王，[14]王前事漫漫，[15]今當自謹，獨不聞燕齊事乎?[16]言吾爲而王泣也。"吉歸，致共大后語，建大怒，擊吉，斥之。[17]

[1]【今注】邯鄲：縣名。治所在今河北邯鄲市西南。

[2]【今注】下廷尉考：王先謙《漢書補注》指出，"考"爲"按問"之意。

[3]【顏注】師古曰：倚廬堊室之次也。

[4]【顏注】鄭氏曰：淖，音"卓王孫"之"卓"。蘇林曰：淖，音"泥淖"。師古曰：蘇説是。音女教反。

[5]【顏注】師古曰：女弟，即妹也。【今注】蓋侯：王先謙《漢書補注》指出，據《表》，當時蓋侯爲王充。

[6]【今注】案，王先謙《漢書補注》指出，《史記》卷五九《五宗世家》此處有云"建又盡與其姊弟姦"。

[7]【今注】淮陽侯：王念孫《讀書雜志·漢書第十》指出，淮陽爲王國，非侯國。《王子侯表》有淮陵侯定國，可見"陽"當爲"陵"。漢淮陵故城在今江蘇盱眙縣西北，與江都相近。

[8]【顏注】師古曰：冀得立其子爲易王嗣。

[9]【顏注】蘇林曰：荼，音食邪反。

[10]【今注】棄市：刑罰名。在鬧市執行死刑，尸暴街頭，言與衆人共棄之。

[11]【顏注】師古曰：易王即魯恭王同母之弟，徵臣則大后之孫也（大，大德本、殿本作"太"），故與書戒之。

[12]【顏注】師古曰：籍籍，諠聒之意。

[13]【顏注】師古曰：謂請問起居也。【今注】謁者吉：謁者，職官名。春秋戰國已有，秦、漢承之。西漢時掌賓贊受事，郎中令（光禄勳）屬官，員七十人，秩比六百石。諸侯王國官制仿漢廷，王先謙《漢書補注》指出，根據《百官公卿表》，諸侯王國官有謁者；吉爲謁者之名。案，大后，蔡琪本、殿本、大德本均作"太后"。下同不注。

[14]【顏注】師古曰：謂，告也。而，汝也。

[15]【今注】漫漫：王先謙《漢書補注》指出，根據《後漢書》卷四九《仲長統傳》注，"漫漫"當爲"縱逸"之意。

[16]【顏注】張晏曰：燕王定國、齊王次昌皆與子昆弟姦，發覺自殺也。

[17]【顏注】師古曰：斥，謂退棄之。

　　建游章臺宮，令四女子乘小舫，[1]建以足蹈覆其舫，[2]四人皆溺，二人死。後游雷波，[3]天大風，建使郎二人乘小舫入波中。舫覆，兩郎溺，攀舫，乍見乍没。建臨觀大笑，令皆死。[4]

[1]【今注】案，舫，蔡琪本作"船"。下同不注。

[2]【顏注】師古曰：覆，音芳目反。其下亦同。

[3]【顏注】師古曰："波"讀爲"陂"。雷陂，陂名。其下云"入波中"，亦同。

[4]【顏注】師古曰：不救上之（上，蔡琪本、大德本作"止"），並死波中也（波，蔡琪本、大德本、殿本作"陂"）。

　　宮人姬八子有過者，輒令贏立擊鼓，[1]或置樹上，久者三十日乃得衣；或髡鉗以鈆杵舂，[2]不中程，輒掠;^[3]或縱狼令齧殺之，^[4]建觀而大笑；或閉不食，令餓死。凡殺不辜三十五人。建欲令人與禽獸交而生子，彊令宮人臝而四據，與羝羊及狗交。^[5]

[1]【顏注】師古曰：八子，姬妾官名也。臝者，露其形也，音來果反。【今注】八子：沈欽韓《漢書疏證》指出，八子爲秦代後宮姬妾品級，漢承之。《史記》載有秦昭王母羋八子，孝文王母唐八子。

[2]【顏注】師古曰：鈆者，錫之類也，音弋全反。

[3]【顏注】師古曰：程者，作之課也。掠，答擊也。

[4]【顏注】師古曰：縱，放也。

[5]【顏注】師古曰：羝羊，牡羊，音丁奚反。

專爲淫虐，自知罪多，國中多欲告言者，建恐誅，心內不安，與其后成光共使越婢下神，^[1]祝詛上。與郎中令等語怨望：^[2]"漢廷使者即復來覆我，我決不獨死！"^[3]

[1]【今注】越婢：王先謙《漢書補注》指出，越婢是擔任宮婢之越女，解巫禳之術。

[2]【今注】郎中令：王先謙《漢書補注》指出，根據《百官公卿表》，諸侯王國官中有郎中令。

[3]【顏注】師古曰：覆，治也。不獨死，言欲反也。覆，音芳目反。【今注】案，自"建爲太子時"至此，關於劉建的諸項罪狀，《史記》無載，爲《漢書》所增。

建亦頗聞淮南、衡山陰謀，^[1]恐一日發，爲所并，遂作兵器。號王后父胡應爲將軍。中大夫疾有材力，善騎射，[2]號曰靈武君。作治黃屋蓋；刻皇帝璽，鑄將軍、都尉金銀印；[3]作漢使節二十，綬千餘；具置軍官品員，及拜爵封侯之賞；具天下之輿地及軍陳圖。遣人通越繇王閩侯，[4]遺以錦帛奇珍，繇王閩侯亦遺建荃、葛、[5]珠璣、[6]犀甲、翠羽、蝯熊奇獸，數通使往來，約有急相助。[7]及淮南事發，治黨與，頗連及建，建使人多推金錢絕其獄。[8]

[1]【今注】衡山：指衡山王劉賜。傳見本書卷四四。　陰謀：據《史記》卷一一八《淮南衡山列傳》及本書卷四四《淮南衡山濟北王傳》記載，淮南王劉安圖謀造反，其弟衡山王劉賜亦陰謀反叛，被發現後皆自殺。不過，所謂淮南王反事皆出自伍被一人之供詞，且所敘皆爲反叛意圖，並無實據。因而有觀點認爲淮南王案爲冤獄（參見汪春泓《關於〈史記·五宗世家〉之“河間獻王”事迹疏證》，《北京大學學報》2010年第5期）。

[2]【顏注】師古曰：疾者，中大夫之名。【今注】中大夫：此爲王國職官名。掌議論。

[3]【今注】都尉：職官名。原稱郡尉，漢景帝中元二年（前148）更爲此名，佐郡太守典武職甲卒，掌治安，防盜賊，一郡之最高武官。秩比二千石。

[4]【今注】越繇王：王先謙《漢書補注》指出，根據《兩粵傳》，越繇王爲閩粵王無諸孫，即繇君丑。

[5]【顏注】蘇林曰：荃，音詮，細布屬也。服虔曰：音蓀，細葛也。臣瓚曰：荃，香草也。師古曰：服、瓚二説皆非也。許慎云“荃，細布也”。字林本作“絟”（蔡琪本、大德本、殿本無“林”字），音千全反，又音千劣反，蓋今南方筩布之屬皆爲荃

也。葛，即今之葛布也。以荃及葛遺建也。

[6]【顏注】師古曰：璣，謂珠之不圓者也，音機，又音畿。

[7]【顏注】師古曰：約，謂言契也。

[8]【顏注】師古曰：行賄賂以滅其蹤緒也（賄賂，殿本作"賂賂"）。

後復謂近臣曰："我爲王，詔獄歲至，生又無驩怡日，壯士不坐死，欲爲人所不能爲耳。"[1]建時佩其父所賜將軍印，載天子旗出。積數歲，事發覺，漢遣丞相長史與江都相雜案，[2]索得兵器璽綬節反具，[3]有司請捕誅建。制曰："與列侯吏二千石博士議。"[4]議皆曰："建失臣子道，積久，輒蒙不忍，遂謀反逆。所行無道，雖桀紂惡不至於此。[5]天誅所不赦，當以謀反法誅。"有詔宗正、廷尉即問建。[6]建自殺，后成光等皆棄市。[7]六年國除，[8]地入于漢，爲廣陵郡。[9]

[1]【顏注】師古曰：亦言欲反也。

[2]【今注】長史：官名。漢三公、將軍府皆設，爲幕府諸掾史之長，秩千石。

[3]【顏注】師古曰：索，搜也。

[4]【今注】吏二千石：王先謙《漢書補注》指出，其所指爲郡守。案，二千石，因漢代所得俸祿以米穀爲準，故官秩等級以重量單位"石"名。漢朝二千石爲中央政府機構的列卿，及地方州牧郡守、諸侯王國相等。又可細分爲中二千石、二千石、比二千石三等。據本書《百官公卿表》顏師古注，中二千石者月各百八十斛，二千石者百二十斛，比二千石者百斛。根據張家山漢簡《秩律》與《新書》《史記》等傳世文獻，閻步克先生又指出漢初祇有二千石，

並無中二千石等細分等級，最早的中二千石的記載出現在文帝死後景帝發布的詔書中。楊振紅先生則進一步認爲中二千石的官位是文帝時在賈誼的建議下設立的，是爲了區別漢廷官員與諸侯官員之地位。而早期中二千石官員亦不止《百官公卿表》所載諸官，如内史、主爵都尉均曾列於中二千石。（參見閻步克《〈二年律令·秩律〉的中二千石秩級闕如問題》，《河北學刊》2003 年第 5 期；楊振紅《出土簡牘與秦漢社會（續編）》，廣西師範大學出版社 2015年版，第 51—57 頁）

[5]【今注】桀：夏朝末代君主，名履癸。夏亡後被流放於南巢。事詳《史記》卷二《夏本紀》。 紂：商代末代君主，名受，又作辛。商亡後自焚而死。事詳《史記》卷三《殷本紀》。

[6]【顏注】師古曰：即，就也，就其國問之（之，蔡琪本作“也”）。【今注】宗正：秦置，一說西周至戰國皆置，秦、漢沿置，管理皇族外戚事務。例由宗室擔任。列卿之一，秩中二千石。王先謙《漢書補注》指出，據《百官公卿表》，宗正爲劉受，廷尉爲張湯。

[7]【今注】案，由“號王后父胡應爲將軍”至此，内容多爲《漢書》所增。《史記》僅略云：“而時佩其父所賜將軍印，載天子旗以出。易王死未葬，建有所說易王寵美人淖姬，夜使人迎與姦服舍中。及淮南事發，治黨與頗及江都王建。建恐，因使人多持金錢，事絶其獄。而又信巫祝，使人禱祠妄言。建又盡與其姊弟姦。事既聞，漢公卿請捕治建。天子不忍，使大臣即訊王。王服所犯，遂自殺。”

[8]【今注】六年：《漢書考正》劉敞認爲，此處當作“建立六年”。又，《史記》卷五九《五宗世家》作“七年自殺”。

[9]【今注】案，江都王建獲罪自殺後，其女細君在武帝元封年間（前 110—前 105）作爲公主遠嫁烏孫和親。

絕百二十一年，平帝時新都侯王莽秉政，[1]興滅繼絕，立建弟盱眙侯子宮爲廣陵王，[2]奉易王後。莽篡，國絕。

[1]【今注】新都：侯國名。屬南陽郡，治所在今河南新野縣東南王莊鎮九女城村。

[2]【顏注】師古曰：盱，音許于反。眙，音怡。【今注】盱眙侯子宮爲廣陵王：盱眙，又作“盱台”，侯國名。治所在今江蘇盱眙縣東北盱眙山側。廣陵，諸侯王國名、郡名。由故江都國部分地區演變而來，治廣陵（今江蘇揚市州西北蜀岡上）。錢大昕《廿二史考異·漢書一》指出，《平帝紀》作“盱台侯”，此與《諸侯王表》則作“盱眙侯子”，當以後者爲準。又《諸侯王表》作“廣世王”，《平帝紀》作“廣川王”，皆與此處不同。錢氏認爲此時廣陵已封廣陵王胥之後人，而廣川此時已改爲信都，封楚孝王孫景，此處當爲“廣世”。沈欽韓《漢書疏證》認爲，“廣世國”並無記載，當是因“世”與“川”兩字相而致誤。當爲“廣川”。紹封之王所封祇有數千户，從信都國割出亦屬正常。王先謙《漢書補注》同意沈說，並指出荀悦《漢紀》《資治通鑑》皆作“廣川”，且並無“子”字。根據《王子侯表》，盱眙侯名蒙之，“宮”爲其子。易王非子建，武帝元狩二年（前121）反叛被殺，今立宮奉易王之後。倉修良主編《漢書辭典》指出，《水經注·陰溝水》有云：“水又東徑廣鄉城北。圈稱曰：襄邑有蛇丘亭，故廣鄉矣，改曰廣世。”辭條作者認爲，此當即廣世國，其地在今河南睢縣境。今案，沈欽韓以《地理志》不載廣世國爲據駁錢大昕，其説不立。與宮同封之廣宗、廣德二國亦無記載。此次分封，當是以“繼絕世”爲名。廣宗、廣德皆爲美稱，有祝願劉氏宗親繁衍，體現皇家恩德之意。然則宮之封國名當亦相類，應爲“廣世”。其地或可從《漢書辭典》之説。

膠西于王端，孝景前三年立。爲人賊盭又陰痿，[1]一近婦人，病數月。有所愛幸少年，以爲郎。郎與後宮亂，端禽滅之，及殺其子母。數犯法，[2]漢公卿數請誅端，天子弗忍，而端所爲滋甚。[3]有司比再請，削其國，去太半。[4]端心愠，遂爲無訾省。[5]府庫壞漏，盡腐財物，以鉅萬計，[6]終不得收徙。[7]令吏毋得收租賦。端皆去衞，[8]封其宮門，從一門出入。數變名姓，爲布衣，之它國。[9]

[1]【顏注】師古曰：盭，古“戾”字也（盭，蔡琪本作“盩”），言其性則害而很戾也（則害而很，蔡琪本、大德本作“賊害而很”，殿本作“賊害而狼”）。痿，音萎。【今注】案，賊盭，蔡琪本作“賊盭”。

[2]【顏注】師古曰：數，音所角反。次下亦同。

[3]【顏注】師古曰：滋，益也。

[4]【顏注】張晏曰：三分之二爲太半，一爲少半。師古曰：比，類也（類，蔡琪本、大德本、殿本作“頻”）。

[5]【顏注】蘇林曰：爲無所省錄也。師古曰：訾，訾財也。省，視也。言不視訾財也。

[6]【今注】鉅萬：《史記》卷五八《梁孝王世家》作“巨萬”。其義歧説較多。本書卷四七《文三王傳》顏師古釋爲“百萬”，但在《食貨志》又釋爲“萬萬”。《史記·平準書》《集解》引韋昭説，亦釋爲“萬萬”。沈長雲先生經過考證，認爲“巨萬”當指“千萬”（參見沈長雲《漢代史籍中的“億萬”“巨萬”究竟指多少》，《文史》1999年第3輯）。

[7]【顏注】師古曰：不收又不徙置他處。

[8]【今注】去衞：《史記·五宗世家》《索隱》稱此句意爲不

置宿衞。

　　[9]【顏注】師古曰：之，往也。

　　相二千石至者，奉漢法以治，端輒求其罪告之，亡罪者詐藥殺之。所以設詐究變，[1]彊足以距諫，知足以飾非。[2]相二千石從王治，則漢繩以法。故膠西小國，而所殺傷二千石甚衆。[3]

　　[1]【顏注】師古曰：究，極也。
　　[2]【今注】案，此句承自《史記》卷五九《五宗世家》。又《史記》卷三《殷本紀》稱紂王"知足以距諫，言足以飾非"，與此略近。王先謙《漢書補注》指出，"距"爲"拒"的借字。
　　[3]【今注】所殺傷二千石甚衆：王先謙《漢書補注》指出，劉端事又見本書卷五六《董仲舒傳》。

　　立四十七年薨，無子，國除。地入于漢，爲膠西郡。
　　趙敬肅王彭祖以孝景前二年立爲廣川王。趙王遂反破後，徙王趙。[1]彭祖爲人巧佞，卑諂足共，[2]而心刻深，好法律，持詭辯以中人。[3]多内寵姬及子孫。相二千石欲奉漢法以治，則害於王家。是以每相二千石至，彭祖衣帛布單衣，[4]自行迎除舍，[5]多設疑事以詐動之，得二千石失言，中忌諱，輒書之。二千石欲治者，則以此迫劫；不聽，迺上書告之，及汙以姦利事。彭祖立六十餘年，[6]相二千石無能滿二歲，[7]輒以罪去，大者死，小者刑。以故二千石莫敢治，而趙王擅權。使使即縣爲賈人榷會，[8]入多於國租税。以是趙王家多金錢，然所賜姬諸子，亦盡之矣。

[1]【今注】案，徙王趙，《史記》卷五九《五宗世家》作"彭祖王廣川。四年，徙爲趙王"。

[2]【顏注】師古曰："共"讀曰"恭"。足恭，謂便辟也。【今注】足共：《史記·五宗世家》作"足恭"。指過分謙敬，以諂媚於人。出自《論語·公冶長》："巧言、令色、足恭，左丘明恥之，丘亦恥之。"

[3]【顏注】師古曰：詭辯，違道之辯也。中，傷也，音竹仲反。

[4]【顏注】師古曰：或帛或布以爲單衣。

[5]【顏注】師古曰：至除舍迎之也。除舍，謂初所至之舍。【今注】自行迎除舍：《漢書考正》宋祁認爲，此處當作"迎至除舍"。王先謙《漢書補注》指出，《史記·五宗世家》作"自行迎，除二千石舍"，可見"除舍"非連文。意爲自行迎之，又爲埽除其舍。

[6]【今注】六十餘年：王先謙《漢書補注》指出，《史記·五宗世家》作"五十餘年"，是因爲《史記》終於太初四年（前101），彭祖時立五十五年。《漢書》則總其立至薨年計之，故言"六十餘年"。

[7]【今注】案，滿，蔡琪本作"蒲"。

[8]【顏注】韋昭曰：平會兩家買賣之賈者。榷者（榷，大德本、殿本作"權"，本注下同），禁他家，獨王家得爲之也。師古曰：即，就也。就諸縣而專榷賈人之會，若今和市矣。榷，音角。會，音工外反（蔡琪本無"音"字）。【今注】案，榷，大德本、殿本作"權"。

　　彭祖不好治宮室禨祥,[1]好爲吏。上書願督國中盜賊。[2]常夜從走卒行徼邯鄲中。[3]諸使過客，以彭祖險陂，莫敢留邯鄲。[4]

　　[1]【顏注】服虔曰：求福也。師古曰：禨，鬼俗也，字或作"䰝"。《淮南子》曰"荊人鬼，越人䰝"。禨祥，總謂鬼神之事也。服說失之。禨，音居衣反。

　　[2]【顏注】師古曰：督，視察也。

　　[3]【顏注】師古曰：徼，謂巡察也，音工釣反。

　　[4]【顏注】師古曰：使，謂京師使人也。過客，行客從趙過者也。陂，謂傾側也，音皮義反（皮，蔡琪本、殿本作"彼"）。

　　久之，大子丹與其女及同産姊姦。[1]江充告丹淫亂,[2]又使人椎埋攻剽，爲姦甚衆。[3]武帝遣使者發吏卒捕丹，下魏郡詔獄,[4]治罪至死。彭祖上書冤訟丹，願從國中勇敢擊匈奴,[5]贖丹罪，上不許。久之，竟赦出。後彭祖入朝，因帝姊平陽、隆慮公主,[6]求復立丹爲太子，上不許。[7]

　　[1]【今注】案，大子，蔡琪本、殿本均作"太子"。與其女，殿本作"與其女弟"。王先謙《漢書補注》指出，《史記》卷五九《五宗世家》亦無"弟"字。此事詳見本書卷四五《江充傳》。

　　[2]【今注】江充：漢武帝末年酷吏。傳見本書卷四五。

　　[3]【顏注】師古曰：椎殺人而埋之，故曰椎埋。剽，劫也。椎，音直佳反，其字從木。剽，音頻妙反，其字從刀。【今注】椎埋：顧炎武《日知錄》卷二七指出，新葬者謂之埋，椎埋爲掘冢之

意，顏師古注有誤。沈欽韓《漢書疏證》指出，《南史》卷四一《蕭穎達傳》有云"梁州有古墓名曰'尖冢'，或云張騫墳，欲有發者，輒聞鼓角與外相拒，椎埋者懼而退"，可見椎埋確爲發冢之意。

[4]【今注】魏郡：治鄴縣（今河北臨漳縣西南鄴鎮）。

[5]【顏注】師古曰：以勇敢自隨。【今注】從：王先謙《漢書補注》指出，"從"之音爲"縱"。

[6]【顏注】師古曰：慮，音盧。【今注】平陽：侯國名。治所在今山西臨汾市西南金殿。此指平陽公主。爲景帝王皇后之女，武帝同母長姊。初封陽信公主，嫁曹參曾孫平陽侯曹壽爲妻，故又稱平陽公主、平陽主。後曹壽有惡疾就國，復嫁大將軍衛青。　隆慮公主：漢景帝王皇后（武帝母）小女。此稱隆慮爲武帝姊，而本書卷六五《東方朔傳》則稱其爲武帝妹。

[7]【今注】案，由"江充告丹淫亂"至此，《史記》卷五九《五宗世家》僅略云："與其客江充有郤。充告丹，丹以故廢。趙更立太子。"

　　彭祖取江都易王寵姬，王建所姦淖姬者，甚愛之，[1]生一男，號淖子。彭祖以征和元年薨，[2]諡敬肅王。彭祖薨時，淖姬兄爲漢宦者，上召問："淖子何如？"對曰："爲人多欲。"上曰："多欲不宜君國子民。"問武始侯昌，曰："無咎無譽。"上曰："如是可矣。"遣使者立昌，是爲頃王，十九年薨。子懷王尊嗣，五年薨。無子，絕二歲。宣帝立尊弟高，是爲哀王，數月薨。子共王充嗣，五十六年薨。子隱嗣，王莽時絕。

[1]【今注】案，此後彭祖一脈事，爲《漢書》所增。

[2]【今注】征和：漢武帝年號（前92—前89）。王先謙《漢書補注》指出，據《諸侯王表》，彭祖立六十三年薨，征和元年頃王昌嗣。則彭祖當在太始四年（前93）去世。此文有誤。

初，武帝復以親親故，[1]立敬肅王小子偃爲平干王，[2]是爲頃王，十一年薨。子繆王元嗣，二十五年薨。大鴻臚禹奏：[3]“元前以刃賊殺奴婢，子男殺謁者，爲刺史所舉奏，罪名明白。病先令，令能爲樂奴婢從死，[4]迫脅自殺者凡十六人，暴虐不道。故《春秋》之義，誅君之子不宜立。[5]元雖未伏誅，不宜立嗣。”奏可，國除。

[1]【今注】親親：親近血緣親近的人。這一原則是中國古代宗法制的基礎。《禮記·大傳》有云：“親親也，尊尊也，長長也，男女有別，此其不可得與民變革者也。”

[2]【顏注】孟康曰：今廣平。【今注】案，王先謙《漢書補注》據《諸侯王表》指出，頃王征和二年（前91）立。 平干：漢武帝封劉偃爲平干王，食故廣平郡數縣。平干，蔡琪本、殿本作“平于”。

[3]【今注】大鴻臚：秦稱典客，漢景帝改名大行令，武帝始改大鴻臚。掌少數民族事務，及諸侯王喪事，又掌引導百官朝會，兼管京師郡國邸舍及郡國上計吏之接待。成帝時省典屬國併入，又兼管少數民族朝貢使節、侍子。九卿之一，秩中二千石。 禹：錢大昕《廿二史考異·漢書三》指出，“大鴻臚禹”姓王。

[4]【顏注】師古曰：先令者，預爲遺令也。能爲樂，作樂之人也。從死，以殉葬也。

[5]【今注】誅君之子不宜立：沈欽韓《漢書疏證》指出，此句出自《公羊傳》昭公十一年楚滅蔡之傳文。

中山靖王勝以孝景前三年立。武帝初即位，大臣懲吳楚七國行事，[1]議者多冤鼂錯之策，[2]皆以諸侯連城數十，泰强，[3]欲稍侵削，數奏暴其過惡。[4]諸侯王自以骨肉至親，先帝所以廣封連城，犬牙相錯者，爲盤石宗也。[5]今或無罪，爲臣下所侵辱，有司吹毛求疵，[6]笞服其臣，使證其君，多自以侵冤。

[1]【今注】行事：王先謙《漢書補注》認爲，"行事"爲"故事"（典故）之意。

[2]【顏注】師古曰：言錯策爲是，枉見殺也。

[3]【今注】案，强，殿本作"彊"。

[4]【顏注】師古曰：暴，謂披布之。

[5]【顏注】師古曰：錯，雜也，言其地相交雜。

[6]【顏注】師古曰：疵，病也，音才斯反。

建元三年，代王登、長沙王發、中山王勝、濟川王明來朝，[1]天子置酒，勝聞樂聲而泣。問其故，勝對曰：[2]

[1]【今注】濟川王：王先謙《漢書補注》指出，濟川王以是年廢。根據爲《史記·漢興以來諸侯王年表》書代、長沙、中山是年來朝，獨不書濟川。

[2]【今注】勝對曰：沈欽韓《漢書疏證》指出，有觀點認爲此對或爲文士寓言，非真實辭令。不過《西京雜記》亦記載中山王

為賦之事，則其在文辭上當有所長。案，《西京雜記》載中山王為魯恭王為賦事云：

魯恭王得文木一枚，伐以為器，意甚玩之。中山王為賦曰："麗木離披，生彼高崖。拂天河而布葉，橫日路而擢枝。幼雛羸鷇，單雄寡雌，紛紜翔集，嘈嗷鳴啼。載重雪而梢勁風，將等歲於二儀。巧匠不識，王子見知。乃命班爾，載斧伐斯，隱若天崩，豁如地裂。華葉分披，條枝摧折。既剥既刊，見其文章。或如龍盤虎踞，復似鸞集鳳翔。青綢紫綬，環璧珪璋。重山累嶂，連波叠浪。奔電屯雲，薄霧濃氛。譬宗驥旅，鷄族雉群。蜀綉鴦錦，蓮藻芰文。色比金而有裕，質參玉而無分。裁為用器，曲直舒卷。修竹映池，高松植巘。制為樂器，婉轉蟠紆，鳳將九子，龍導五駒。制為屏風，鬱嵂穹隆。制為杖几，極麗窮美。制為枕案，文章璀璨，彪炳煥汗。制為盤盂，采玩蜘蹰。猗歟君子，其樂只且！"恭王大悦，顧盼而笑，賜駿馬二匹。

臣聞悲者不可為累欷，[1] 思者不可為歎息。[2] 故高漸離擊筑易水之上，荆軻為之低而不食；[3] 雍門子壹微吟，孟嘗君為之於邑。[4] 今臣心結日久，每聞幼眇之聲，不知涕泣之横集也。[5]

[1]【顏注】師古曰：累，古"累"字。累，重也。欷，歔欷也，音許既反。

[2]【顏注】師古曰：言聞欷歎之聲，則悲思益甚。

[3]【顏注】應劭曰：燕太子丹遣荆軻刺秦王，賓客祖於易水之上，漸離擊筑，士皆垂泣，荆卿不能復食也。師古曰：低，謂俛首。【今注】高漸離：荆軻好友，善擊筑。燕國滅亡後曾刺殺秦始皇未果。事見《史記》卷八六《刺客列傳》。 荆軻：戰國衛人，受命於燕太子丹刺殺秦始皇，未果。事見《史記·刺客列傳》。

[4]【顏注】張晏曰：齊之賢者，居雍門，因以爲號。蘇林曰：六國時人，名周，善鼓琴，母死無以葬，見孟嘗君而微吟也。如淳曰：雍門子以善鼓琴見孟嘗君，先說萬歲之後，高臺既已顛，曲池又已平，墳墓生荊棘，牧豎游其上，孟嘗君亦如是乎？孟嘗君喟然歎息也。師古曰：如說是也，蘇失之矣。於邑，短氣貌。於，音"烏"。邑，音一合反，或讀如本字。【今注】雍門子：沈欽韓《漢書疏證》指出，如淳說見《說苑·善說》。《戰國策·齊策》亦記一雍門子，勸齊王建不要入秦。 孟嘗君：田文。齊國王族，受封於薛。以大規模養士聞名天下，位居戰國四公子之首。孟嘗君在當時縱橫捭闔，對戰國政局影響極大。其任齊相期間，曾聯合韓、魏在垂沙之戰中擊敗楚國，後復與韓、魏攻破函谷關，逼秦割地。後因與齊湣王交惡，又促成五國伐齊，幾滅齊國。參見《史記》卷七五《孟嘗君列傳》，楊寬《戰國史》第八章（上海人民出版社 2003 年版）。

[5]【顏注】師古曰：幼，音一笑反。眇，音"妙"。幼眇，精微也。

　　夫衆煦漂山，[1]聚蚊成靁，[2]朋黨執虎，十夫橈椎。[3]是以文王拘於牖里，[4]孔子阨於陳、蔡。[5]此乃衆庶之成風，增積之生害也。[6]臣身遠與寡，莫爲之先，[7]衆口鑠金，積毀銷骨，[8]叢輕折軸，羽翮飛肉，[9]紛驚逢羅，潸然出涕。[10]

[1]【顏注】應劭曰：煦，吹煦也。師古曰：漂，動也。煦，音許句反，又音許于反。漂，音匹遙反。

[2]【顏注】師古曰：蚊，古"蚊"字。靁，古"雷"字。言衆蚊飛聲有若雷也。

［3］【顏注】師古曰：橈，曲也，音女教反。【今注】案，沈欽韓《漢書疏證》指出，《韓非子·內儲說上》載龐恭對魏王語有云"三人言而成虎"；《戰國策·秦策》有"三人成虎，十夫揉椎"之記載。王先謙《漢書補注》認爲，"執"爲"固執（某事）"之意。謂執意言有虎，則憑人多可使僞變真，使直變曲。

［4］【今注】文王：姓姬，名昌，商朝末年周族領袖。爲西伯。建豐邑（今陝西西安市西南）爲都。曾被紂王囚於羑里。 牖里：即"羑里"。今河南湯陰縣北有羑里城遺址，據說爲殷紂王囚拘西伯姬昌之處。

［5］【今注】案，據說孔子周游列國時曾受困於陳國、蔡國之間。參見《史記》卷四七《孔子世家》。

［6］【顏注】師古曰：烝庶，謂衆人也。

［7］【顏注】師古曰：身遠者，去帝京遠。與寡者，少黨與也。先，謂素爲延譽也。

［8］【顏注】師古曰：解在《鄒陽傳》。

［9］【顏注】師古曰：言積載輕物，物多至令車軸毀折。而鳥之所以能飛翔者，以羽翮扇揚之故也。【今注】叢輕折軸：沈欽韓《漢書疏證》指出，《戰國策·魏策》有"群輕折軸"。王先謙《漢書補注》指出，《太平御覽》卷一五〇引"叢輕"作"聚輕"。

［10］【顏注】晉灼曰：言皆驚亂遇法罔，可爲出涕者也。師古曰：湝（湝，蔡琪本、殿本作"潛"），垂涕貌，音所姦反。【今注】案，湝然，蔡琪本、殿本作"潛然"。

　　臣聞白日曬光，幽隱皆照；[1]明月曜夜，蟊蝱宵見。[2]然雲烝列布，[3]杳冥晝昏；塵埃拘覆，昧不見泰山。[4]何則？物有蔽之也。今臣雍閼不得聞，[5]讒言之徒蠭生，[6]道遼路遠，曾莫爲臣聞，臣竊自悲也。

[1]【顏注】師古曰：曬，暴也，舒也，音山豉反，又音丑支反（丑，蔡琪本、大德本、殿本作"力"）。

[2]【顏注】師古曰：宵亦夜也。蟲，音盲。

[3]【今注】案，烝，大德本、殿本作"蒸"。

[4]【顏注】師古曰：拂亦布散也。昧，暗也。拂，音"鋪"。

[5]【顏注】師古曰："雍"讀曰"壅"。雍，塞也。閼猶止也，音烏曷反。

[6]【顏注】師古曰：蠭生，言衆多也。一曰，"蠭"與"鋒"同。

　　臣聞社鼷不灌，屋鼠不熏。[1]何則？所託者然也。臣雖薄也，得蒙肺附；位雖卑也，得爲東藩，屬又稱兄。[2]今群臣非有葭莩之親，鴻毛之重，[3]群居黨議，朋友相爲，使夫宗室擯卻，骨肉冰釋。[4]斯伯奇所以流離，比干所以橫分也。[5]《詩》云"我心憂傷，怒焉如擣；假寐永歎，唯憂用老；心之憂矣，疢如疾首"，[6]臣之謂也。

[1]【顏注】師古曰：鼷，小鼠，音奚。【今注】案，王先謙《漢書補注》引王文彬說，指出《晏子春秋》《韓非子》皆載相關典故。

[2]【顏注】師古曰：言於戚屬爲帝兄。

[3]【顏注】張晏曰：葭，蘆葉也。莩，葉裏白皮也。晉灼曰：莩，葭裏之白皮也，皆取喻於輕薄也。師古曰：葭，蘆也。莩者，其筩中白皮至薄者也。葭莩喻薄（薄，蔡琪本、大德本、殿本作"著"），鴻毛喻輕薄甚也。莩，音孚。張言"葉裏白皮"，非也。

　　[4]【顏注】師古曰：擯卻，謂斥退也。冰釋，言銷散也。擯（擯，蔡琪本、大德本、殿本作"擯"），音必刃反。卻，音丘略反。

　　[5]【顏注】師古曰：伯奇，周尹吉甫之子也，事後母至孝，而後母譖之於吉甫。吉甫欲殺之，伯奇乃亡走山林。比干諫紂，紂怒，殺而剖其心，故云橫分也。

　　[6]【顏注】師古曰：《小雅·小弁》之詩也。愗，思也。擣，築也。不脫衣冠而寐曰假寐。永，長也。痗，病也。言我心中憂思，如被擣築，假寐長歎，以憂致老，至於若病，如遇首疾也。

　　具以吏所侵聞。於是上乃厚諸侯之禮，省有司所奏諸侯事，[1]加親親之恩焉。其後更用主父偃謀，[2]令諸侯以私恩自裂地分其子弟，而漢爲定制封號，輒別屬漢郡。漢有厚恩，而諸侯地稍自分析弱小云。[3]

　　[1]【顏注】師古曰：省，減也。
　　[2]【今注】主父偃：漢武帝謀士，建議武帝行推恩令，分割削弱了諸侯土地。傳見本書卷六四上。
　　[3]【今注】案，錢大昕《廿二史考異·漢書三》指出，根據《地理志》，當時諸侯王國二十。如薑川、泗水，秖有三縣；趙、真定、河間、廣陽、城陽、廣陵，秖有四縣；高密、六安，五縣；魯，六縣；東平、楚，皆七縣。漢初大封同姓，幾據天下之半，其後雖有裁制，然諸侯王始封，往往兼二三郡之地，其以罪削地者，史亦不多見，何至封域如此之小？根據《劉勝傳》，知諸侯王國所以日削，是因王子侯國太多。以表徵之，出於城陽者五十四人，出於趙者三十五人，出於河間者二十三人，出於薑川者二十一人，出於魯者二十人，侯國皆入於漢，王國之土自然日少。諸郡中，琅邪

領縣五十一，東海領縣三十八，數量極多。當因琅邪與城陽、菑川、膠東、高密四國相鄰，東海與魯、泗水、楚、城陽諸國相鄰，從諸侯王國中析置之侯國多有屬此二郡者，故其所領多於它郡。今案，西漢王國疆域縮小有兩個重要原因。一如錢氏所考，是因武帝之推恩令；另一個原因則是景帝削藩。如周振鶴先生所考，在七國之亂後，景帝盡削諸侯王之支郡，除江都國領兩郡外，其餘諸國所領皆爲一郡。錢氏所言諸國“兼兩三郡之地”的情況至此已不復存在。（參見周振鶴《中國行政區劃通史·秦漢卷》，復旦大學出版社 2017 年版，第 153—155 頁）又案，由“武帝初即位”至此，爲《漢書》所增。

勝爲人樂酒好内，[1]有子百二十餘人。[2]常與趙王彭祖相非曰：“兄爲王，專代吏治事。王者當日聽音樂，御聲色。”趙王亦曰：“中山王但奢淫，不佐天子撫循百姓，[3]何以稱爲藩臣！”[4]

[1]【顏注】師古曰：好内，耽於妻妾也。樂，音五教反。

[2]【今注】案，王先謙《漢書補注》據四庫本《考證》指出，《史記》作“有子枝屬百二十餘人”，似連子及孫併數之。劉勝後裔衆多，三國蜀漢昭烈帝劉備據説即爲其後代。

[3]【今注】案，撫，蔡琪本、殿本、大德本均作“拊”。

[4]【今注】案，劉勝與劉彭祖爲同母兄弟，忌諱較少，故有此争論。

四十三年薨。[1]子哀王昌嗣，一年薨。[2]子糠王昆侈嗣，[3]二十一年薨。子頃王輔嗣，四年薨。[4]子憲王福嗣，十七年薨。子懷王循嗣，十五年薨，無子，絶四十五歲。[5]成帝鴻嘉二年復立憲王弟孫利鄉侯子雲客，[6]是爲廣德夷王。二年薨，[7]無子，絕十四歲。哀帝復立雲客弟廣漢爲廣平王。薨，無後。平帝元始二年復立廣川惠王曾孫倫爲廣德王，奉靖王後。王莽時絕。[8]

[1]【今注】四十三年：王先謙《漢書補注》指出，然本書《諸侯王表》作"四十二年"。根據哀王元鼎五年（前112）嗣，則靖王當在元鼎四年去世，當以"四十二年"爲是。案，劉勝陵墓坐落於今河北保定市滿城區陵山主峰東坡，1968年開始進行了考古發掘，出土了金縷玉衣等珍貴文物（參見鄭紹宗《20世紀的重大考古發現——西漢中山王陵滿城漢墓發掘紀實》，《文物春秋》2008年第2期）。

[2]【今注】一年：王先謙《漢書補注》指出，《諸侯王表》作"二年薨"；《史記·漢興以來諸侯王年表》作"即年薨"。根據糠王元封元年（前110）嗣，則哀王以元鼎六年去世。作"二年"是。

[3]【今注】案，糠王，蔡琪本、殿本、大德本作"康王"。

[4]【今注】四年：王先謙《漢書補注》指出，《諸侯王表》作"三年薨"。憲王始元元年（前86）嗣，當以"三年"爲是。

[5]【今注】四十五歲：王先謙《漢書補注》指出，根據《諸侯王表》，修地節元年（前69）嗣，十五年薨，時爲五鳳三年（前55）。自五鳳四年至鴻嘉元年（前20），絕三十五歲，不得云"四十五歲"。"四"字誤。

[6]【今注】憲王弟孫利鄉侯子雲客：王先謙《漢書補注》指出，據《諸侯王表》，中山頃王子利鄉孝侯安當即憲王弟。下"戴侯遂嗣""侯固嗣，免"，然則固爲安孫，雲客當爲固子。今案，依王説，則此句不當有逗號。

[7]【今注】二年薨：王先謙《漢書補注》指出，《諸侯王表》作"一年薨"，又言"建平三年，漢紹封"。案，自鴻嘉三年至建平二年（前5），共絕十四歲，然則雲客於封後即年薨。作"一年薨"是。二年，蔡琪本、大德本、殿本作"三年"。

[8]【今注】案，由"糠王昆侈薨"至此，爲《漢書》所增。

長沙定王發，母唐姬，故程姬侍者。景帝召程姬，程姬有所避，不願進，[1]而飾侍者唐兒使夜進。上醉，不知，以爲程姬而幸之，遂有身。已乃覺非程姬也。及生子，因名曰發。[2]以孝景前二年立。以其母微無寵，故王卑溼貧國。[3]

[1]【顏注】師古曰：謂月事。

[2]【顏注】張晏曰：長沙王朱乃發窹已之繆幸唐姬（朱，蔡琪本、大德本、殿本作"生"）。【今注】因名曰發：王先謙《漢書補注》指出，上文已云"已乃覺非程姬"，並非長沙王出生後，景帝始發窹。其義當取發祥之意，用以紀念喜事。今案，長沙王發爲東漢開國皇帝劉秀之祖先。是故孔融與曹操書有謂"景帝非醉幸唐姬，無以開中興"。參見《後漢書》卷七〇《孔融傳》章懷注。

[3]【顏注】應劭曰：景帝後二年諸王來朝，有詔更前稱壽歌舞。定王但張襃下舉手（下，蔡琪本、大德本、殿本作"小"），左右笑其拙。上怪問之，對曰："臣國小地俠（俠，蔡琪本、大德本、殿本作"狹"），不足回旋。"帝乃以武陵、零陵、圭陽益焉（圭，蔡琪本、大德本、殿本作"桂"）。【今注】案，王先謙《漢書補注》認爲，《諸侯王表》中不載景帝後元二年（前142）定王來朝事，應氏或爲誤記。

二十八年薨。子戴王庸嗣，二十七年薨。[1]子頃王鮒鮈嗣，[2]十七年薨。子刺王建德嗣，[3]宣帝時坐獵縱火燔民九十六家，[4]殺二人，又以縣官事怨內史，[5]教人誣告以棄市罪，削八縣，罷中尉官。[6]三十四年薨。子煬王旦嗣，[7]二年薨。無子，絕歲餘。元帝初元三年復立旦弟宗，[8]是爲孝王，五年薨。[9]子魯人嗣，王莽時絕。[10]

[1]【今注】案，王先謙《漢書補注》指出，《諸侯王表》所載二王薨年與此相同。《史記》之《五宗世家》《漢興以來諸侯王年表》則定王二十七年，劉庸二十八年。未知孰是。戴，《史記》之《五宗世家》《漢興以來諸侯王年表》並作“康”。

[2]【顏注】服虔曰：鮈，音拘。師古曰：鮒，音附。鮈，音劬。字或作“胕朐”，其音同耳。【今注】鮒鮈：王先謙《漢書補注》指出，《諸侯王表》作“胕朐”。

[3]【顏注】師古曰：剌，音來曷反。

[4]【顏注】師古曰：縱，放也。

[5]【今注】內史：王國內史。漢初置，因其爲王國自署，治國如郡太守、都尉職事。秩二千石。

[6]【顏注】師古曰：減其官屬，所以貶抑之（貶，大德本作“貶”）。

[7]【顏注】師古曰：煬，音弋向反。

[8]【今注】初元三年：王先謙《漢書補注》指出，《諸侯王表》作“初元四年”。根據上文“絕歲餘”，當以“三年”爲是。

[9]【今注】五年薨：王先謙《漢書補注》指出，《諸侯王表》作“三年薨”。根據魯人永光二年（前42）嗣，則孝王在永光元年去世，正合三年。當以《諸侯王表》爲是。

[10]【今注】案，王先謙《漢書補注》指出，根據《諸侯王表》，繆王魯人在位四十八年去世，居攝二年，劉舜嗣位，二年，王莽篡位，被貶爲公，次年被廢，則此傳"王莽"兩字上當有脫文。　又案，自頃王鮒鮈薨事至此，爲《漢書》所增。

廣川惠王越以孝景中二年立，十三年薨。[1]子繆王齊嗣，[2]四十四年薨。[3]初齊有幸臣乘距，[4]已而有罪，欲誅距。距亡，齊因禽其宗族。距怨王，乃上書告齊與同産姦。[5]是後，齊數告言漢公卿及幸臣所忠等，[6]又告中尉蔡彭祖捕子明，[7]罵曰："吾盡汝種矣！"[8]有司案驗，[9]不如王言，劾齊誣罔，大不敬，[10]請繫治。齊恐，上書願與廣川勇士奮擊匈奴，上許之。未發，病薨。有司請除國，奏可。

[1]【今注】十三年：王先謙《漢書補注》指出，"十三年"，《諸侯王表》作"十二年"，《史記》之《漢興以來諸侯王年表》《五宗世家》亦作"十二年"。根據《諸侯王表》，繆王建元五年（前136）嗣位，則惠王在建元四年去世，正合十二年。"三"字誤。

[2]【顏注】師古曰：《諡法》曰"蔽仁傷善曰也"（也，蔡琪本、殿本作"謬"，大德本作"繆"）。

[3]【今注】四十四年：王先謙《漢書補注》指出，"四十四年"，《諸侯王表》作"四十五年"。根據《諸侯王表》，王去征和二年（前91）嗣位，則繆王當在征和元年去世，正合四十五年。當以《諸侯王表》爲是。

[4]【今注】乘距：王先謙《漢書補注》指出，《史記》卷五九《五宗世家》作"桑距"。

［5］【顏注】師古曰：謂其姊妹也。

［6］【顏注】師古曰：所姓，忠名。解具在《食貨志》。【今注】案，此後廣川惠王越一脈事，爲《漢書》所增。

［7］【顏注】孟康曰：彭祖子名明也（名明，蔡琪本作"明名"）。師古曰：孟説川也（川，蔡琪本、大德本、殿本作"非"）。明，廣非王子也（非，蔡琪本、大德本、殿本作"川"）。【今注】子明：錢大昭《漢書辨疑》指出，根據《王子侯表》，西熊侯明爲廣川惠王之子，當是繆王齊之弟。傳中作"子"，誤。

［8］【顏注】師古曰：王誣彭祖罵明云然。

［9］【今注】案，有司案驗，蔡琪本、殿本無"有司"兩字。

［10］【今注】不敬：漢律罪名。指危害皇帝尊嚴的犯罪行爲。

後數月，下詔曰："廣川惠王於朕爲兄，朕不忍絶其宗廟，其以惠王孫去爲廣川王。"[1]去即繆王齊太子也，師受《易》《論語》《孝經》皆通，[2]好文辭、方技、博弈、倡優。[3]其殿門有成慶畫，短衣大絝長劍，[4]去好之，作七尺五寸劍，被服皆效焉。有幸姬王昭平、王地餘，許以爲后。去嘗疾，姬陽成昭信侍視甚，[5]更愛之。去與地餘戲，得襃中刀，[6]笞問狀，服欲與昭平共殺昭信。笞問昭平，不服，以鐵鍼鍼之，[7]彊服。乃會諸姬，去以劍自擊地餘，令昭信擊昭平，皆死。昭信曰："兩姬婢且泄口。"復絞殺從婢三人。後昭信病，夢見昭平等以狀告去。去曰："虜乃復見畏我！[8]獨可燔燒耳。"掘出尸，皆燒爲灰。

［1］【今注】去：《西京雜記》卷六載其名爲"去疾"，且稱其

有盜墓事。其文云："廣川王去疾好聚無賴少年游獵，畢弋無度，國內冢藏，一皆發掘，余所知爱猛説，其大父爲廣川王中尉，每諫王不聽，病免歸家。説王所發掘冢墓，不可勝數。"之後又叙其所盜魏襄王、哀王、魏王子且渠、袁盎、晉靈公、幽王、欒書諸墓冢之情況。

[2]【今注】師受：王先謙《漢書補注》認爲，"受"疑當作"授"。下文稱劉去"事師受《易》"，言"事師"，則可稱"受《易》"。此處僅一"師"字，當作"授《易》"。今案，《漢書》中不見"師授"之用，此處或傳寫脱落一"事"字，或衍一"師"字。 易：即《易經》《周易》，本爲以八卦進行卜筮之書，後成爲儒家五經之一。其內容形成時間較早，是研究先秦史，尤其是先秦思想史的重要史料。 論語：孔子及其弟子言論的彙編，由孔子門生及再傳弟子集録整理，是研究孔子及儒家思想的重要資料。孝經：儒家講孝道之書，相傳爲曾子弟子所作。

[3]【今注】案，博弈，殿本作"博奕"。

[4]【顏注】晉灼曰：成慶，荆軻也，衛人謂之慶卿，燕人謂之荆卿（卿，殿本作"軻"）。師古曰：成慶，古之勇士也，事見《淮南子》，非荆卿也。【今注】其殿門有成慶畫：錢大昭《漢書辨疑》認爲，後代之有門神即濫觴於此。沈欽韓《漢書疏證》指出，《秦策》載范睢説秦王，言及"成荆、孟賁之勇"。《史記》載徐廣之注，稱"荆"字一作"羌"。"羌"與"慶"通假。

大綺：沈欽韓《漢書疏證》指出，《方言》解"大袴"爲"倒頓"，此當即後世之"袴褶"（上穿褶，下穿褲，外不加裘裳）。

[5]【顏注】師古曰：陽成，姓也；昭信，名也。【今注】案，視甚，蔡琪本、大德本、殿本作"視甚謹"。

[6]【顏注】師古曰：褒，古"衣褒"字（褒，蔡琪本、大德本、殿本作"袖"）。

[7]【顏注】師古曰：以鍼刺也（以鍼，蔡琪本作"鍼以"，

殿本作"鍼")。鍼，音之林反。

[8]【顏注】師古曰：言其見形令我畏忌也。見，音胡電反。

後去立昭信爲后；幸姬陶望卿爲脩靡夫人，主繒帛；崔脩成爲明貞夫人，主永巷。[1]昭信復譖望卿曰："與我無禮，[2]衣服常鮮於我，[3]盡取善繒匂諸宫人。"[4]去曰："若數惡望卿，不能減我愛；[5]設聞其淫，我亨之矣。"後昭信謂去曰："前畫工畫望卿舍，望卿祖褐傅粉其傍，[6]又數出入南户窺郎吏，疑有姦。"去曰："善司之。"[7]以故益不愛望卿。[8]後與昭信等飲，諸姬皆侍，去爲望卿作歌曰："背尊章，嫖以忽，[9]謀屈奇，起自絕。[10]行周流，[11]自生患，諒非望，今誰怨！"[12]使美人相和歌之。去曰："是中當有自知者。"昭信知去已怒，即誣言望卿歷指郎吏卧處，[13]具知其主名，又言郎中令錦被，疑有姦。去即與昭信從諸姬至望卿所，[14]羸其身，更擊之。[15]令諸姬各持燒鐵共灼望卿。望卿走，自投井死。昭信出之，椓杙其陰中，[16]割其鼻脣，斷其舌。謂去曰："前殺昭平，反來畏我，[17]今欲靡爛望卿，使不能神。"[18]與去共支解，置大鑊中，取桃灰毒藥并煮之，召諸姬皆臨觀，連日夜靡盡。復共殺其女弟都。

[1]【今注】永巷：秦和漢初稱永巷，漢武帝更名掖廷，又作掖庭。《三輔黃圖》卷六云："永巷，永，長也。宫中之長巷，幽閉宫女之有罪者。"本指宫中旁舍，嬪妃、宫女居住的地方，因置永巷令（後改掖廷令）管理，故又爲官署名。屬少府，其長官稱令，

另有副長官丞八人，掌後宮宮女及供饗雜務，管理宮中詔獄等，由宦者擔任。

[2]【今注】與：王先謙《漢書補注》認爲，根據《後漢書·馮衍傳》，"與"爲"待"之意。

[3]【顏注】師古曰：鮮，謂新華也。

[4]【顏注】師古曰：匄，乞遺之也，音工艾反。

[5]【顏注】師古曰：若，汝也。惡，謂讒毀也。

[6]【顏注】師古曰：袒裼，脱衣露其肩背也。袒，音但。裼，音錫。

[7]【今注】案，王先謙《漢書補注》認爲，"司"通"伺"。

[8]【今注】案，王先謙《漢書補注》認爲，"益"爲"漸"之意。

[9]【顏注】孟康曰：嫖，音匹昭反。師古曰：尊章，猶言舅姑也。今關中俗婦呼舅爲鍾。鍾者（者，蔡琪本作"音"），章聲之轉也（章，大德本、殿本作"尊"）。

[10]【顏注】師古曰：屈奇，奇異也。屈，音其勿反。【今注】屈：王先謙《漢書補注》認爲，"屈"通"崛"。

[11]【今注】行周流：王先謙《漢書補注》指出，"行周流"指望卿多次出入南户。

[12]【顏注】師古曰：諒，信也。言昔被愛寵，信非所望，今見罪責，無所怨也。

[13]【今注】歷指郎吏卧處：王先謙《漢書補注》認爲，此句意爲"知某吏卧某處"。郎吏，官名。或稱郎官、郎。郎中令屬官，掌守皇宮門户，出行充皇帝車騎。有議郎、中郎、侍郎、郎中等。秩自比六百石至比三百石不等，無定員。王國官制略同漢廷。

[14]【今注】案，王先謙《漢書補注》指出，"從"音"縱"。更，輪流。

[15]【顏注】師古曰：更，音工衡反。

[16]【顏注】師古曰：杙，欒也。桵，音竹角反。杙，音"弋"。

[17]【顏注】師古曰：令我恐畏也。

[18]【顏注】師古曰：靡，碎也，音糜。其下亦同。

後去數召姬榮愛與飲，昭信復譖之，曰："榮姬視瞻，意態不善，疑有私。"時愛爲去刺方領繡，[1]去取燒之。愛恐，自投井。出之未死，笞問愛，自誣與醫姦。去縛繫柱，燒刀灼潰兩目，[2]生割兩股，銷鈆灌其口中。愛死，支解以棘埋之。諸幸於去者，昭信輒譖殺之，[3]凡十四人，皆埋太后所居長壽宮中。宮人畏之，莫敢復迕。[4]

[1]【顏注】服虔曰：如今小兒卻襲衣也。頸下施袊，領正方直。晉灼曰：今之婦人直領也。繡爲方領，上刺作黼黻文。《王莽傳》曰"有人著赤繢方領"。方領，上服也。師古曰：晉説是也。

[2]【顏注】師古曰：潰，決也。

[3]【今注】案，輒，蔡琪本、大德本、殿本作"輙"。下同不注。

[4]【顏注】師古曰：迕，逆也，不敢迕昭信意（迕，蔡琪本、大德本、殿本作"逆"）。

昭信欲擅愛，曰："王使明貞夫人主諸姬，淫亂難禁。請閉諸姬舍門，無令出敖。"[1]使其大婢爲僕射，[2]主永巷。盡封閉諸舍，上籥於后，[3]非大置酒召，不得見。去憐之，爲作歌曰："愁莫愁，居無聊。[4]心重結，意不舒。内茀鬱，憂哀積。[5]上不見天，生何益！日崔隤，時不再。[6]願棄軀，死無悔。”令昭信聲鼓爲節，以教諸姬歌之，歌罷輒歸永巷，封門。獨昭信兄子初爲乘華夫人，[7]得朝夕見。昭信與去從十餘奴博飲游敖。

[1]【顏注】師古曰：敖，謂游戲也。

[2]【顏注】師古曰：大婢，婢之長年也。【今注】僕射：秦、漢置爲侍中、謁者、博士、郎等諸官之長。因古時重武臣，以善射者掌事，故名。依其職事爲稱。王先謙《漢書補注》引王先慎説，指出《百官公卿表》孟康注稱永巷有“永巷僕射”。

[3]【今注】籥：王先謙《漢書補注》指出，根據《方言》與《文選》注引《易》鄭注，“籥”“鑰”相通。

[4]【顏注】師古曰：聊，賴也。

[5]【顏注】師古曰：茀，音拂。

[6]【顏注】師古曰：崔隤，猶言蹉跎也。崔，音千回反（回，殿本作“囘”）。隤，音蕢（蕢，蔡琪本、大德本、殿本作“頽”）。

[7]【今注】初：王先謙《漢書補注》指出，昭信兄女名初。

初去年十四五，事師受《易》，師數諫正去，[1]去益大，逐之。[2]內史請以爲掾，師數令內史禁切王家。去使奴殺師父子，不發覺。後去數置酒，令倡俳贏戲坐中[3]以爲樂。相彊劾繫倡蘭入殿門，[4]奏狀。事下考案，[5]倡辭，本爲王教脩靡夫人望卿弟都歌舞。使者召望卿、都，去對皆淫亂自殺。會赦不治。望卿前亨羹，即取他死人與都死并付其母。[6]母曰：“都是，望卿非也。"數號哭求死，昭信令奴殺之。奴得，辭服。[7]本始三年，[8]相內史奏狀，具言赦前所犯。天子遣大鴻臚、丞相長史、御史丞、廷尉正雜治鉅鹿詔獄，[9]奏請逮捕去及后昭信。制曰："王后昭信、諸姬奴婢證者皆下獄。"辭服。有司復請誅王。制曰："與列侯、中二千石、二千石、博士議。"議者皆以爲去悖虐，聽后昭信讒言，燔燒亨煑，生割剝人，距師之諫，殺其父子。凡殺無辜十六人，至一家母子三人，[10]逆節絕理。其十五人在赦前，[11]大惡仍重，[12]當伏顯戮以示衆。[13]制曰："朕不忍致王於法，議其罰。"有司請廢勿王，與妻子徙上庸。[14]奏可。與湯沐邑百户。[15]去道自殺，昭信棄市。

[1]【顏注】師古曰：數，音所角反。其下亦同。

[2]【顏注】師古曰：益大，謂年漸長大也。

[3]【顏注】師古曰：倡，樂人也。俳，雜戲者也。

[4]【顏注】如淳曰：彊，相名也。【今注】案，蘭，大德本、殿本作"闌"。

[5]【今注】事下考案：王先謙《漢書補注》指出，其意爲天子遣使追究此事。

[6]【顏注】師古曰：死者，尸也。次下求其死亦同。【今注】都死：王先謙《漢書補注》指出，"都死"之"死"，即"屍"字之省文。

[7]【顏注】師古曰：得者，爲吏所捕得。

[8]【今注】本始：漢宣帝年號（前73—前70）。

[9]【今注】廷尉正：秦漢爲廷尉副貳。可代表廷尉參加詔獄會審，或獨立決斷疑獄、平反冤案，參議案例律條。秩千石。　鉅

鹿詔獄：鉅鹿，郡名。治鉅鹿（今河北平鄉縣西南）。周壽昌《漢書注校補》指出，廣川與鉅鹿相距甚近，此是因廣川事雜，故治於鉅鹿郡中。大凡皇帝遣官治獄即稱詔獄，意謂奉詔治獄。

[10]【今注】母子三人：王先謙《漢書補注》指出，"母子三人"指望卿與都及其母。

[11]【今注】案，王先謙《漢書補注》指出，惟望卿母之死在赦後。

[12]【顏注】師古曰：仍，頻也。重，音直用反。

[13]【今注】案，顯，大德本作"顒"。

[14]【今注】與妻子徙上庸：王先謙《漢書補注》指出，劉去妻即昭信。下問稱"昭信棄市"，則其不當與劉去俱徙。"妻"當字衍。上庸，縣名。屬漢中郡，治所在今湖北竹山縣西南。

[15]【今注】湯沐邑：古封邑名稱。本指周天子在王畿内賜給來朝諸侯住宿和齋戒沐浴用的封邑。漢時沿用此名，指皇帝、皇后、公主以及諸侯王列侯收取賦稅以供私人奉養的封邑。

立二十二年，國除。後四歲，宣帝地節四年，復立去兄文，是爲戴王。文素正直，數諫王去，故上立焉，二年薨。子海陽嗣，[1]十五年，坐畫屋爲男女贏交接，置酒請諸父姊妹飲，令仰視畫；又海陽女弟爲人妻，而使與幸臣姦；又與從弟調等謀殺一家三人，已殺。甘露四年坐廢，徙房陵，國除。後十五年，[2]平帝元始二年，復立戴王弟襄隄侯子瘉爲廣德王，[3]奉惠王後，二年薨。[4]子赤嗣，王莽時絶。

[1]【今注】海陽：王先謙《漢書補注》指出，《諸侯王表》作"汝陽"。

［2］【今注】十五年：王先謙《漢書補注》指出，甘露四年（前50）至元始二年（2），合計當五十三年，此誤。

［3］【顏注】師古曰：隄，音丁奚反。瘉，音愈。

［4］【今注】二年：王先謙《漢書補注》指出，《諸侯王表》作“四年薨”。根據王赤以居攝元年（6）嗣位，則《諸侯王表》當是，此誤。

膠東康王寄以孝景中二年立，二十八年薨。淮南王謀反時，寄微聞其事，私作兵車鏃矢，[1]戰守備，[2]備淮南之起。及吏治淮南事，辭出之。[3]寄於上最親，[4]意自傷，發病而死，不敢置後。於是上聞寄有長子賢，母無寵，少子慶，母愛幸，寄常欲立之，爲非次，因有過，[5]遂無所言。上憐之，立賢爲膠東王，奉康王祀，而封慶爲六安王，[6]王故衡山地。

［1］【顏注】應劭曰：樓車也，所以看敵國營壘之虛實也。師古曰：兵車止謂戰車耳。鏃矢，大鏃之矢，今所謂兵箭者也。鏃，音子木反。【今注】兵車：王先謙《漢書補注》指出，“兵車”《史記》卷五九《五宗世家》即作“樓車”。

［2］【今注】戰守備：王先謙《漢書補注》指出，意爲諸戰守之具。

［3］【顏注】師古曰：辭語所連，出其事。【今注】辭出之：周壽昌《漢書注校補》認爲，“出”爲“解脱”之意。“出之”，意爲解脱其罪。今案，下文接言劉寄因此而死，揣其文意，當以顏師古説爲是。

［4］【顏注】師古曰：寄母王夫人即王皇后之妹，於上爲從母，故寄於諸兄弟之中又更親也。此下有常山王云“天子爲最

親”，其義亦同。

[5]【今注】有過：王先謙《漢書補注》指出，劉寄不上報淮南王之反謀，而私作兵器，故爲有過。

[6]【今注】六安：王國名。都六縣（今安徽六安市）。屬揚州刺史部。

膠東王賢立十五年薨，[1]謚爲哀王。子戴王通平嗣，[2]二十四年薨。子頃王音嗣，五十四年薨。子共王授嗣，十四年薨。子殷嗣，王莽時絶。

[1]【今注】十五年：王先謙《漢書補注》指出，《諸侯王表》作“十四年”，《史記》之《漢興以來諸侯王年表》《五宗世家》亦作“十四年”。戴王元封五年（前106）嗣位，則劉賢當在元封四年去世，正合十四年。當以《諸侯王表》爲是，此誤。

[2]【今注】通平：《史記》卷五九《五宗世家》記其名作“慶”。《集解》注引徐廣則云：“他本亦作‘慶’字，惟一本作‘建’。不宜得與叔父同名，相承之誤。”案，此後膠東戴王一脈紀事爲《漢書》所增。

六安共王慶立三十八年薨。[1]子夷王禄嗣，十年薨。[2]子繆王定嗣，二十二年薨。[3]子頃王光嗣，二十七年薨。子育嗣，王莽時絶。

[1]【今注】三十八年：王先謙《漢書補注》指出，本書卷六《武紀》載元狩三年（前120）五月立慶爲六安王。然《史記・漢興以來諸侯王年表》《漢書・諸侯王表》皆稱立劉慶爲王的時間爲“二年七月”。至始元三年（前84），得三十八年。且其子夷王禄以始元四年嗣位，與此亦合。然則當是《武紀》有誤。案，《史記》

卷五九《五宗世家》云"以元狩二年用膠東康王子爲六安王",此後六安共王慶一脈事爲《漢書》所增。

[2]【今注】十年：王先謙《漢書補注》指出，《諸侯王表》作"十四年薨"。根據繆王本始元年（前73）嗣位，則夷王在元平元年（前74）去世，正合十年。此是，《諸侯王表》有誤。

[3]【今注】二十二年：王先謙《漢書補注》指出，《諸侯王表》作"二十三年"。頃王甘露四年（前50）嗣位，則繆王在甘露三年去世，正合二十三年。當以《諸侯王表》爲是，此誤。

清河哀王乘以孝景中三年立，十二年薨。無子，國除。[1]

[1]【今注】國除：王先謙《漢書補注》指出，據《史記》卷五九《五宗世家》，清河國除後，地入於漢，成爲清河郡。

常山憲王舜以孝景中五年立。舜，[1]帝少子，驕淫，數犯禁，上常寬之。三十三年薨，[2]子勃嗣爲王。

[1]【今注】舜：《史記》卷五九《五宗世家》作"舜最親"。

[2]【今注】三十三年：王先謙《漢書補注》指出，《諸侯王表》作"三十二年"。據《史記·漢興以來諸侯王年表》，劉舜去世於元鼎三年（前14），正合三十二年。當以《諸侯王表》爲是，此誤。

初，憲王有不愛姬生長男梲，[1]梲以母無寵故，亦不得幸於王。王后脩生大子勃。[2]王內多，[3]所幸姬生子平、子商，王后稀得幸。及憲王疾甚，諸幸姬侍病，王后以妒媚不常在,[4]輒歸舍。醫進藥,太子勃不自嘗藥,又不宿留侍疾。及王薨,王后、太子乃至。憲王雅不以棁爲子數,[5]不分與財物。郎或説大子、王后,令分棁財,皆不聽。大子代立,又不收恤棁。棁怨王后及大子。漢使者視憲王喪,棁自言憲王病時,王后、大子不侍,及薨,六日出舍,[6]大子勃私姦、飲酒、博戲、擊筑,與女子載馳,環城過市,[7]入獄視囚。天子遣大行騫驗問,[8]逮諸證者,[9]王又匿之。吏求捕,勃使人致擊笞掠,擅出漢所疑囚。[10]有司請誅勃及憲王后脩。上曰:“脩素無行,使棁陷之罪。[11]勃無良師傅,不忍致誅。”有司請廢勿王,徙王勃以家屬處房陵,上許之。

[1]【顏注】蘇林曰:音奪。師古曰:音他活反,其字從木。

[2]【今注】案,大,蔡琪本、大德本、殿本作“太”。下同不注。

[3]【今注】内:王先謙《漢書補注》指出,“内”指姬妾。

[4]【顏注】師古曰:媚亦妒也。媚,音冒。【今注】案,妒,大德本作“妬”。

[5]【顏注】師古曰:雅,素也。數,音所具反。【今注】不以棁爲子數:意指不視棁爲其子。《史記》卷五九《五宗世家》作“不以長子棁爲人數”。

[6]【顏注】如淳曰:出服舍也。

[7]【顏注】師古曰:環,繞也,音宦。

[8]【顏注】師古曰:張騫也。

[9]【顏注】師古曰:逮捕之(之,蔡琪本、殿本作“也”)。

[10]【今注】漢所疑囚：王先謙《漢書補注》認爲，"疑"通"擬"，指漢所擬罪之囚犯。

[11]【今注】案，王先謙《漢書補注》指出，此言脩平日妒忌，不善事憲王，以致梲得以陷其罪。

勃王數月，廢，國除。月餘，天子爲最親，[1]詔有司曰："常山憲王早夭，后妾不和，適孽誣争，[2]陷于不誼以滅國，[3]朕甚閔焉。其封憲王子平三萬户，爲真定王；[4]子商三萬户，爲泗水王。"[5]

[1]【今注】最親：王先謙《漢書補注》指出，"最親"之解參見上文。今案，即膠東王寄傳下顔師古注。廣川、膠東、清河、常山四王之母爲王皇后之妹，武帝之姨母，故爲"最親"。

[2]【顔注】師古曰：適，音"嫡"。孽，庶也。

[3]【今注】案，不誼，《史記》卷五九《五宗世家》作"不義"。

[4]【今注】案，王先謙《漢書補注》指出，按《諸侯王表》，勃廢及平、商之封並在元鼎三年（前114）。本書卷六《武紀》漏書平爲真定王之事。真定，諸侯王國名。治真定（今河北石家莊市長安區東古城村東垣故城遺址）。

[5]【今注】泗水：諸侯王國名。治凌縣（今江蘇宿遷市東南）。

頃王平立二十五年薨。[1]子烈王偃嗣，十八年薨。子孝王由嗣，二十二年薨。[2]子安王雍嗣，二十六年薨。[3]子共王普嗣，十五年薨。子陽嗣，王莽時絶。[4]

　　[1]【顏注】師古曰：真定頃王也。【今注】頃王：平既另封真定，則此處當書"真定頃王"，當與後文"泗水思王商"同例。或是傳寫缺失。案，此句《史記》卷五九《五宗世家》作"元鼎四年用常山憲王子爲真定王"。此後真定頃王一脈紀事爲《漢書》所增。

　　[2]【今注】二十二年：王先謙《漢書補注》指出，《諸侯王表》與此同。然根據安王建昭元年（前38）嗣位，則孝王在永光五年（前39）去世。自本始三年（前71）嗣位至永光五年，共計三十三年。此與《諸侯王表》皆誤。

　　[3]【今注】二十六年：王先謙《漢書補注》指出，《諸侯王表》作"十六年"。根據共王陽朔三年（前22）嗣位，則安王以陽朔二年去世。自建昭元年數至陽朔二年，正合十六年。當以《諸侯王表》爲是，此誤。

　　[4]【今注】陽：王先謙《漢書補注》指出，陽，本書《諸侯王表》作"楊"。

　　泗水思王商立十二年薨。[1]子哀王安世嗣，一年薨，[2]無子。於是武帝憐泗水王絕，復立安世弟賀，[3]是爲戴王。立二十二年薨，有遺腹子煖，[4]相、內史不以聞。大后上書，昭帝閔之，抵相、內史罪，立煖，是爲勤王。[5]立三十九年薨。子戾王駿嗣，三十一年薨。子靖嗣，王莽時絕。

　　[1]【今注】案，《史記》卷五九《五宗世家》此句作"泗水思王商，以元鼎四年用常山憲王子爲泗水王。十一年卒"。

　　[2]【今注】案，一年，蔡琪本、殿本作"十一年"。

　　[3]【今注】案，《史記》泗水王事至此結束。其後有總結云："右四國本王皆王夫人兒姁子也。其後漢益封其支子爲六安王、泗水王二國。凡兒姁子孫，於今爲六王。"因王夫人爲武帝姨母，於

武帝爲親，故其後裔當時受到優待。 又案，此後泗水王一脈事爲
《漢書》所增。

[4]【顏注】師古曰：煖，音許遠反（許，蔡琪本、大德本
同，殿本作"許"）。

[5]【顏注】師古曰：勤，謚也。

　　贊曰：昔魯哀公有言："寡人生於深宮之中，長於
婦人之手，未嘗知憂，未嘗知懼。"[1]信哉斯言也！雖
欲不危亡，不可得已。[2]是故古人以宴安爲鴆毒，[3]亡
德而富貴，謂之不幸。漢興，至于孝平，諸侯王以百
數，率多驕淫失道。何則？沈溺放恣之中，居勢使然
也。自凡人猶繫于習俗，[4]而況哀公之倫乎！夫唯大
雅，卓爾不群，河間獻王近之矣。[5]

　　[1]【顏注】師古曰：哀公與孔子言也。事見《孫卿子》。
【今注】案，此句出自《荀子·哀公》。荀子名況，字卿，漢代避
宣帝劉詢諱，稱其爲孫卿。

　　[2]【顏注】師古曰：已，語終辭。

　　[3]【顏注】師古曰：《左氏傳》管敬仲云"宴安鴆毒，不可
懷也"。

　　[4]【今注】凡人：王先謙《漢書補注》認爲，"人"當本作
"民"，此當爲避唐太宗李世民諱而改。凡民，指細民。

　　[5]【今注】案，此贊語未襲《史記》。《史記》卷五九《五
宗世家》"太史公曰"云："高祖時諸侯皆賦，得自除內史以下，漢
獨爲置丞相，黃金印。諸侯自除御史、廷尉正、博士，擬於天子。
自吳、楚反後，五宗王世，漢爲置二千石，去'丞相'曰'相'，
銀印。諸侯獨得食租稅，奪之權。其後諸侯貧者或乘牛車也。"

漢書　卷五四

李廣蘇建傳第二十四^[1]

[1]【今注】案，劉咸炘《漢書知意》引茅坤說，本傳以李廣、蘇建皆擊匈奴，故合爲一傳。但劉咸炘認爲，《史記》僅將蘇建傳附於《衞將軍驃騎列傳》，因其事迹較少。而《漢書》將李陵、蘇武合傳，因李廣有功而蘇建碌碌無爲，李陵敗名而蘇武有氣節，故同傳以相比較。

李廣，隴西成紀人也。^[1]其先曰李信，^[2]秦時爲將，逐得燕太子丹者也。^[3]廣世世受射。^[4]孝文十四年，^[5]匈奴大入蕭關，^[6]而廣以良家子從軍擊胡，^[7]用善射，殺首虜多，爲郎，^[8]騎常侍。^[9]數從射獵，格殺猛獸，文帝曰：“惜廣不逢時，令當高祖世，萬户侯豈足道哉！”^[10]

[1]【今注】隴西：郡名。治狄道（今甘肅臨洮縣南）。　成紀：縣名。治所在今甘肅秦安縣北。漢初成紀屬隴西郡，武帝元鼎三年（前114）以後改屬天水郡。

[2]【今注】李信：秦將。擒燕太子丹，後伐楚而敗，與大將軍王翦之子王賁滅燕、齊。事見《史記》卷七三《白起王翦列傳》。

[3]【今注】燕太子丹：燕王喜的太子。戰國末年被送往秦國爲人質，後逃歸燕國，派荆軻刺秦王，失敗。案，《史記》卷一〇九《李將軍列傳》此下有"故槐里徙成紀"六字。

[4]【顏注】師古曰：受射法。【今注】案，《史記·李將軍列傳》"廣"後有"家"字。

[5]【今注】孝文十四年：公元前 166 年。孝文，漢文帝劉恒。公元前 179 年至前 157 年在位。紀見本書卷四。

[6]【顏注】師古曰：在上郡北。【今注】匈奴：古代北方部族，又稱"胡"。傳見本書卷九四。　蕭關：關塞名。在今寧夏固原市東南。本書卷九四上《匈奴傳上》載："孝文十四年，匈奴單于十四萬騎入朝那蕭關，殺北地都尉卬，虜人民畜産甚多，遂至彭陽。"

[7]【今注】良家子：良家的子女。漢代規定從軍不在七科謫内或非醫、巫、商賈、百工之子女，爲良家子。良家一般擁有一定貲財，遵循倫理綱常，從事正當職業。其家男子可被减免賦税，但須承擔徭役，被選爲郎，入選羽林。女子有被選入宮的機會。武帝以後有六郡良家子（天水、隴西、安定、北地、上郡、西河），善於騎射，在漢代兵制史上占有重要地位。李廣即屬於六郡良家子（參見宋艷萍《漢代"良家子"考》，《南都學壇》2012 年第 1 期；杜志强《"六郡良家子"考論》，載《歷史文獻研究》第 34 輯，華東師範大學出版社 2014 年版）。

[8]【今注】郎：官名。或稱郎官、郎吏。漢九卿之一郎中令（光禄勳）屬官，掌守皇宮門户，出行充皇帝車騎，有議郎、中郎、侍郎、郎中之職。秩自比六百石至比三百石不等，無定員。

[9]【顏注】師古曰：官爲郎而常騎以侍天子，故曰騎常侍。【今注】騎常侍：《史記·李將軍列傳》作"從軍擊胡，用善騎射，殺首虜多，爲漢中郎。廣從弟李蔡亦爲郎，皆爲武騎常侍"。《索隱》案：謂爲郎而補武騎常侍。秩八百石。則此處當作"武騎常

侍”。王先謙《漢書補注》認爲，此官當爲文、景時所設，後省。

　　[10]【今注】萬户侯：食邑萬户的列侯。

　　景帝即位，[1]爲騎郎將。[2]吴楚反時，[3]爲驍騎都尉，[4]從太尉亞夫戰昌邑下，[5]顯名。以梁王授廣將軍印，[6]故還，賞不行。[7]爲上谷大守，[8]數與匈奴戰。典屬國公孫昆邪爲上泣曰：[9]“李廣材氣，天下亡雙，自負其能，數與虜确，恐亡之。”[10]上乃徙廣爲上郡太守。[11]

　　[1]【今注】景帝：劉啓。公元前 156 年至前 141 年在位。紀見本書卷五。

　　[2]【顏注】師古曰：爲騎郎之將，主騎郎。【今注】騎郎將：官名。統管騎郎的官員。郎有車、户、騎三將，秩皆比千石。騎郎爲皇帝出行時騎馬護衛的郎官。《史記》卷一〇九《李將軍列傳》載，景帝初立，李廣爲隴西都尉，徙爲騎郎將。

　　[3]【今注】吴楚反：漢景帝三年（前 154）正月，吴王劉濞、楚王劉戊聯合趙、濟南、膠西、菑川、膠東五國，以誅鼂錯爲名反叛。三月，被周亞夫等平定。

　　[4]【今注】驍騎都尉：官名。漢初置，掌領騎兵作戰。驍騎，勇猛矯健的騎兵。

　　[5]【今注】太尉：官名。漢三公之一。掌管軍事，爲武官之長。　亞夫：周亞夫。傳見本書卷四〇。　昌邑：縣名。治所在今山東巨野縣南。案，《史記·李將軍列傳》作“取旗，顯功名昌邑下”。

　　[6]【今注】梁王：文帝次子梁孝王劉武。傳見本書卷四七。

　　[7]【顏注】文穎曰：廣爲漢將，私受梁印，故不得賞也。

[8]【今注】上谷：郡名。治沮陽（今河北懷來縣大古城村）。大守：官名。即太守。郡的最高行政長官。秩二千石。大，蔡琪本、大德本、殿本作"太"。下同不注。

[9]【顏注】服虔曰：昆邪，中國人也。師古曰：對上而泣也。昆，音下溫反。【今注】典屬國：官名。掌管附屬國及周邊少數民族事務。秩二千石。置都尉、丞、候、千人。　公孫昆邪：北地郡義渠（今甘肅慶陽市）人，景帝時因平吳楚七國之亂有功，封平曲侯。

[10]【顏注】師古曰：負，恃也。确謂競勝敗也。"确"音"角"。

[11]【今注】上郡：治膚施（今陝西榆林市東南）。

匈奴侵上郡，[1]上使中貴人從廣[2]勒習兵擊匈奴。[3]中貴人者將數十騎從，[4]見匈奴三人，與戰。射傷中貴人，殺其騎且盡。中貴人走廣，[5]廣曰："是必射鵰者也。"[6]廣乃從百騎往馳三人。[7]三人亡馬步行，行數十里。廣令其騎張左右翼，[8]而廣身自射彼三人者，[9]殺其二人，生得一人，果匈奴射鵰者也。已縛之上山，[10]望匈奴數千騎，見廣，以爲誘騎，驚，上山陳。[11]廣之百騎皆大恐，欲馳還走。廣曰："我去大軍數十里，今如此走，匈奴追射，我立盡。今我留，匈奴必以我爲大軍之誘，[12]不我擊。"[13]廣令曰："前！"未到匈奴陳二里所，[14]止，令曰："皆下馬解鞍！"騎曰："虜多如是，解鞍，即急，奈何？"廣曰："彼虜以我爲走，今解鞍以示不去，[15]用堅其意。"[16]有白馬將出護兵。[17]廣上馬，與十餘騎奔射殺白馬將，而復還至其百騎中，解鞍，縱馬卧。[18]時會暮，胡兵終怪之，弗敢擊。夜半，胡兵以爲漢有伏軍於傍欲夜取之，即引去。平旦，[19]廣乃歸其大軍。後徙爲隴西、北地、鴈門、雲中太守。[20]

[1]【今注】案，侵上郡，殿本同，蔡琪本、大德本作"侵入上郡"。據本書《景紀》載，匈奴入上郡在景帝中元六年（前144）六月（《史記》卷一一《孝景本紀》作"八月"）。《史記》卷一〇九《李將軍列傳》作"匈奴大入上郡"。

[2]【顏注】服虔曰：内臣之貴幸者。【今注】中貴人：皇帝寵信的近臣。

[3]【今注】案，勒習兵，大德本同，蔡琪本、殿本作"勤習兵"。

[4]【顏注】張晏曰：放從游獵也（從，蔡琪本、大德本同，殿本作"縱"）。師古曰：張讀作"縱"，此説非也。直言將數十騎自隨，在大軍前行而忽遇敵也。從，音才用反。【今注】騎從：放馬馳騁。指派騎兵出擊。從，通"縱"。《史記·李將軍列傳》作"中貴人將騎數十縱"。

[5]【顏注】師古曰：走，趣也，音"奏"。

[6]【顏注】文穎曰：鵰，鳥也，故使善射者射之。師古曰：鵰，大鷙鳥也，一名鷲，黑色，翮可以爲箭羽，音"彫"。

[7]【顏注】師古曰：疾馳而逐之。

[8]【顏注】師古曰：旁引其騎，若鳥翼之爲。

[9]【今注】身自：親自。

[10]【今注】上山：周壽昌《漢書注校補》引《史記·李將軍列傳》認爲，當作"上馬"。但楊樹達《漢書窺管》認爲，上山望匈奴數千騎，文意可通。

[11]【顏注】師古曰：爲陳以待廣也。【今注】陳：擺列陣

形。陳，通“陣”。

[12]【今注】案，之誘，《史記·李將軍列傳》作“誘之”。

[13]【顏注】師古曰：不我擊，不敢擊我也。

[14]【今注】所：表示約數。同“許”。案，《史記·李將軍列傳》此句前有兩“前”字。

[15]【今注】今解鞍以示不去：王念孫《讀書雜志·漢書第十》認爲，“去”當爲“走”字之誤。“走”與“不走”，文正相對。

[16]【顏注】師古曰：示以堅牢，令敵意知之。【今注】用堅其意：王先謙《漢書補注》認爲，匈奴以李廣軍爲誘騎，故上山駐軍，但仍有懷疑。李廣等解鞍表示並不離開，使匈奴更加相信他們爲誘騎，不再懷疑。與上文“今我留，匈奴必以我爲大軍之誘”相對應。《史記》此文下有“於是胡騎遂不敢擊”八字。

[17]【顏注】師古曰：將之乘白馬者也。護謂監視之。

[18]【顏注】師古曰：縱，放也。

[19]【今注】平旦：天亮的時候。

[20]【今注】案，王先謙《漢書補注》認爲，《史記》敘此文，於“匈奴大入上郡”前云“嘗爲隴西、北地、雁門、代郡、雲中大守，皆以力戰爲名”，故此句漏一“代郡”。又據本書《百官公卿表》，李廣由隴西太守爲衛尉，則隴西當在諸郡末。《史記·李將軍列傳》則云，以上郡太守入爲衛尉。北地，郡名。治義渠(今甘肅寧縣西北)。雁門，郡名。治善無（今山西右玉縣南)。雲中，郡名。治雲中（今內蒙古托克托縣古城村)。

武帝即位，[1]左右言廣名將也，由是入爲未央衛尉，[2]而程不識時亦爲長樂衛尉。[3]程不識故與廣俱以邊太守將屯。[4]及出擊胡，而廣行無部曲行陳，[5]就善水草頓舍，人人自便，[6]不擊刁斗自衞，[7]莫府省文書，^[8]然亦遠斥候，^[9]未嘗遇害。程不識正部曲行伍營陳，擊刁斗，吏治軍簿^[10]至明，軍不得自便。^[11]不識曰："李將軍極簡易，然虜卒犯之，無以禁；^[12]而其士亦佚樂，^[13]爲之死。^[14]我軍雖煩擾，虜亦不得犯我。"是時漢邊郡李廣、程不識爲名將，然匈奴畏廣，士卒多樂從，而苦程不識。^[15]不識孝景時以數直諫爲太中大夫，^[16]爲人廉，謹於文法。

[1]【今注】武帝：劉徹。公元前 141 年至前 87 年在位。紀見本書卷六。

[2]【今注】未央衛尉：官名。掌管未央宮警衛。未央，漢宮名。因位於長樂宮西，又稱西宮。爲皇帝所居。遺址在今陝西西安市西北漢長安故城內西南。諸宮設衛尉，各因宮名命名。本書《百官公卿表》載，元光元年（前 134），隴西太守李廣爲衛尉。

[3]【今注】程不識：漢景帝時爲太中大夫。元光元年，以中尉爲騎將軍，屯雁門。 長樂衛尉：官名。掌管長樂宮警衛。長樂，漢宮名。因位於未央宮之東，又稱東宮。爲太后所居。遺址在今陝西西安市西北漢長安古城東南。

[4]【今注】將屯：將兵屯守。

[5]【顏注】師古曰：《續漢書·百官志》云："將軍領軍，皆有部曲。大將軍營五部，部校尉一人。部下有曲，曲有軍候一人。"今廣尚於簡易，故行道之中而不立部曲也。【今注】行陳：軍隊的行列和陣形。陳，通"陣"。

[6]【顏注】師古曰：頓，止也。舍，息也。便，安利也，音頻面反。其下亦同。【今注】頓舍：《史記》卷一〇九《李將軍列傳》作"屯舍，止"。

[7]【顏注】孟康曰：刁斗，以銅作鐎，受一斗。晝炊飯食，

夜擊持行夜（行夜，殿本作“行故”），名曰刁斗。今在滎陽庫中也。蘇林曰：形如銷，無緣。師古曰：“鐎”音“譙郡”之“譙”，温器也。銷，音火玄反。銷即銚也。今俗或呼銅銚，音“姚”。【今注】刁斗：古代軍中一種銅製用具，用於夜間傳聲。無足、無柄，可容一斗。似銅銷、銅銚（參見王淑梅《刁斗與鐎斗》，《華夏考古》2014 年第 1 期）。有學者認爲，當作“刀斗”（參見孫熙春《〈史記〉中的“刁斗”與“刀斗”辨析》，《沈陽大學學報》2006 年第 3 期）。有學者認爲，刁斗爲軍中作戰或守城時用於敲擊的銅器（參見張小東《鐎斗考》，《故宮博物院院刊》1992 年第 2 期）。又有鐎斗，古代用於宴會的温酒器，有柄、三足。

[8]【顏注】晉灼曰：將軍職在征行，無常處，所在爲治，故言莫府也。莫，大也。或曰，衞青征匈奴，絶大莫，大克獲，帝就拜大將軍於幕中府，故曰莫府。莫府之名始於此也。師古曰：二説皆非也。莫府者，以軍幕爲義，古字通單耳。軍旅無常居止，故以帳幕言之。廉頗、李牧市租皆入幕府，此則非因衞青始有其號。又莫訓大，於義乖矣。省，少也，音所領反。【今注】莫府：軍隊出征時將帥的官署。古代將軍出征時，軍隊駐扎的地點不固定，以幕帳爲官署。莫，通“幕”。　省文書：《史記·李將軍列傳》作“省約文書籍事”。

[9]【今注】斥候：放哨。指負責放哨、偵察的士兵。

[10]【顏注】師古曰：簿，文簿，音步户反。

[11]【今注】案，軍不得自便，《史記·李將軍列傳》作“軍不得休息，然亦未嘗遇害”。

[12]【顏注】師古曰：“卒”讀曰“猝”。

[13]【顏注】師古曰：“佚”與“逸”同。逸樂，謂閑豫也。

[14]【今注】案，爲之死，《史記·李將軍列傳》作“咸樂爲之死”。

[15]【顏注】師古曰：苦謂猒苦之也（猒，蔡琪本、大德本

同，殿本作"厭"；殿本無"之"字）。

[16]【今注】太中大夫：官名。秦漢九卿之一郎中令（光祿勳）屬官。掌議論。秩比千石。

　　後，漢誘單于以馬邑城，[1]使大軍伏馬邑傍，而廣爲驍騎將軍，屬護軍將軍。[2]單于覺之，去，漢軍皆無功。後四歲，[3]廣以衞尉爲將軍，出鴈門擊匈奴。匈奴兵多，破廣軍，生得廣。單于素聞廣賢，令曰："得李廣必生致之。"胡騎得廣，廣時傷，置兩馬閒，絡而盛臥。[4]行十餘里，廣陽死，睨其傍有一兒騎善馬，[5]暫騰而上胡兒馬上，[6]因抱兒鞭馬，[7]南馳數十里，得其餘軍。匈奴騎數百追之，廣行取兒弓射殺追騎，[8]以故得脫。於是至漢，漢下廣吏。吏當廣亡失多，爲虜所生得，[9]當斬，贖爲庶人。[10]

　　[1]【今注】單于：匈奴君主的稱號。全稱作"撑犁孤塗單于"。撑犁孤塗，即天之子。單于，廣大之貌。　馬邑：縣名。治所在今山西朔州市。

　　[2]【顏注】師古曰：韓安國。【今注】護軍將軍：武官名。由朝廷派遣率軍征戰，監督協調諸將，並領兵指揮作戰。

　　[3]【今注】後四歲：漢武帝元光六年（前129）。

　　[4]【今注】絡而盛臥：王先謙《漢書補注》認爲，李廣因傷不能起坐，故絡而盛其臥。《史記》卷一〇九《李將軍列傳》作"絡而盛臥廣，行十餘里"。盛臥，大德本作"盛之臥"，蔡琪本、殿本作"盛之"。

　　[5]【顏注】師古曰：睨，邪視也（蔡琪本、大德本同，殿本無"視"字），音五係反。

[6]【顔注】師古曰：騰，跳躍也。【今注】案，蔡琪本、大德本、殿本無後一"上"字，當據删。

[7]【今注】抱兒鞭馬：《史記·李將軍列傳》作"因推墮兒"。洪頤煊《讀書叢録》卷二一認爲，"抱"同"拋"。

[8]【顔注】師古曰：且行且射也。

[9]【顔注】師古曰：當謂處其罪也。

[10]【今注】贖爲庶人：漢時法律規定，被判死刑者可用金錢減免刑罰。張家山漢簡《二年律令》載，贖死，金二斤八兩。贖死之後，不再追加處罰（參見趙海龍《兩漢"減死刑"問題探析》，《咸陽師範學院學報》2014 年第 3 期）。庶人，平民。

　　數歲，與故潁陰侯屏居藍田南山中射獵。[1]嘗夜從一騎出，從人田閒飲。還至亭，[2]霸陵尉醉，[3]呵止廣，[4]廣騎曰："故李將軍。"尉曰："今將軍尚不得夜行，何故也！"宿廣亭下。居無何，匈奴入隴西，[5]殺太守，敗韓將軍。[6]韓將軍後徙居右北平，[7]死。於是上乃召拜廣爲右北平太守。廣請霸陵尉與俱，[8]至軍而斬之，上書自陳謝罪。上報曰："將軍者，國之爪牙也。《司馬法》曰：'登車不式，遭喪不服，[9]振旅撫師，以征不服；率三軍之心，同戰士之力，故怒形則千里竦，威振則萬物伏；[10]是以名聲暴於夷貉，威稜憺乎鄰國。'[11]夫報忿除害，捐殘去殺，[12]朕之所圖於將軍也；若迺免冠徒跣，稽顙請罪，[13]豈朕之指哉！[14]將軍其率師東轅，[15]彌節白檀，[16]以臨右北平盛秋。"[17]廣在郡，匈奴號曰"漢飛將軍"，避之，數歲不入界。

［1］【顏注】師古曰：潁陰侯，灌嬰之孫，名彊。【今注】故潁陰侯：漢初灌嬰封潁陰侯，其孫灌彊繼承爵位。漢武帝元光元年（前134），因罪削爵，所以稱故潁陰侯。潁陰，縣名。治所在今河南許昌市。　藍田：縣名。治所在今陝西藍田縣西。　南山：即終南山。在今陝西藍田縣東南，爲當時權貴游樂之地。

［2］【今注】亭：漢代基層行政機構，十亭爲一鄉。此處指霸陵都亭。

［3］【今注】霸陵：漢文帝陵。原爲芷陽縣，治所在今陝西西安市東。　尉：縣尉。掌管地方治安，防範、緝捕盜賊。

［4］【今注】呵：王先謙《漢書補注》云，當作“抲”。抲止，阻止使不得前行。楊樹達則認爲，“呵”同“訶”。

［5］【今注】案，大德本、蔡琪本、殿本作“遼西”。遼西，郡名。治陽樂（今遼寧義縣西）。

［6］【顏注】蘇林曰：韓安國。【今注】韓將軍：韓安國。傳見本書卷五二。

［7］【今注】右北平：郡名。漢初治無終（今天津市薊州區），後徙治平剛（今内蒙古寧城縣西）。

［8］【顏注】師古曰：奏請天子而將行。

［9］【顏注】服虔曰：式，撫車之式以禮敬人也。式者，車前橫木也，字或作“軾”。【今注】司馬法：兵書名。即《軍禮司馬法》，一百五十五篇。本書《藝文志》列入禮類。沈欽韓《漢書疏證》引《司馬法》作“兵車不式，城上不趨”，無“遭喪不服”一句。

［10］【顏注】師古曰：竦，驚也。

［11］【顏注】李奇曰：神靈之威曰稜。憺猶動也。蘇林曰：陳留人語恐言憺之。師古曰：稜，音來登反。憺，音徒濫反。【今注】威稜：王先謙《漢書補注》認爲，木四方爲棱。人有威嚴曰威棱。稜，通“棱”。

[12]【今注】捐殘去殺：使殘暴的人拋棄惡習，改邪歸正，然後死刑可以廢除。

[13]【今注】免冠徒跣稽顙請罪：摘下帽冠，赤脚步行，屈膝下拜，以額觸地。表示謝罪時極度惶恐。

[14]【顏注】師古曰：指，意也。

[15]【今注】東轅：東轅向東，指揮軍隊向東進發。轅，車前駕牲口的直木。

[16]【顏注】孟康曰：白檀，縣名也，屬右北平。李奇曰：彌節，少安之貌。師古曰：彌，音亡俾反。【今注】彌節白檀：臨時在白檀駐扎。彌節，途中臨時停留。白檀，縣名。治所在今河北灤平縣東北。本書《地理志下》載，白檀屬漁陽郡。

[17]【顏注】師古曰：盛秋馬肥，恐虜爲寇，故令折衝禦難也。【今注】案，王先謙《漢書補注》引王先慎説，"臨盛秋"即後世所謂"防秋"。古代北方游牧民族往往趁秋高馬肥時南侵。中原王朝此時加强邊防，稱爲"防秋"。

廣出獵，見草中石，以爲虎而射之，中石没矢，[1]視之石也。他日射之，終不能入矣。[2]廣所居郡聞有虎，常自射之。及居右北平射虎，虎騰傷廣，廣亦射殺之。

[1]【今注】没矢：《史記》卷一〇九《李將軍列傳》作"没鏃"。《集解》引徐廣曰：一作"没羽"。

[2]【今注】案，沈欽韓《漢書疏證》引《西京雜記》李廣與兄弟獵於冥山。王叔岷《史記斠證》認爲，此山在韓國。冥山，又稱石城山。在今河南信陽市東南。而右北平在塞外，則此事並非發生於李廣守右北平時。

石逮卒，[1]上召廣代爲郎中令。[2]元朔六年，[3]廣復爲將軍，從大將軍出定襄。[4]諸將多中首虜率爲侯者，[5]而廣軍無功。後三歲，[6]廣以郎中令將四千騎出右北平，博望侯張騫將萬騎與廣俱，[7]異道。行數百里，匈奴左賢王將四萬騎圍廣，[8]廣軍士皆恐，廣廼使其子敢往馳之。敢從數十騎直貫胡騎，[9]出其左右而還，報廣曰：“胡虜易與耳。”軍士乃安。爲圜陳外鄉，[10]胡急擊，矢下如雨。漢兵死者過半，漢矢且盡。廣乃令持滿毋發，[11]而廣身自以大黃射其裨將，[12]殺數人，胡虜益解。[13]會暮，吏士無人色，[14]而廣意氣自如，[15]益治軍。[16]軍中服其勇也。明日，復力戰，而博望侯軍亦至，匈奴廼解去。漢軍罷，弗能追。[17]是時廣軍幾沒，[18]歸。[19]漢法，博望侯後期，當死，贖爲庶人。[20]廣軍自當，亡賞。[21]

[1]【今注】石逮：石奮長子。事見本書卷四六《石奮傳》。逮，蔡琪本、殿本作“建”。

[2]【今注】郎中令：官名。漢九卿之一。掌管守衞宮殿門户。武帝時改爲光禄勳。

[3]【今注】元朔六年：公元前 123 年。元朔，漢武帝年號（前 128—前 123）。

[4]【今注】大將軍：官名。此處指衞青。將軍爲漢代高級武官的通稱。大將軍爲將軍的最高稱謂。位在三公上，卿以下皆拜。後又設大司馬，爲將軍的加官。掌統兵征戰。　定襄：郡名。治成樂（今内蒙古和林格爾縣盛樂鎮土城子村古城）。

[5]【顔注】如淳曰：中猶充也，充本法得首若干封侯也。師古曰：率謂軍功封賞之科著在法令者也。中，音竹仲反。其下

率亦同（蔡琪本、大德本同，殿本無此句）。【今注】首虜率：斬殺敵人首級和俘獲敵人數量的標準，用以評定軍功。祇有達到一定數量，纔可以封侯。

[6]【今注】後三歲：元狩三年（前 120）。元狩，漢武帝年號（前 122—前 177）。

[7]【今注】博望侯張騫：漢中成固（今陝西城固縣東）人。武帝時，多次出使西域。因功封博望侯。傳見本書卷六一。博望，縣名。治所在今河南方城縣西南。

[8]【今注】左賢王：匈奴官名。又稱左屠耆王。其名稱來自匈奴語“屠耆”，漢譯爲“賢”。匈奴出兵，單于領中部，左賢王居東，右賢王居西。

[9]【今注】直貫：徑直穿過。

[10]【顏注】師古曰：“鄉”讀曰“嚮”。【今注】圜陳外鄉：擺成圓形陣勢，方向朝外。圜，同“圓”。

[11]【顏注】師古曰：注矢於弓弩而引滿之（引，蔡琪本、大德本同，殿本作“張”），不發矢也。

[12]【顏注】服虔曰：黃肩弩也。孟康曰：太公陷堅卻敵，以大黃參連弩也。晉灼曰：黃肩即黃閒也，大黃其大者也。師古曰：服、晉二說是也。【今注】大黃：弩名。又稱黃肩（閒）弩。因體積大且色黃而得名。漢代弩的強度以石來計算，分一石至十石。黃肩弩爲十石弩，最強，射程可達四百米。　裨將：副將。

[13]【今注】解：通“懈”，懈怠。

[14]【顏注】師古曰：言懼也。

[15]【顏注】師古曰：自如，猶云如舊。

[16]【顏注】師古曰：巡部曲，整行陳也。

[17]【顏注】師古曰：“罷”讀曰“疲”。

[18]【顏注】師古曰：幾，音鉅依反。

[19]【今注】歸：停止戰鬥，返回營地。歸，蔡琪本、大德

本、殿本作"罷歸"。

[20]【今注】當死贖爲庶人：張家山漢簡《具律》："贖死，金二斤八兩。"黃金一斤值萬錢。

[21]【顏注】師古曰：自當，謂爲虜所勝，又能勝虜，功過相當也。【今注】廣軍自當亡賞：指李廣率四千騎，殺敵三千餘人，自己亦幾乎全軍覆没，故稱功過相當。《史記》卷一〇九《李將軍列傳》作"軍功自如"。

初，廣與從弟李蔡俱爲郎，[1]事文帝。景帝時，蔡積功至二千石。[2]武帝元朔中，爲輕車將軍，[3]從大將軍擊右賢王，[4]有功中率，[5]封爲樂安侯。[6]元狩二年，[7]代公孫弘爲丞相。[8]蔡爲人在下中，[9]名聲出廣下遠甚，然廣不得爵邑，[10]官不過九卿。[11]廣之軍吏及士卒或取封侯。廣與望氣王朔語曰：[12]"自漢征匈奴，[13]廣未嘗不在其中，而諸妄校尉已下，[14]材能不及中，[15]以軍功取侯者數十人。廣不爲後人，然終無尺寸功以得封邑者，何也？豈吾相不當侯邪？"[16]朔曰："將軍自念，豈嘗有恨者乎？"[17]廣曰："吾爲隴西守，羌嘗反，[18]吾誘降者八百餘人，詐而同日殺之，至今恨獨此耳。"朔曰："禍莫大於殺已降，[19]此迺將軍所以不得侯者也。"

[1]【今注】從弟：堂弟。從，指同祖叔伯的子女。

[2]【今注】二千石：王先謙《漢書補注》引本書卷五五《衛青霍去病傳》載，代相李舉爲輕車將軍。諸侯王相秩二千石，故此處所説積功至二千石，指爲代相。

[3]【今注】輕車將軍：武官名。漢代將軍名號，雜號將軍之

一。武帝元光二年（前 133）初置。輕車，又稱馳車、攻車。

[4]【今注】右賢王：漢時匈奴官名。匈奴謂賢爲“屠耆”，又稱右屠耆王。

[5]【今注】有功中率：其戰功符合上文所説的首虜率，故得以封侯。中，符合。

[6]【顔注】師古曰：此傳及《百官表》並爲樂安侯，而《功臣表》作“安樂侯”，是《功臣表》誤也。【今注】樂安：縣名。治所在今山東博興縣東北。

[7]【今注】元狩二年：公元前 121 年。

[8]【今注】公孫弘：漢武帝元朔五年（前 124）任丞相，封平津侯。傳見本書卷五八。

[9]【顔注】師古曰：在下輩之中。【今注】下中：下等里的中等，即第八等。本書《古今人表》論人分爲九等，從上上到下下。

[10]【今注】爵邑：爵位和封邑。

[11]【今注】九卿：泛指古代中央政府居卿位的高級官吏。

[12]【今注】望氣：通過望雲氣，附會人事，預測吉凶禍福。此處指望氣者。　案，曰，蔡琪本、大德本同，殿本作“云”。

[13]【今注】案，征，蔡琪本、大德本、殿本作“擊”。

[14]【顔注】張晏曰：妄猶凡也。【今注】諸妄：諸凡。《史記》卷一〇九《李將軍列傳》作“諸部”。　校尉：武官名。校尉爲秦漢時中級武官，係由一部一校的軍隊編制而來。

[15]【顔注】師古曰：中謂中庸之人也。

[16]【今注】案，《史記·李將軍列傳》此句下有“且固命也”四字。

[17]【顔注】師古曰：恨，悔也。　【今注】有恨：王念孫《讀書雜志·漢書第十》以爲“恨”上當有“所”字，而今本脱之。

[18]【今注】羌：古代部族名。西漢時臣服匈奴，散居在今甘肅、青海一帶。

[19]【今注】禍莫大於殺已降：沈欽韓《漢書疏證》引《吳越春秋》：“吳王曰：‘吾聞誅降殺服，禍及三世。’”漢高祖數項羽十罪中，即有“殺已降”。又稱“且人已服降，又殺之，不祥”。

廣歷七郡太守，[1]前後四十餘年，得賞賜，輒分其戲下，[2]飲食與士卒共之。家無餘財，終不言生產事。爲人長，[3]爰臂，[4]其善射亦天性，雖子孫他人學者莫能及。[5]廣吶口少言，[6]與人居，則畫地爲軍陳，射闊狹以飲。專以射爲戲。[7]將兵乏絕處見水，士卒不盡飲，不近水，不盡餐，不嘗食。[8]寬緩不苛，[9]士以此愛樂爲用。其射，見敵，非在數十步之內，度不中不發，[10]發即應弦而倒。用此，其將數困辱，[11]及射猛獸，亦數爲所傷云。

[1]【今注】七郡太守：上谷、上郡、北地、雁門、代郡、雲中、隴西七郡太守。

[2]【顏注】師古曰：“戲”讀曰“麾”，又音許宜反。【今注】戲下：部下。戲，同“麾”，古代軍隊指揮的旗幟。

[3]【今注】爲人長：身材高大。

[4]【顏注】如淳曰：臂如猨臂通肩也。或曰，似當爲緩臂也。師古曰：《王國風·芄蘭》之詩云“有芄爰爰”，爰爰（殿本無此二字），緩意也（緩意也，蔡琪本、大德本同，殿本作“亦緩意”），其義兩通。【今注】爰臂：長如猿猴的手臂，非常靈活。爰，通“猿”。《史記》卷一〇九《李將軍列傳》作“猨臂”。

[5]【今注】學者莫能及：本書《藝文志》有《李將軍射法》

三篇。

[6]【顏注】師古曰："吶"亦"訥"字。【今注】吶口：説話遲鈍。吶，通"訥"。

[7]【顏注】如淳曰：爲戲求疏密，持酒以飲不勝者也。【今注】則畫地爲軍陳射闊狹以飲專以射爲戲：在地上畫出軍陣圖，有的行列寬，有的行列窄。比賽射軍陣圖，射中窄的行列且能使箭直爲勝；没有射中、射中寬綫或雖射中窄綫而箭不直的均爲負，負者罰酒。

[8]【今注】案，"將兵乏絶處見水"數句，李廣帶領軍隊到了缺水缺糧的地方，士兵没有都喝上水，他就不去喝水；士兵没有都吃上飯，他就不去吃飯。

[9]【顏注】師古曰：苛，細也。【今注】寬緩不苛：寬鬆而不苛刻。

[10]【顏注】師古曰：度，音待各反。中，音竹仲反。

[11]【今注】其將數困辱：王先謙《漢書補注》認爲，李廣不到敵人臨近時不射箭，所以率軍往往被敵人圍困，十分窘迫。

元狩四年，[1]大將軍票騎將軍大擊匈奴，[2]廣數自請行。上以爲老，不許；良久乃許之，以爲前將軍。[3]

[1]【今注】元狩四年：公元前 119 年。

[2]【今注】大將軍：官名。將軍的最高稱謂。位在三公上，卿以下皆拜。　票騎將軍：武官名。指霍去病。漢武帝元狩二年（前 121）始置，以霍去病爲之，金印紫綬，位同三公。"票騎"或作"驃騎"，爲將軍之號，取驍勇之意。

[3]【今注】前將軍：武官名。位居大將軍、驃騎將軍、車騎將軍之後，與後、左、右將軍同級。

大將軍青出塞，[1]捕虜知單于所居，廼自以精兵走之，[2]而令廣并於右將軍軍，出東道。[3]東道少回遠，[4]大軍行，水草少，其勢不屯行。[5]廣辭曰：“臣部爲前將軍，今大將軍乃徙臣出東道，且臣結髮而與匈奴戰，[6]廼今一得當單于，臣願居前，先死單于。”[7]大將軍陰受上指，以爲李廣數奇，[8]毋令當單于，恐不得所欲。[9]是時公孫敖新失侯，[10]爲中將軍，[11]大將軍亦欲使敖與俱當單于，[12]故徙廣。廣知之，固辭。大將軍弗聽，令長史封書與之莫府，[13]曰：“急詣部，如書。”[14]廣不謝大將軍而起行，意象愠怒[15]而就部，引兵與右將軍食其合軍出東道。[16]惑失道，後大將軍。[17]大將軍與單于接戰，單于遁走，弗能得而還。南絕幕，廼遇兩將軍。[18]廣已見大將軍，還入軍。大將軍使長史持糒醪遺廣，[19]因問廣、食其失道狀，曰：“青欲上書報天子失軍曲折。”[20]廣未對。大將軍長史急責廣之莫府上簿。[21]廣曰：“諸校尉亡罪，乃我自失道。吾今自上簿。”

［1］【今注】塞：指定襄。治所在今内蒙古呼和浩特市賽罕區黄合少鎮西梁村（原“城墻村”）古城。

［2］【顏注】師古曰：走，趣也，音“奏”。

［3］【顏注】師古曰：并，合也，合軍而同道（蔡琪本、大德本同，殿本“道”後有“也”字）。【今注】右將軍：指趙食其。

［4］【顏注】師古曰：回，繞也（繞，蔡琪本、大德本同，殿本作“遶”），曲也，音胡悔反。【今注】少回遠：稍迂回繞遠。

[5]【顏注】張晏曰：以水草少，不可群輩也。【今注】不屯行：不能結隊前進。屯，軍隊聚集。

[6]【顏注】師古曰：言始勝冠即在戰陳。【今注】結髮：束髮。指年輕的時候。古代男子年滿二十歲，束起頭髮，戴上冠，表示成年。

[7]【顏注】師古曰：致死而取單于。

[8]【顏注】孟康曰：奇，隻不耦也。如淳曰：數爲匈奴所敗，爲奇不耦。師古曰：言廣命隻不耦合也。孟説是矣。數，音所角反。奇，音居宜反。【今注】數奇：命運不好，諸事多不利。古人占卜以“偶”爲吉，以“奇”爲凶。

[9]【顏注】師古曰：謂不勝敵也。【今注】恐不得所欲：漢軍此次欲擒單于，擔心李廣直接與單于交戰，影響實現既定目標。

[10]【今注】公孫敖新失侯：漢武帝元朔五年（前124），以校尉從大將軍，封合騎侯。元狩二年（前121）因罪失爵。公孫敖，義渠人，事見本書卷五五《衞青霍去病傳》。

[11]【今注】爲中將軍：本書《衞青霍去病傳》載，漢武帝元狩四年出塞，有前、後、左、右將軍，無中將軍，而公孫敖以校尉從大將軍。案，《衞青霍去病傳》元朔五年封合騎侯，六年，以中將軍從大將軍再出定襄，無功。

[12]【今注】使敖與俱當單于：漢武帝建元三年（前138），館陶長公主劉嫖欲殺衞青，衞青被公孫敖所救，故欲使公孫敖一起進攻單于而立功。

[13]【顏注】師古曰：之，往也。莫府，衞青行軍府。【今注】令長史封書與之莫府：令長史封公文給李廣的前將軍幕府。長史，官名。漢代三公、將軍府皆設，爲諸掾史之長，隨軍出征，協助大將軍監督屬吏，備顧問，處理政務。類似今之秘書。秩千石。案，與之莫府，蔡琪本、大德本、殿本“與”後有“廣”字。

[14]【今注】急詣部如書：命令李廣趕快到右將軍處報到，

照文書的命令出東道。

[15]【顏注】師古曰：言慍怒之色形於外也。

[16]【顏注】師古曰：趙食其也。"食"音"異"。"其"音"基"。

[17]【顏注】師古曰：惑，迷也。在後不及期也。【今注】惑失道：王念孫《讀書雜志·漢書第十》認爲，正文、注文本皆作"或"，通"惑"。今作"惑"，後人不識古字而改。以字本作"或"，故師古釋之曰"或，迷也"。本書《衛青霍去病傳》作"或失道"。

[18]【顏注】師古曰：絕，渡也。【今注】南絕幕迺遇兩將軍：向南橫跨沙漠。絕，橫跨或橫渡。幕，通"漠"。兩將軍，前將軍李廣與右將軍趙食其。

[19]【顏注】師古曰：糒，乾飯也。醪，汁滓酒也。"糒"音"備"。"醪"音"牢"。

[20]【顏注】師古曰：曲折猶言委曲也。【今注】失軍曲折：報失軍之委曲情狀也。廣、食其軍與大將軍軍相失，故曰"失軍"。軍隊迷失道路。

[21]【顏注】師古曰：之，往也。簿謂文狀也，音步戶反。【今注】上簿：受審、對質。《史記》卷一〇九《李將軍列傳》作"對簿"。

至莫府，[1]謂其麾下曰："廣結髮與匈奴大小七十餘戰，今幸從大將軍出接單于兵，而大將軍徙廣部行回遠，又迷失道，豈非天哉！且廣年六十餘，終不能復對刀筆之吏矣！"[2]遂引刀自剄。百姓聞之，知與不知，老壯皆爲垂泣。[3]而右將軍獨下吏，當死，贖爲庶人。

[1]【今注】莫府：李廣的前將軍幕府。

[2]【今注】刀筆之吏：掌管文書檔案的官吏。古代文書以筆在簡上書寫，如有錯誤，用刀削去。後以刀筆爲筆吏。

[3]【顏注】師古曰：知謂素相識知也。

廣三子，曰當户、椒、敢，皆爲郎。上與韓嫣戲，[1]嫣少不遜，[2]當户擊嫣，嫣走，於是上以爲能。當户蚤死，[3]乃拜椒爲代郡大守，[4]皆先廣死。廣死軍中時，敢從票騎將軍。廣死明年，[5]李蔡以丞相坐詔賜冢地陽陵，[6]當得二十畮，蔡盜取三頃，頗賣得四十餘萬，又盜取神道外壖地一畮葬其中，[7]當下獄，自殺。敢以校尉從票騎將軍擊胡左賢王，力戰，奪左賢王旗鼓，斬首多，賜爵關内侯，[8]食邑二百户，代廣爲郎中令。[9]頃之，怨大將軍青之恨其父，[10]廼擊傷大將軍，大將軍匿諱之。居無何，敢從上雍，至甘泉宮獵，[11]票騎將軍去病怨敢傷青，射殺敢。去病時方貴幸，上爲諱，云鹿觸殺之。居歲餘，去病死。[12]

[1]【今注】韓嫣：傳見本書卷九三。

[2]【顏注】師古曰："嫣"音"偃"。

[3]【顏注】師古曰：蚤，古"早"字（殿本無此注）。

[4]【今注】代郡：治代縣（今河北蔚縣西南）。

[5]【今注】明年：漢武帝元狩五年（前118）。

[6]【今注】李蔡：漢武帝元狩二年任丞相。　冢地：墓地。陽陵：縣名。治所在今陝西咸陽市東北。漢景帝陵園所在地。

[7]【顏注】師古曰：壖，音人椽反。【今注】神道：墓前道路。漢代以降，在陵墓前開道，建石柱以爲標。　壖地：古代陵墓

有廟，廟周圍有墙，墙外空地即爲壖地。

[8]【今注】關内侯：爵名。秦漢二十等爵制的第十九級，次於列侯。有侯號、封户而無封土，居京畿，有徵收租税之權。也有在關内有封土者，食其租税。擊左賢王事在元狩四年，霍去病則率軍東出代郡。

[9]【今注】案，據本書《百官公卿表》，李敢爲郎中令在元狩五年。

[10]【顔注】師古曰：令其父恨而死也。【今注】恨其父：李廣欲居前部攻擊單于，而衞青不聽。“恨”讀爲“很”。很，違背。

[11]【顔注】師古曰：無何，謂未多時也。雍之所在，地形積高，故云上也。上，音時掌反。他皆類此。【今注】從上雍：周壽昌《漢書注校補》説，當作“從上幸雍”。隨武帝到雍縣。本書卷六《武紀》載，元狩五年春三月，丞相李蔡有罪，自殺。雍，縣名。治所在今陝西鳳翔縣西南。　甘泉宫：古宫名。又名“雲陽宫”。在今陝西淳化縣西北甘泉山。本爲秦二世林光宫，武帝建元元年（前140）擴建。

[12]【今注】去病死：在漢武帝元狩六年秋九月。

敢有女爲太子中人，[1]愛幸。敢男禹有寵於太子，然好利，亦有勇。嘗與侍中貴人飲，侵陵之，莫敢應。[2]後愬之上，[3]上召禹，使刺虎，縣下圈中，[4]未至地，有詔引出之。禹從落中以劍斫絶纍，欲刺虎。[5]上壯之，遂救止焉。而當户有遺腹子陵，將兵擊胡，兵敗，降匈奴。後人告禹謀欲亡從陵，下吏死。

[1]【今注】太子：漢武帝長子劉據。元狩元年（前122）立

爲太子。　中人：没有封號的宫人。

[2]【顔注】師古曰：言畏其勇氣。

[3]【今注】愬：同“訴”。訴説。

[4]【今注】縣下圈中：用繩吊掛着下到虎圈中。虎圈爲漢代養虎之所，在長安西上林苑中。縣，通“懸”。

[5]【顔注】師古曰：“落”與“絡”同，謂當時絚絡之而下也。纍，索也，音力追反。【今注】禹從落中以劍斫絶纍：李禹從繩圈中用劍斬斷繩索。落，指繫住李禹的繩圈。纍，繩索。

陵字少卿，少爲侍中建章監。[1]善騎射，愛人，謙讓下士，[2]甚得名譽。武帝以爲有廣之風，使將八百騎，深入匈奴二千餘里，過居延視地形，[3]不見虜，還。拜爲騎都尉，[4]將勇敢五千人，[5]教射酒泉、張掖以備胡。[6]數年，漢遣貳師將軍伐大宛，[7]使陵將五校兵隨後。[8]行至塞，會貳師還。上賜陵書，陵留吏士，與輕騎五百出燉煌，[9]至鹽水，[10]迎貳師還，復留屯張掖。

[1]【今注】侍中：加官名。侍從皇帝，出入宫庭，備顧問，參與朝政。設僕射一人。　建章監：官名。建章宫衛尉屬官。建章，宫名。漢武帝時建，在長安城外，未央宫西。故址在今陝西西安市西北郊。

[2]【顔注】師古曰：下，音胡亞反。

[3]【今注】居延：湖名。在今内蒙古額濟納旗北。由居延水（弱水，即今額濟納河）匯聚而成。因其地時爲匈奴族居延人活動之處，故名。又名居延海、居延澤。

[4]【今注】騎都尉：官名。郎中令屬官，多加官侍中。掌領

兵征戰。漢武帝時重置，掌從騎。宣帝時增加監羽林和使護西域兩職能。

[5]【今注】將勇敢五千人：《史記》卷一〇九《李將軍列傳》作"將丹陽楚人五千人"。

[6]【今注】酒泉：郡名。治禄福（今甘肅酒泉市）。　張掖：郡名。治觻得（今甘肅張掖市西北）。

[7]【今注】貳師將軍：漢武帝太初元年（前104），李廣利被派遣出征貳師城，因而得名。李廣利，傳見本書卷六一。貳師，地名。在今吉爾吉斯斯坦奧什城，產良馬。　大宛：西域古國名。都貴山城（今烏茲別克斯坦塔什干市東南卡散賽）。

[8]【今注】五校兵：五部軍隊。古時軍隊以一部爲一校，五校即五部。

[9]【今注】燉煌：郡名。治敦煌縣（今甘肅敦煌市七里鎮白馬塔村）。燉煌，蔡琪本、大德本、殿本作"敦煌"。

[10]【今注】鹽水：地名。在今新疆吐魯番市東。

　　天漢二年，[1]貳師將三萬騎出酒泉，擊右賢王於天山。[2]召陵，欲使爲貳師將輜重。[3]陵召見武臺，[4]叩頭自請曰："臣所將屯邊者，皆荊楚勇士、奇材劍客也，[5]力扼虎，射命中，[6]願得自當一隊，[7]到蘭干山南以分單于兵，[8]毋令專鄉貳師軍。"[9]上曰："將惡相屬邪！吾發軍多，毋騎予女。"[10]陵對："對所事騎，[11]臣願以少擊衆，步兵五千人涉單于庭。"上壯而許之，因詔彊弩都尉路博德將兵半道迎陵軍。[12]博德故伏波將軍，[13]亦羞爲陵後距，[14]奏言："方秋匈奴馬肥，未可與戰，臣願留陵至春，俱將酒泉、張掖騎各五千人並擊東西浚稽，可必禽也。"[15]書奏，上怒，疑陵悔不欲出而教博德上書，廼詔博德："吾欲予李陵騎，云'欲以少擊衆'。今虜入西河，[16]其引兵走西河，遮鉤營之道。"[17]詔陵："以九月發，出遮虜鄣，[18]至東浚稽山南龍勒水上，[19]俳佪觀虜，即亡所見，從浞野侯趙破奴故道抵受降城休士，[20]因騎置以聞。[21]所與博德言者云何？[22]具以書對。"陵於是將其步卒五千人出居延，北行三十日，至浚稽山止營，舉圖所過山川地形，使麾下騎陳步樂還以聞。步樂召見，道陵將率得士死力，上甚説，[23]拜步樂爲郎。

[1]【今注】天漢二年：公元前99年。天漢，漢武帝年號（前100—前97）。

[2]【今注】案，右賢王，蔡琪本、大德本同，殿本作"左賢王"。 天山：即祁連山。匈奴稱"天"爲"祁連"。山分南北，北即今新疆境内的天山，南指今甘肅、青海之間的祁連山。此處天山指南祁連山。

[3]【顔注】師古曰：重，音直用反。【今注】輜重：運輸部隊攜帶的軍械、糧草、被服等物資。

[4]【顔注】師古曰：未央宮有武臺殿。

[5]【今注】荆楚：古區域名。包括今湖北全域及其周圍。

[6]【顔注】師古曰：扼謂捉持之也。命中者，所指名處即中之也。"扼"音"厄"。

[7]【顔注】師古曰：隊，部也，音徒内反。

[8]【今注】蘭干山：在今甘肅蘭州市南。

[9]【顔注】師古曰："鄉"讀曰"向"（向，大德本同，蔡琪本、殿本作"嚮"）。【今注】專鄉：匈奴集中兵力對付貳師軍。鄉，同"向"。

［10］【今注】毋騎予女：没有騎兵給你。“女”通“汝”。

［11］【顔注】師古曰：猶言不事須騎也。

［12］【今注】彊弩都尉：武官名。都尉爲漢代地方郡中最高武官，因軍中職司以及區域不同，加各種名號。彊弩都尉即以都尉率彊弩軍。　路博德：事見本書卷五五《衛青霍去病傳》。

［13］【今注】伏波將軍：漢代雜號將軍之一。漢武帝元鼎五年（前112）秋，以路博德爲伏波將軍，征南越。

［14］【今注】後距：雄雞、雉等的足後突出如趾的部分。亦作“後拒”。居後以抗擊敵人的部隊。

［15］【顔注】師古曰：浚稽，山名。時虜分居此兩山也。“浚”音“峻”。“稽”音“雞”。【今注】浚稽：山名。今内蒙古居延海以北，蒙古國南部鄂洛克泊以南。

［16］【今注】西河：郡名。治平定（今内蒙古准格爾旗西南）。

［17］【顔注】張晏曰：胡來要害道，令博德遮之。師古曰：“走”音“奏”。【今注】鈎營：地名。在今内蒙古。

［18］【顔注】師古曰：鄣者，塞上險要之處，往往脩築，别置候望之人，所以自鄣蔽而伺敵也。遮虜，鄣名也。【今注】遮虜鄣：路博德所築，即居延城，亦稱居延塞，在今甘肅金塔縣北邊、内蒙古額濟納旗。陳直《漢書新證》認爲，西漢邊郡烽燧之制，候官之下有候長，候長之下有燧長。另在險要之處修築以備候望，大者曰鄣，小者曰塞，鄣有鄣尉，塞有塞尉。鄣尉下有令史，有鄣卒，塞尉下有士史、尉史各二人。

［19］【今注】龍勒水：今蒙古國西部古爾班博克多山脈南幹河，居延以北，蒙古國境内杭愛山脈南。

［20］【顔注】師古曰：抵，歸也。受降城本公孫敖所築。休，息也。浞，音仕角反。【今注】浞野侯趙破奴：漢武帝元封元年（前110）破樓蘭，擒獲樓蘭王，受封爲浞野侯。事見本書《衛

青霍去病傳》。 受降城：城名。在今内蒙古烏拉特中旗東陰山北。漢武帝太初元年（前104），爲接受匈奴左大都尉投降，令將軍公孫敖所築。

[21]【顏注】師古曰：騎置，謂驛騎也。【今注】騎置：傳遞文書的騎兵。

[22]【顏注】張晏曰：天子疑陵教博德上書求至春乃俱西也。

[23]【顏注】師古曰："説"讀曰"悦"。

陵至浚稽山，與單于相值，[1]騎可三萬圍陵軍。軍居兩山間，[2]以大車爲營。[3]陵引士出營外爲陳，前行持戟盾，後行持弓弩，[4]令曰："聞鼓聲而縱，聞金聲而止。"[5]虜見漢軍少，直前就營。陵搏戰攻之，[6]千弩俱發，應弦而倒。虜還走上山，漢軍追擊，殺數千人。單于大驚，召左右地兵八萬餘騎攻陵。[7]陵且戰且引，南行數日，抵山谷中。[8]連戰，士卒中矢傷，三創者載輦，兩創者將車，[9]一創者持兵戰。陵曰："吾士氣少衰而鼓不起者，何也？[10]軍中豈有女子乎？"始軍出時，關東群盜妻子徙邊者隨軍爲卒妻婦，[11]大匿車中。陵搜得，皆劍斬之。明日復戰，斬首三千餘級。引兵東南，循故龍城道行，[12]四五日，抵大澤葭葦中，[13]虜從上風縱火，陵亦令軍中縱火以自救。[14]南行至山下，單于在南山上，使其子將騎擊陵。陵軍步鬭樹木間，復殺數千人，因發連弩射單于，[15]單于下走。是日捕得虜，言："單于曰：'此漢精兵，擊之不能下，日夜引吾南近塞，得毋有伏兵乎？'諸當户君長皆言:[16] '單于自將數萬騎擊漢數千人不能滅，後無以復使邊臣，令漢益輕匈奴。復力戰山谷間，尚四五十里得平地，不能破，廼還。'"

［1］【今注】相值：相遇。

［2］【今注】兩山閒：即上文所説東西浚稽之間。

［3］【今注】以大車爲營：沈欽韓《漢書疏證》認爲，李陵以此車載輜重，鞏固行陳，防備匈奴騎兵衝突。臨交戰時則仍用步騎，並未嘗以車戰。

［4］【顏注】師古曰：行並音胡剛反。

［5］【顏注】師古曰：金謂鉦也，一名鐲，"鐲"音"濁"。【今注】金：即"鉦"。古代一種樂器。用銅製成，形似鐘而狹長，有長柄，口向上，在行軍時敲打。古時作戰的信號是進攻擊鼓，收兵鳴金。

［6］【顏注】如淳曰：手對戰也。

［7］【今注】左右地兵：匈奴左右賢王所領東西二部之兵。匈奴自冒頓單于分爲三部，單于自領中部。

［8］【顏注】師古曰：抵，當也，至也。其下亦同。

［9］【今注】三創者載輦兩創者將車：傷重者不能行，用輦車載行，傷稍輕者駕車前行。將車，駕馭車輛。

［10］【顏注】師古曰：擊鼓進士而士氣不起也。一曰，士卒以有妻婦，故聞鼓音而不時起也。

［11］【今注】關東：函谷關以東的地區。

［12］【今注】龍城：地名。匈奴單于祭天、大會諸部的地方，也是匈奴王庭所在地。原在今内蒙古烏蘭察布市陰山一帶。漢武帝元狩四年（前119），匈奴被衛青、霍去病挫敗，龍庭北遷至今蒙古國鄂爾渾河西側和碩柴達木湖附近。故龍城，即元狩四年以前的龍城。也作"蘢城"。

[13]【顏注】師古曰：葭即蘆也，音"家"。

[14]【顏注】師古曰：預自燒其旁草木，令虜火不得延及也。

[15]【顏注】服虔曰：三十弩共一弦也。張晏曰：三十絭共一臂也。師古曰：張説是也。絭，音去權反，又音"眷"。【今注】連弩：裝有機栝，可以連續發射的弩。

[16]【顏注】師古曰：當户，匈奴官名也。【今注】當户君長：泛指匈奴大小官員。當户，匈奴官名。冒頓單于時始置。又作"大當户"，分左、右。位次左、右大都尉，以單于同姓貴族擔任。分别統軍作戰，爲匈奴二十四個萬騎長之一。

是時陵軍益急，匈奴騎多，戰一日數十合，復傷殺虜二千餘人。虜不利，欲去，會陵軍候管敢爲校尉所辱，[1]亡降匈奴，具言："陵軍無後救，射矢且盡，獨將軍麾下及成安侯校各八百人爲前行，[2]以黃與白爲幟，[3]當使精騎射之即破矣。"成安侯者，穎川人，[4]父韓千秋，故濟南相，[5]奮擊南越戰死，[6]武帝封子延年爲侯，以校尉隨陵。單于得敢，大喜，使騎並攻漢軍，疾呼曰："李陵、韓延年趣降！"[7]遂遮道急攻陵。陵居谷中，虜在山上，四面射，矢如雨下。漢軍南行，未至鞮汗山，[8]一日五十萬矢皆盡，[9]即棄車去。士尚三千餘人，徒斬車輻而持之，[10]軍吏持尺刀，[11]抵山入陜谷。單于遮其後，乘隅下壘石，[12]士卒多死，不得行。昏後，陵便衣獨步出營，[13]止左右："毋隨我，丈夫一取單于耳！"[14]良久，陵還，大息曰："兵敗，死矣！"軍吏或曰："將軍威震匈奴，天命不遂，後求道徑還歸，如涩野侯爲虜所得，[15]後亡還，[16]天子客遇之，[17]況於將軍乎！"陵曰："公止！吾不死，非壯也。"[18]於是盡斬旌旗，及珍寶埋地中，[19]陵歎曰："復得數十矢，[20]足以脫矣。今無兵復戰，[21]天明坐受縛矣！各鳥獸散，猶有得脫歸報天子者。"[22]令軍士人持二升糒，一半冰，[23]期至遮虜鄣者相待。[24]夜半時，擊鼓起士，鼓不鳴。[25]陵與韓延年俱上馬，壯士從者十餘人。虜騎數千追之，韓延年戰死。陵曰："無面目報陛下！"遂降。軍人分散，脫至塞者四百餘人。[26]

[1]【今注】軍候：武官名。漢制，大將軍營有各部校尉，部下有曲，曲有軍候一人。沈欽韓《漢書疏證》據《文選注》引《陵傳》云"被校尉笞之五十，乃亡入匈奴"，與此不同。

[2]【今注】成安侯：即韓延年。漢武帝元鼎四年（前113）封成安侯。成安，縣名。治所在今河南汝州市東南。

[3]【顏注】師古曰：幟，旗也，音式志反。

[4]【今注】潁川：郡名。治陽翟（今河南禹州市）。

[5]【今注】濟南：國名。都東平陵（今山東濟南市章丘區西北）。 相：官名。漢代派往諸侯國的最高行政長官，掌統領百官。原稱主相、相國。景帝中元五年（前145）改稱相。秩二千石。

[6]【今注】南越：國名。都番禺（今廣東廣州市番禺區）。高祖十一年（前196），封趙佗爲南越王。武帝元鼎五年，南越國相吕嘉殺國王和漢使，武帝派兵征討平定。

[7]【顏注】師古曰：且攻且呼也（攻，蔡琪本、大德本同，殿本作"戰"）。呼，音火故反。"趣"讀曰"促"。

[8]【顏注】師古曰：鞮，音丁奚反。【今注】鞮汗山：在今蒙古國南部，位於居延澤北。

[9]【今注】一日：當屬上句，指距鞮汗山有一日行程。一日，大德本同，蔡琪本、殿本作“百”。

[10]【顏注】師古曰：徒，但也。

[11]【今注】尺刀：短刀。《釋名・釋兵》稱“短刀曰拍髀”，佩於腰間，貼身携帶。又名服刀。

[12]【顏注】服虔曰：山名也。師古曰：此説非也。言放石以投人，因山隅曲而下也。壘，音盧對反。【今注】壘石：王先謙《漢書補注》認爲，指李陵進入谷中，匈奴斷其後路，以壘石堵谷口，使不得逃出。壘石，指將石頭累積，高度如同軍營壁壘，故稱壘石。

[13]【顏注】蘇林曰：搴衣卷褰而行也。師古曰：此説非也。便衣，謂著短衣小褰也。【今注】便衣：周壽昌《漢書注校補》稱，便衣指不穿甲胄，欲與敵人決一死戰。

[14]【顏注】師古曰：言一身獨取也。

[15]【今注】浞野侯爲虜所得：浞野侯趙破奴曾經逃入匈奴，後來回到漢朝，爲票騎將軍霍去病司馬。漢武帝太初二年（前103）秋，攻擊匈奴，失利被俘。天漢元年（前100）逃回漢朝。

[16]【今注】案，還，蔡琪本、大德本同，殿本作“遠”。

[17]【今注】客遇之：王念孫《讀書雜志・漢書第十》認爲，“客”當作“容”。指天子寬恕趙破奴，不問其敗軍之罪。

[18]【今注】案，蔡琪本、大德本、殿本“壯”後多一“士”字。

[19]【今注】珍寶：陳直《漢書新證》認爲，指案、杯、尊、盤、衣篋之類。

[20]【今注】復得數十矢：《漢書考正》引宋祁説，南本、浙本“復”字下有“人”字。每人數十矢，當更爲合理。

[21]【顏注】師古曰：兵即謂矢及矛戟之屬也。

[22]【顏注】師古曰：脱，免也，音土活反。次下亦同。

[23]【顏注】如淳曰："半"讀曰"片"，或曰五外曰半（外，蔡琪本、大德本、殿本作"升"）。師古曰："半"讀曰"判"。判，大片也。時冬寒有冰，持之以備渴也。【今注】一半冰：周壽昌《漢書注校補》云，當時爲天漢二年五月，故北方天寒，仍有冰，可以用來解渴。

[24]【今注】期至遮虜鄣者相待：王先謙《漢書補注》引《資治通鑑》胡三省注，指與軍士約定，有先至遮虜鄣者，駐扎以待後來者。

[25]【今注】鼓不鳴：沈欽韓《漢書疏證》引《六韜·五音篇》："聲鼓之聲溫以沐，此大敗之徵也。"

[26]【今注】脫至塞者：逃脫至遮虜鄣的漢軍士兵。

陵敗處去塞百餘里，邊塞以聞。上欲陵死戰，召陵母及婦，使相者視之，[1]無死喪色。後聞陵降，上怒甚，責問陳步樂，步樂自殺。群臣皆罪陵，上以問大史令司馬遷，[2]遷盛言："陵事親孝，與士信，常奮不顧身以殉國家之急。[3]其素所畜積也，[4]有國士之風。[5]今舉事一不幸，全軀保妻子之臣隨而媒蘗其短，[6]誠可痛也！且陵提步卒不滿五千，深輮戎馬之地，[7]抑數萬之師，[8]虜救死扶傷不暇，悉舉引弓之民共攻圍之。轉鬬千里，矢盡道窮，士張空拳，[9]冒白刃，北首爭死敵，[10]得人之死力，雖古名將不過也。身雖陷敗，然其所摧敗亦足暴於天下。[11]彼之不死，宜欲得當以報漢也。"[12]初，上遣貳師大軍出，財令陵爲助兵，[13]及陵與單于相值，而貳師功少。上以遷誣罔，欲沮貳師，爲陵游說，[14]下遷腐刑。[15]

[1]【今注】相者：相面者。相面，通過骨相和氣色觀察人的吉凶。

[2]【今注】大史令：官名。漢九卿之一奉常（太常）屬官。掌天文曆法、編修史書、典籍等。秩六百石。　司馬遷：傳見本書卷六二。

[3]【顏注】師古曰：殉，營也，一曰從也。

[4]【顏注】師古曰：“畜”讀曰“蓄”。【今注】畜積：涵養、修養。畜，通“蓄”。

[5]【今注】國士：一國之中德行、才能傑出的人士。

[6]【顏注】服虔曰：“媒”音“欺”，謂詆欺也。孟康曰：媒，酒教；蘗，麴也。謂釀成其罪也。師古曰：孟説是也。齊人名麴餅曰媒。【今注】媒蘗：嫁禍於人，釀成刑獄。媒，酒母。蘗，酒麴。媒蘗即醞釀，又作“媒孽”。

[7]【顏注】師古曰：輮，踐也，音人九反。【今注】深輮：深入。輮，踐踏。

[8]【今注】抑數萬之師：戰勝匈奴數萬軍隊。抑，挫敗，打敗。本書卷六二《司馬遷傳》作“卬億萬之師”。

[9]【顏注】文穎曰：拳，弓弩拳也。師古曰：“拳”字與“桊”同，音去權反，又音“眷”。【今注】空拳：没有上箭的弓。王先謙《漢書補注》認爲，“拳”當爲“桊”字之誤。桊，弓弩。

[10]【顏注】師古曰：冒，犯也。北首，北嚮也。冒，音莫北反。首，音式救反。

[11]【顏注】師古曰：所摧敗，敗匈奴之兵也。“暴”猶“章”也。

[12]【顏注】師古曰：言欲立功以當其罪也。【今注】欲得當以報漢：王先謙《漢書補注》認爲，李陵欲得合適的機會返漢，並非真的投降匈奴。得當，指得到適當的機會。

[13]【顏注】師古曰：“財”與“纔”同，謂淺也，僅也。

史傳通用字。他皆類此。

　　[14]【顏注】師古曰：沮謂毀壞之，音才呂反。

　　[15]【今注】腐刑：宮刑。以刀割男性的外生殖器。腐，同“𣨶”，由刀、甫二字組成。刀爲割切工具，甫爲割切對象，即丈夫，對成年男性的稱謂。（蔡樞衡：《中國刑法史》第六章，中國法制出版社 2005 年版）

　　久之，上悔陵無救，曰：“陵當發出塞，廼詔彊弩都尉令迎軍。[1]坐預詔之，得令老將生姦詐。”[2]廼遣使勞賜陵餘軍得脫者。

　　[1]【今注】彊弩都尉：即路博德。

　　[2]【顏注】孟康曰：坐預詔彊弩都尉路博德迎陵，博德老將，出塞不至，令陵見没也。【今注】坐預詔之得令老將生姦詐：王先謙《漢書補注》認爲，當在李陵出塞之後，詔路博德爲後續部隊以迎李陵，但漢武帝在李陵還未出師之前，就令路博德爲後續部隊，但路博德羞爲李陵後續而上奏，於是武帝命路博德别出西河，使李陵軍缺少救援。生姦詐，大德本作“坐姦詐”。

　　陵在匈奴歲餘，上遣因杅將軍公孫敖[1]將兵深入匈奴迎陵。敖軍無功還，曰：“捕得生口，[2]言李陵教單于爲兵以備漢軍，故臣無所得。”上聞，於是族陵家，母弟妻子皆伏誅。[3]隴西士大夫以李氏爲愧。[4]其後，漢遣使使匈奴，陵謂使者曰：“吾爲漢將步卒五千人橫行匈奴，以亡救而敗，何負於漢而誅吾家？”使者曰：“漢聞李少卿教匈奴爲兵。”陵曰：“廼李緒，非我也。”李緒本漢塞外都尉，[5]居奚侯城，[6]匈奴攻之，緒降，而單于客遇緒，常坐陵上。陵痛其家以李緒而誅，使人刺殺緒。大閼氏欲殺陵，[7]單于匿之北方，大閼氏死廼還。

[1]【顏注】孟康曰：因杅，胡地名也。師古曰："杅"音"於"。

[2]【今注】生口：俘虜。

[3]【今注】母弟妻子：王先謙《漢書補注》認爲，李陵是當戶的遺腹子，不應當有弟。《史記》卷一〇九《李將軍列傳》作"族陵母妻子"，當是。

[4]【顏注】師古曰：恥其不能死節，累及家室。

[5]【今注】塞外都尉：官名。都尉爲漢朝地方一郡之内掌軍事的最高武官。武帝以後，在某些新辟地區往往分部置都尉，或二部三部不等。以地名、職名加以區別。

[6]【今注】奚侯城：古城名。當在漢朝邊境近匈奴處。今地未詳。

[7]【顏注】師古曰：大閼氏，單于之母。【今注】閼氏：漢時匈奴單于、諸王之妻的統稱或尊稱。又作"焉提""閼支"。

單于壯陵，以女妻之，[1]立爲右校王，衞律爲丁靈王，[2]皆貴用事。衞律者，父本長水胡人。[3]律生長漢，[4]善協律都尉李延年，[5]延年薦言律使匈奴。使還，會延年家收，律懼并誅，亡還降匈奴。匈奴愛之，[6]常在單于左右。陵居外，有大事，廼入議。

[1]【今注】妻：以女嫁人。

[2]【顏注】師古曰：丁靈，胡之别種也。立爲王而主其人

也。【今注】丁靈：古部落名。主要活動在今俄羅斯貝加爾湖以南。漢初爲匈奴冒頓單于所臣服。又稱"丁令""丁零"。

［3］【今注】長水：水名。發源於今陝西藍田縣西北，經西安市東匯入渭水。

［4］【今注】律生長漢：衛律之父本爲胡人，後降漢朝，爲長水校尉。掌屯於長水與宣曲的烏桓人、胡人騎兵，故衛律生而爲漢人。又詳本卷後文《蘇武傳》。

［5］【今注】協律都尉：漢代掌管音樂的官員。漢武帝立樂府，以李延年爲協律都尉。　李延年：傳見本書卷九三。

［6］【今注】匈奴愛之：王先謙《漢書補注》認爲，當作"單于愛之"。

　　昭帝立，[1]大將軍霍光、左將軍上官桀輔政，[2]素與陵善，遣陵故人隴西任立政等三人[3]俱至匈奴招陵。立政等至，單于置酒賜漢使者，李陵、衛律皆侍坐。立政等見陵，未得私語，即目視陵，[4]而數數自循其刀環，[5]握其足，[6]陰諭之，言可還歸漢也。後陵、律持牛酒勞漢使，[7]博飲，[8]兩人皆胡服椎結。[9]立政大言曰：[10]"漢已大赦，中國安樂，主上富於春秋，[11]霍子孟、上官少叔用事。"[12]以此言微動之。陵默不應，孰視而自循其髮，答曰："吾已胡服矣！"有頃，律起更衣，立政曰："咄，少卿良苦！[13]霍子孟、上官少叔謝女。"[14]陵曰："霍與上官無恙乎？"[15]立政曰："請少卿來歸故鄉，毋憂富貴。"陵字立政曰："少公，[16]歸易耳，恐再辱，奈何！"語未卒，衛律還，頗聞餘語，曰："李少卿賢者，不獨居一國。范蠡徧遊天下，[17]由余去戎入秦，[18]今何語之親也！"因罷去。立政隨謂陵曰：“亦有意乎？”[19]陵曰：“丈夫不能再辱。”

[1]【今注】昭帝：即劉弗陵，公元前86年至前74年在位。紀見本書卷七。

[2]【今注】霍光：傳見本書卷六八。　上官桀：字少叔，隴西上邽（今甘肅天水市麥積區）人。漢武帝時爲太僕，曾與霍光共輔昭帝，封安陽侯。後因謀廢昭帝被誅。

[3]【顏注】師古曰：故人，謂舊與相知者。

[4]【顏注】師古曰：以目相視而感動之，今俗所謂眼語者也。

[5]【顏注】師古曰：循謂摩順也（摩順，大德本同，蔡琪本作“搴順”，殿本作“摩循”）。【今注】循其刀環：撫摸刀頭上的環。環，通“還”。暗示李陵可以返回漢朝。

[6]【今注】握其足：漢代席地而坐，臀部放於脚踝，故可以用手觸及他人之脚。

[7]【今注】牛酒：牛與酒。指宴請所用的物品。

[8]【顏注】蘇林曰：博且飲也。師古曰：勞音力到反（力，蔡琪本、大德本、殿本作“來”）。

[9]【顏注】師古曰：“結”讀曰“髻”，一撮之髻，其形如椎。【今注】胡服椎結：穿前襟向左的衣服，挽髻如椎。椎結是漢代西南少數民族的髮式，後流行於中原地區。王先謙《漢書補注》據《史記》卷九七《酈生陸賈傳》《集解》注“魋結”認爲，夷人本被髮左衽，今他同其風俗，但魋其髮而結之。據此，則魋結乃中國所有。胡服椎結，指其俗雜漢、夷。

[10]【今注】大言：公開大聲説。

[11]【顏注】師古曰：言天子年少。

[12]【顏注】師古曰：子孟，光之字；少叔，桀之字。

[13]【顏注】師古曰：言甚勞苦。

　　[14]【顏注】師古曰：謝，以辭相問也。

　　[15]【顏注】師古曰：恙，憂病也。

　　[16]【顏注】師古曰：呼其字。

　　[17]【今注】范蠡：春秋時楚國人，後爲越國大夫，助越王句踐滅吳。後游歷齊國，改名陶朱公。事見《史記》卷四一。

　　[18]【今注】由余：春秋時晉國人，後入西戎。又自西戎至秦，被秦穆公任用。後助秦征服西戎。

　　[19]【顏注】師古曰：隨其後而語之。

　　陵在匈奴二十餘年，元平元年病死。[1]

　　[1]【今注】元平元年：公元前74年。元平，漢昭帝年號，僅一年。案，武帝天漢二年（前99）至宣帝元平元年，共二十六年。

　　蘇建，杜陵人也。[1]以校尉從大將軍青擊匈奴，封平陵侯。[2]以將軍築朔方。[3]後以衛尉爲游擊將軍，[4]從大將軍出朔方。後一歲，以右將軍再從大將軍出定襄，[5]亡翕侯，[6]失軍當斬，贖爲庶人。[7]其後爲代郡太守，卒官。有三子：嘉爲奉車都尉，[8]賢爲騎都尉，中子武最知名。

　　[1]【今注】杜陵：縣名。治所在今陝西西安市雁塔區曲江街道辦事處三兆村西北。原爲秦杜縣，漢宣帝元康元年（前65）置陵杜東原上，遂改杜縣爲杜陵縣。

　　[2]【今注】平陵：縣名。治所在今陝西咸陽市西北。

　　[3]【今注】朔方：縣名。治所在今内蒙古杭錦旗東北。王先謙《漢書補注》云，據本書卷六《武紀》，元朔三年（前126）城

朔方，五年出朔方。

[4]【今注】游擊將軍：武官名。漢代雜號將軍之一。臨時任命，統兵專征。

[5]【今注】定襄：郡名。治成樂（今内蒙古和林格爾縣盛樂鎮土城子村古城）。

[6]【顔注】服虔曰：趙信也。【今注】翕侯：趙信。胡人。事見本書卷五五《衛青霍去病傳》。

[7]【今注】贖爲庶人：事詳本書《衛青霍去病傳》。

[8]【今注】奉車都尉：官名。漢武帝始置，掌天子車輿。多由皇帝親信充任。秩比二千石。

武字子卿，少以父任，[1]兄弟並爲郎，稍遷至栘中厩監。[2]時漢連伐胡，數通使相窺觀，匈奴留漢使郭吉、路充國等，[3]前後十餘輩。匈奴使來，漢亦留之以相當。天漢元年，[4]且鞮侯單于初立，[5]恐漢襲之，迺曰：“漢天子我丈人行也。”[6]盡歸漢使路充國等。武帝嘉其義，迺遣武以中郎將使持節送匈奴使留在漢者，[7]因厚賂單于，答其善意。武與副中郎將張勝及假吏常惠等[8]募士斥候百餘人俱。[9]既至匈奴，置幣遺單于。單于益驕，非漢所望也。[10]

[1]【今注】任：舉薦。漢制，凡二千石以上官員，任滿三年，可以保任子弟爲郎官。

[2]【顔注】師古曰：栘中，厩名，爲之監也。“栘”音“移”。【今注】栘（yí）中厩監：官名。掌管鞍馬、鷹犬、射獵等事。其中有養馬厩，設厩監。

[3]【今注】郭吉：漢武帝元封元年（前110）奉命出使匈奴，

被烏維單于扣留。 路充國：漢武帝元封元年有匈奴使者病死於漢，武帝派其佩二千石印綬携數千金出使匈奴，送其喪歸。

［4］【今注】天漢元年：公元前 100 年。天漢，漢武帝年號（前 100—前 97）。

［5］【顏注】師古曰：且，音子閭反。鞮，音丁奚反。【今注】且鞮侯單于：原爲匈奴左大都尉。漢武帝太初四年（前 101）被立爲單于，放歸漢使路充國等，後扣留並流放蘇武、大敗貳師將軍李廣利、收降李陵等。太始元年（前 96）卒。

［6］【顏注】師古曰：丈人，尊老之稱。行，音胡浪反。【今注】丈人行：對與父親同輩的人的尊稱。行，排行、輩分。

［7］【今注】案，遣，殿本作“遺”。 中郎將：官名。九卿之一郎中令（光禄勳）屬官。統率諸中郎。秩比二千石。 使持節：使使者持節代表皇帝出使、指揮軍隊或處理政務。節，漢代使者所持的信物，以竹爲杆，柄長八尺，上綴飾旄牛尾。

［8］【顏注】師古曰：假吏猶言兼吏也。時權爲使之吏，若今之差人充使典矣。【今注】副中郎將：中郎將屬官，隨事而設，不固定。 假吏：臨時委任的官吏。 常惠：傳見本書卷七〇。

［9］【顏注】師古曰：募人以充士卒，及在道爲斥候者。【今注】募士斥候：招募士兵以偵察敵情。

［10］【今注】非漢所望：漢希望匈奴單于回心向善，但其反而益驕，這是漢朝不想看到的。

方欲發使送武等，會緱王與長水虞常等謀反匈奴中。[1]緱王者，[2]昆邪王姊子也，[3]與昆邪王俱降漢，後隨浞野侯没胡中。[4]及衛律所將降者，[5]陰相與謀劫單于母閼氏歸漢。會武等至匈奴，虞常在漢時素與副張勝相知，私候勝曰：“聞漢天子甚怨衛律，常能爲漢伏弩射殺之。吾母與弟在漢，幸蒙其賞賜。”張勝許之，以貨物與常。後月餘，單于出獵，獨閼氏子弟在。虞常等七十餘人欲發，其一人夜亡，告之。單于子弟發兵與戰。緱王等皆死，虞常生得。[6]單于使衛律治其事。張勝聞之，恐前語發，以狀語武。武曰："事如此，此必及我。見犯迺死，重負國。"欲自殺，[7]勝、惠共止之。虞常果引張勝。單于怒，召諸貴人議，欲殺漢使者。左伊秩訾曰：[8]"即謀單于，何以復加？[9]宜皆降之。"

[1]【顏注】師古曰：緱，音工候反。【今注】長水虞常：長水校尉虞常，領胡騎，後没於匈奴。此時欲反匈奴。

[2]【今注】緱王：昆邪王姐姐的兒子。

[3]【顏注】師古曰：昆，音胡門反。【今注】昆邪王：匈奴昆邪部首領。漢武帝元狩二年（前121），爲霍去病所敗，後降漢，封萬户，爲漯陰侯。

[4]【顏注】師古曰：從趙破奴擊匈奴，兵敗而降。

[5]【今注】所將降者：沈欽韓《漢書疏證》説，此下應有"虞常"二字。衛律是長水胡人，上文云"長水虞常"，則當以長水胡歸於衛律。前文載緱王與長水虞常反匈奴，此處則叙虞常没入匈奴的原因。

[6]【顏注】師古曰：被執獲也。

[7]【顏注】師古曰：言被匈奴侵犯，然後迺死，是爲更負漢國，故欲先自殺也。重，音直用反。

[8]【顏注】臣瓚曰：胡官之號也。【今注】左伊秩訾：漢時匈奴官名。有左、右之分。

[9]【顏注】師古曰：言謀殺衛律而殺之（謀殺衛律，蔡琪本、大德本、殿本作"謀衛律"），其罰太重也。【今注】即謀單

于何以復加：現在虞常等人企圖謀殺衛律，就要殺漢朝的使者，如果他們謀殺單于，那要用什麼樣的處罰呢？

單于使衛律召武受辭，[1]武謂惠等："屈節辱命，雖生，何面目以歸漢！"引佩刀自刺。衛律驚，自抱持武，馳召醫。鑿地爲坎，置熅火，[2]覆武其上，[3]蹈其背以出血。[4]武氣絶，半日復息。[5]惠等哭，輿歸營。單于壯其節，朝夕遣人候問武，而收繫張勝。

[1]【顏注】師古曰：致單于之命，而取其對也。

[2]【顏注】師古曰：熅謂聚火無焰者也，音於云反。焰，音弋贍反（弋贍反，蔡琪本、殿本作"式贍反"）。

[3]【顏注】師古曰：覆身於坎上也。覆，音芳目反。

[4]【今注】蹈其背以出血：輕掐其背使出血，不讓淤血滯於體內。蹈，通"掐"。

[5]【顏注】師古曰：息謂出氣也。

武益愈，單于使使曉武。[1]會論虞常，欲因此時降武。劍斬虞常已，律曰："漢使張勝謀殺單于近臣，[2]當死，單于募降者赦罪。"舉劍欲擊之，勝請降。律謂武曰："副有罪，當相坐。"[3]武曰："本無謀，又非親屬，何謂相坐？"復舉劍擬之，[4]武不動。律曰："蘇君，律前負漢歸匈奴，幸蒙大恩，賜號稱王，擁衆數萬，馬畜彌山，富貴如此。[5]蘇君今日降，明日復然。空以身膏草野，誰復知之！"武不應。律曰："君因我降，與君爲兄弟，今不聽吾計，後雖欲復見我，尚可得乎？"武罵律曰："女爲人臣子，不顧恩義，畔主背親，爲降虜於蠻夷，何以女爲見？[6]且單于信女，使決人死生，不平心持正，反欲鬭兩主，觀禍敗。南越殺漢使者，屠爲九郡；[7]宛王殺漢使者，頭縣北闕；[8]朝鮮殺漢使者，即時誅滅。[9]獨匈奴未耳。若知我不降明，[10]欲令兩國相攻，匈奴之禍從我始矣。"

[1]【顏注】師古曰：諭說令降也。

[2]【顏注】師古曰：衛律自謂也。

[3]【今注】相坐：一人犯法而牽連他人。

[4]【今注】擬：舉劍假裝做出砍殺的動作。

[5]【顏注】師古曰：彌，滿也。

[6]【顏注】師古曰：言何用見女爲也。【今注】何以女爲見：誰會把一個叛臣逆子作爲見面的對象。即誰會見你這樣一個叛臣逆子。

[7]【今注】屠爲九郡：漢武帝元鼎五年（前112），南越呂嘉之亂，殺其王、王太后及漢使者。次年，漢滅南越，分其地爲漢的南海、蒼梧、鬱林、合浦、交趾、九真、日南、珠崖、儋耳九郡。

[8]【今注】頭縣北闕：漢武帝太初元年（前104），大宛殺漢使並取其財物。武帝派李廣利征大宛。三年，大宛貴人懼，殺宛王毋寡，持其頭送至漢軍，後懸於長安北闕。縣，同"懸"。

[9]【今注】即時誅滅：漢武帝元封二年（前109），朝鮮右渠王殺漢使涉河。武帝派兵討伐。次年，夏尼溪相參使人殺其王右渠來降。漢分其地爲樂浪、臨屯、玄菟、真番四郡。

[10]【顏注】師古曰：若，汝也。言汝知我不肯降明矣。

律知武終不可脅，白單于。單于愈益欲降之，迺幽武置大窖中，[1]絕不飲食。[2]天雨雪，武臥齧雪與旃毛并咽之，[3]數日不死，匈奴以爲神，乃徙武北海上無人處，[4]使牧羝，羝乳乃得歸。[5]別其官屬常惠等，各置他所。

[1]【顏注】師古曰：舊米粟之窖而空者也，音工孝反。

[2]【顏注】師古曰：飲，音於禁反。"食"讀曰"飤"。【今注】絕不飲食：斷絕不給飲食。王念孫《讀書雜志·漢書第十》認爲本作"絕不與飲食"，師古所見本脫"與"字。

[3]【顏注】師古曰：咽，吞也，音"宴"。【今注】旃毛：氈毛菜，又稱髮菜。生長於荒漠中的一種陸生藻類。

[4]【今注】北海：今俄羅斯貝加爾湖。

[5]【顏注】師古曰：羝，牡羊也。羝不當產乳，故設此言，示絕其事。若燕太子丹烏白頭、馬生角之比也。羝，音丁奚反。乳，音人喻反。

武既至海上，稟食不至，[1]掘野鼠去中實而食之。[2]杖漢節牧羊，臥起操持，節旄盡落。[3]積五六年，單于弟於靬王弋射海上。[4]武能網紡繳，檠弓弩，[5]於靬王愛之，給其衣食。三歲餘，王病，賜武馬畜服匿穹廬。[6]王死後，人眾徙去。其冬，丁令盜武牛羊，[7]武復窮厄。

[1]【顏注】師古曰：無人給飤之。【今注】稟食：官府供給的糧食。

[2]【顏注】蘇林曰：取鼠所去草實而食之。張晏曰：取鼠及草實并而食之。師古曰：蘇說是也。中，古"草"字。去謂藏

之也，音丘呂反。【今注】掘野鼠去中實：掘野鼠儲藏的草籽之類。去，即"弆"（jǔ）字，義爲"儲藏"。

[3]【今注】節旄：漢節上像竹節一樣排列的旄牛尾，共三層。

[4]【顏注】師古曰：靬，音居言反。【今注】於靬王：匈奴諸王之一。且鞮侯單于（前101—前96在位）之弟。率部駐牧北海（今俄羅斯貝加爾湖）一帶。

[5]【顏注】師古曰：繳，生絲縷也，可以弋射。檠謂輔正弓弩也。"繳"音"斫"。"檠"音"警"，又音巨京反。【今注】網紡繳檠弓弩：製作捕獵用的網，紡製繫在箭尾的絲繩，校正弓弩。《漢書考正》引宋祁説，"網"字上當有"結"字。

[6]【顏注】劉德曰：服匿如小旃帳。孟康曰：服匿如甖，小口大腹方底，用受酒酪。穹廬，旃帳也。晉灼曰：河東北界人呼小石甖受二斗所曰服匿。師古曰：孟、晉二説是也。【今注】服匿：匈奴製作的陶器，用於盛酒酪，小口、大腹、方底。 穹廬：用毛氈製作的圓頂帳篷。

[7]【顏注】師古曰："令"音"零"。丁令，即上所謂"丁靈"耳。【今注】丁令盜武牛羊：何焯《義門讀書記》卷一七云，此時丁靈王爲衛律，其使人盜蘇武的牛羊，爲困住蘇武。

　　初，武與李陵俱爲侍中，武使匈奴明年，陵降，不敢求武。久之，單于使陵至海上，爲武置酒設樂，因謂武曰："單于聞陵與子卿素厚，故使陵來説足下，虛心欲相待。終不得歸漢，空自苦亡人之地，信義安所見乎？前長君爲奉車，[1]從至雍棫陽宫，[2]扶輦下除，[3]觸柱折轅，劾大不敬，伏劍自刎，[4]賜錢二百萬以葬。孺卿從祠河東后土，[5]宦騎與黃門駙馬爭舡，[6]

推墮駙馬河中溺死，宦騎亡，詔使孺卿逐捕不得，惶恐飲藥而死。來時，大夫人已不幸，[7]陵送葬至陽陵。子卿婦年少，聞已更嫁矣。獨有女弟二人，兩女一男，今復十餘年，存亡不可知。人生如朝露，[8]何久自苦如此！陵始降時，忽忽如狂，自痛負漢，加以老母繫保宮，[9]子卿不欲降，何以過陵？[10]且陛下春秋高，法令亡常，大臣亡罪夷滅者數十家，[11]安危不可知，子卿尚復誰爲乎？願聽陵計，勿復有云。"武曰："武父子亡功德，皆爲陛下所成就，位列將，爵通侯，[12]兄弟親近，[13]常願肝腦塗地。今得殺身自效，雖蒙斧鉞湯鑊，[14]誠甘樂之。臣事君，猶子事父也，子爲父死無所恨。願勿復再言。"陵與武飲數日，復曰："子卿壹聽陵言。"武曰："自分已死久矣！[15]王必欲降武，[16]請畢今日之驩，效死於前！"[17]陵見其至誠，喟然歎曰："嗟乎，義士！陵與衛律之罪上通於天。"因泣下霑衿，與武決去。[18]

[1]【顏注】服虔曰：武兄嘉。【今注】奉車：奉車都尉。掌御乘輿車。漢武帝初置。秩比二千石。

[2]【今注】雍：縣名。戰國時秦以舊都雍邑置。秦漢沿置。治所在今陝西鳳翔縣西南。　棫陽宮：戰國秦昭王所作，在今陝西扶風縣東北。宮，殿本作"官"。

[3]【顏注】張晏曰：主扶輦下除道也。師古曰：除謂門屏之間。【今注】扶輦下除：扶帝王車輦走下殿庭臺階。

[4]【顏注】師古曰：刎，斷也，斷其頸也（頸，蔡琪本、殿本作"頭"），音武粉反。

[5]【顏注】張晏曰：武弟賢。【今注】從祠河東后土：跟隨漢武帝到河東祭祀土地神。祠，祭祀。河東，郡名。治安邑（今山西夏縣西北）。后土，土地神。元狩元年（前122），武帝立汾陰后土祠（故址在今山西萬榮縣西南）。

[6]【顏注】師古曰：宦騎，宦者而爲騎也。黃門駙馬，天子駙馬之在黃門者也。駙，副也。《金日磾傳》曰"養馬於黃門"也。【今注】黃門駙馬：駙馬都尉屬官，掌管皇帝出行時副車之馬。黃門，官署名。給事於宮禁之內，爲皇帝準備乘輿及犬馬等。駙馬，即"副馬"，皇帝副車之馬，後掌管副車馬之官爲附馬，即駿乘。

[7]【顏注】師古曰：不幸亦謂死。【今注】大夫人：漢制對列侯之母的稱謂。此處指蘇武之母。

[8]【顏注】師古曰：朝露見日則晞乾（蔡琪本、大德本同，殿本無"乾"字），人命短促亦如之。

[9]【顏注】師古曰：《百官公卿表》云少府屬官有居室，武帝太初元年更名保宮。【今注】繫保宮：王先謙《漢書補注》說，此時李陵之母早已被誅，故所謂繫保宮，爲追述李陵始降之時。

[10]【今注】子卿不欲降何以過陵：你子卿不願投降的心情，怎麼會超過我李陵呢？王先謙《漢書補注》曰："言武家蓋已無人顧慮，而不欲降之情，無以過於陵也。"

[11]【今注】法令亡常大臣亡罪夷滅者數十家：指漢武帝時因任用酷吏、巫蠱之禍，先後誅殺公孫敖、公孫賀、劉屈氂、李廣利、趙破奴等人。

[12]【今注】位列將爵通侯：蘇武父蘇建曾官至游擊將軍，封平陵侯。通侯，即徹侯。因避漢武帝劉徹諱，改爲"通侯"，是漢代二十等爵的最高級。

[13]【今注】親近：皇帝寵信的侍臣。

[14]【今注】斧鉞湯鑊：以斧鉞腰斬、以大鍋烹人。指極其

殘酷的刑罰。鈇，大斧。鑊，無足大鼎。

[15]【顏注】師古曰：分，音扶問反。

[16]【今注】王必欲降武：匈奴封李陵爲右校王，故稱之。

[17]【顏注】師古曰：效，致也。

[18]【顏注】師古曰：決，別也。

　　陵惡自賜武，[1]使其妻賜武牛羊數十頭。後陵復至北海上，語武：“區脫捕得雲中生口，[2]言太守以下吏民皆白服，曰上崩。”武聞之，南鄉號哭，歐血，旦夕臨，[3]數月。

　　[1]【顏注】師古曰：謂若示己於匈奴中富饒以夸武。【今注】陵惡自賜武：李陵因自己所有的均是匈奴之物，羞於親自賜予蘇武。因其妻爲單于貴族，故使之賜蘇武。

　　[2]【顏注】服虔曰：區脫，土室，胡兒所作以候漢者也。李奇曰：匈奴邊境羅落守衞官也。晉灼曰：《匈奴傳》東胡與匈奴間有棄地千餘里，各居其邊爲區脫。又云漢得區脫王，發人民屯區脫以備漢，此爲因邊境以爲官。李說是也。師古曰：匈奴邊境爲候望之室，服說是也。本非官號，區脫王者，以其所部居區脫之處，因呼之耳。李、晉二說皆失之。“區”讀與“甌”同，音一侯反。脫，音土活反。【今注】區脫：漢朝與匈奴相連的邊界，或說爲邊境土堡哨所。沈欽韓《漢書疏證》說，區脫指邊境。匈奴與漢連界，匈奴語稱爲區脫，並非土室。

　　[3]【顏注】師古曰：“鄉”讀曰“嚮”。臨，哭也，音力禁反。

　　昭帝即位。[1]數年，匈奴與漢和親。[2]漢求武等，匈奴詭言武死。後漢使復至匈奴，常惠請其守者與俱，得夜見漢使，具自陳道。[3]教使者謂單于，言天子射上林中，[4]得鴈，足有係帛書，言武等在某澤中。使者大喜，如惠語以讓單于。[5]單于視左右而驚，謝漢使曰：[6]"武等實在。"於是李陵置酒賀武曰："今足下還歸，揚名於匈奴，功顯於漢室，雖古竹帛所載，丹青所畫，何以過子卿！陵雖駑怯，令漢且貰陵罪，[7]全其老母，使得奮大辱之積志，庶幾乎曹柯之盟，[8]此陵宿昔之所不忘也。[9]收族陵家，[10]爲世大戮，[11]陵尚復何顧乎？已矣！令子卿知吾心耳。異域之人，壹別長絕！"陵起舞，歌曰："徑萬里兮度沙幕，[12]爲君將兮奮匈奴。路窮絕兮矢刃摧，士衆滅兮名已隤。老母已死，雖欲報恩將安歸！"[13]陵泣下數行，因與武決。單于召會武官屬，[14]前以降及物故，凡隨武還者九人。[15]

[1]【今注】昭帝即位：在公元前 87 年。

[2]【今注】與漢和親：本書卷九四上《匈奴傳上》載，武帝崩，後三年（始元三年，前 84），狐鹿姑單于欲求和親，但不久病死。其子壺衍鞮單于立，也告訴漢使者，欲和親。

[3]【今注】案，道，蔡琪本、殿本作"過"。

[4]【今注】上林：漢代苑囿名。即上林苑。故址在今陝西西安市西南鄠邑區、周至縣界。苑內有離宮、別館，供皇帝游獵。

[5]【顏注】師古曰：讓，責也。

[6]【今注】謝：承認錯誤並道歉。

[7]【顏注】師古曰：貰，寬也。

［8］【顏注】李奇曰：欲劫單于，如曹劌劫齊桓公柯盟之時。
【今注】曹柯之盟：春秋時，魯將曹沫與齊軍交戰，不勝，魯割地
求和。魯莊公十三年（前681），齊魯在柯邑（今山東東阿縣西南）
會盟，曹沫持劍劫齊桓公，歸還魯地。曹沫，又作“曹劌”“曹
柯”。

［9］【今注】宿昔：以前。又作“夙昔”。

［10］【今注】收族：收捕族誅。天漢四年（前97），武帝族誅
李陵之母與妻子。

［11］【今注】戮：恥辱。

［12］【今注】沙幕：沙漠。

［13］【顏注】師古曰：隤，墜也，音大回反。【今注】案，
雖欲報恩，大德本同，蔡琪本、殿本無“欲”字。

［14］【顏注】師古曰：會謂集聚也。

［15］【顏注】師古曰：物故謂死也，言其同於鬼物而故也。
一說，不欲斥言，但云其所服用之物皆已故耳。而說者妄欲改
“物”爲“勿”，非也。【今注】物故：死亡。《漢書考正》宋祁
曰：物，當從南本作“歾”，音“没”。王念孫《讀書雜志·漢書第
十》認爲宋説近之。“物”與“歾”同，或作“殁”。“歾”“物”
聲近而字通。

武以始元六年春至京師。[1]詔武奉一大牢謁武帝園
廟，[2]拜爲典屬國，[3]秩中二千石，賜錢二百萬，公田二
頃，宅一區。常惠、徐聖、趙終根皆拜爲中郎，[4]賜帛
各二百匹。其餘六人老歸家，賜錢人十萬，復終身。[5]
常惠後至右將軍，封列侯，自有傳。[6]武留匈奴凡十九
歲，始以彊壯出，及還，須髮盡白。

[1]【今注】始元六年：公元前 81 年。

[2]【今注】大牢：牛、羊、豕皆有爲大牢。有羊、豕而無牛則爲少牢。　武帝園廟：茂陵和龍淵廟。龍淵廟在茂陵寢園東面，連稱爲武帝園廟。

[3]【今注】典屬國：典屬國本秦官，掌歸義蠻夷；漢因之。今以命武，以武久在匈奴中，習外夷事，故使爲是官。

[4]【今注】中郎：漢九卿之一郎中令（光禄勳）所屬郎官之一。擔任宮中護衛、侍從，無固定員數。秩比六百石。

[5]【顏注】師古曰：復，音方目反（方，大德本同，蔡琪本、殿本作"芳"）。【今注】復：免除賦税和徭役。

[6]【今注】自有傳：指本書卷七〇《傅常鄭甘陳段傳》。

武來歸明年，上官桀子安與桑弘羊及燕王、蓋主謀反。[1]武子男元與安有謀，坐死。

[1]【今注】安：上官安。其女爲漢昭帝皇后，被封爲安樂侯。　桑弘羊：洛陽商人之子，善於理財。漢武帝元封元年（前110）任治粟都尉，代理大農令。後元二年（前87）爲御史大夫。事見本書《食貨志》。　燕王：劉旦。漢武帝第三子，昭帝之兄。蓋主：漢武帝之女，昭帝之姐。嫁武帝舅蓋侯王信之孫王受，王受襲封，又稱蓋主。蓋，縣名。治所在今山東沂源縣東南。謀反事詳見本書卷六三《武五子傳》、卷六八《霍光傳》。

初桀、安與大將軍霍光争權，[1]數疏光過失予燕王，[2]令上書告之。又言蘇武使匈奴二十年不降，還廼爲典屬國，[3]大將軍長史無功勞，[4]爲搜粟都尉，[5]光顓權自恣。[6]及燕王等反誅，窮治黨與，武素與桀、弘羊有舊，數爲燕王所訟，子又在謀中，廷尉奏請逮捕武。[7]霍光寢其奏，免武官。

[1]【今注】案，上官桀、上官安與大將軍霍光爭權事，詳見本書卷六八《霍光傳》。

[2]【顏注】師古曰：疏謂條録之。

[3]【顏注】師古曰：實十九年，而言二十者，欲久其事以見冤屈，故多言也。

[4]【今注】大將軍長史：官名。長史，西漢三公、諸將軍皆置。秩千石。此指楊敞。

[5]【今注】搜粟都尉：官名。漢武帝時始置，隸大司農。掌農耕及屯田諸事。

[6]【顏注】師古曰："顓"與"專"同。【今注】顓權自恣：獨攬大權，不受約束。

[7]【今注】廷尉：官名。漢九卿之一。掌刑獄，爲主管司法的最高長官。秩中二千石。據本書《百官公卿表》，指王平。

數年，昭帝崩，[1]武以故二千石與計謀立宣帝，[2]賜爵關內侯，食邑三百户。久之，衞將軍張安世薦武明習故事，[3]奉使不辱命，先帝以爲遺言。宣帝即時召武待詔宦者署，[4]數進見，復爲右曹典屬國。[5]以武著節老臣，[6]令朝朔望，[7]號稱祭酒，[8]甚優寵之。

[1]【今注】昭帝崩：在公元前74年。

[2]【顏注】師古曰："與"讀曰"預"。【今注】宣帝：原名劉病已，後改名劉詢。紀見本書卷八。

[3]【今注】衞將軍張安世：張湯之子。漢宣帝地節三年（前

67）四月，因御史大夫魏相上書，拜爲大司馬車騎將軍，領尚書事。七月，罷車騎將軍屯兵，更爲衛將軍。傳見本書卷五九。衛將軍，官名。掌京師屯兵及宮禁護衛。　故事：前代的典章制度。

［4］【顏注】師古曰：《百官公卿表》少府屬宦有宦者令丞（宦，蔡琪本、大德本、殿本作"官"；官，蔡琪本、大德本、殿本作"宦"）。以其署親近，故令於此待詔也。【今注】待詔宦者署：在宦者署等候皇帝詔令，以備顧問。宦者署爲少府屬官宦者令的官署，在未央宮宮門。其署親近皇帝，故在此待詔實爲一種優待。待詔，官名。始於秦，本是應皇帝徵召隨時待命以備諮詢顧問，因處所不同，有不同名稱（參見羅寧《漢待詔考》，《新國學》第7輯，巴蜀書社2008年版；陶新華《漢代的"待詔"補論》，《社會科學戰綫》2005年第6期）。

［5］【今注】右曹：加官名。掌受理尚書事務。

［6］【今注】著節：王念孫《讀書雜志·漢書第十》認爲當作"苦節"。

［7］【今注】朝朔望：每月初一、十五朝見，其他時間則免朝。

［8］【顏注】師古曰：加祭酒之號，所以示優尊也。祭酒，已解在《伍被傳》。【今注】祭酒：官名。古代祭祀宴會，必推年長者一人舉酒以祭，後以祭酒表示尊敬。漢代大臣加祭酒名號，表示優尊，並無實際職能。

武所得賞賜，盡以施予昆弟故人，家不餘財。皇后父平恩侯、帝舅平昌侯、樂昌侯，[1]車騎將軍韓增、丞相魏相、御史大夫丙吉皆敬重武。[2]武年老，子前坐事死，上閔之，問左右："武在匈奴久，豈有子乎？"武因平恩侯自白："前發匈奴時，胡婦適產一子通國，有聲問來，願因使者致金帛贖之。"上許焉。後通國隨使者至，上以爲郎。又以武弟子爲右曹。武年八十餘，神爵二年病卒。[3]

[1]【顏注】師古曰：平恩侯許伯、平昌侯王無故、樂昌侯王武也。【今注】皇后：漢宣帝許皇后。其父爲平恩侯許廣漢。平恩：侯國名。治所在今河北廣平縣東北。　平昌侯：王無故。漢宣帝母親王翁須之兄。平昌，縣名。治所在今山東商河縣西北。樂昌侯：王武。樂昌，縣名。治所在今河南南樂縣西北。

[2]【今注】車騎將軍韓增：韓王信的後人。漢宣帝神爵元年（前61），代張安世爲大司馬車騎將軍，領尚書事。事見本書卷三三《韓王信傳》。車騎將軍，掌管車騎的高級武官。　丞相魏相：漢宣帝地節三年（前67）爲丞相。傳見本書卷七四。　御史大夫丙吉：漢宣帝地節三年爲御史大夫。傳見本書卷七四。

[3]【今注】神爵二年：公元前60年。神爵，漢宣帝年號（前61—前58）。

甘露三年，[1]單于始入朝。[2]上思股肱之美，[3]廼圖畫其人於麒麟閣，[4]法其形貌，署其官爵姓名。[5]唯霍光不名，曰大司馬大將軍博陸侯姓霍氏，[6]次曰衛將軍富平侯張安世，[7]次曰車騎將軍龍頟侯韓增，[8]次曰後將軍營平侯趙充國，[9]次曰丞相高平侯魏相，[10]次曰丞相博陽侯丙吉，[11]次曰御史大夫建平侯杜延年，[12]次曰宗正陽城侯劉德，[13]次曰少府梁丘賀，[14]次曰太子太傅蕭望之，[15]次曰典屬國蘇武。皆有功德，知名當世，是以表而揚之，明著中興輔佐，列於方叔、召虎、仲山甫焉。[16]凡十一人，皆有傳。自丞相黃霸、廷尉于定國、大司農朱邑、京兆尹張敞、右扶風尹翁歸及儒者夏侯勝等，[17]皆以善終，著名宣帝之世，然不得列於名臣之圖，以此知其選矣。

[1]【今注】甘露三年：公元前 51 年。甘露，漢宣帝年號（前 53—前 50）。

[2]【今注】單于：指呼韓邪單于。

[3]【今注】股肱：大腿和上臂。比喻輔佐得力的大臣。

[4]【顏注】張晏曰：武帝獲麒麟時作此閣，圖畫其象於閣，遂以爲名。師古曰：《漢宮閣疏》云蕭何造。【今注】麒麟閣：漢武帝元狩元年（前 122）獲麒麟，後建此閣，在未央宮中。

[5]【顏注】師古曰：署，表也，題也。

[6]【今注】博陸侯：霍光封號。漢昭帝始元二年（前 85）始封。博陸，一説爲廣平之義，一説爲城名，在今北京市密雲區東南。　霍氏：後元二年（前 87），漢武帝封霍光爲大司馬大將軍。

[7]【今注】富平侯：漢昭帝元鳳元年（前 80）始封。富平，縣名。治所在今山東惠民縣東北。

[8]【今注】龍頟侯：漢武帝元朔五年（前 124）始封。龍頟，一作“龍額”，縣名。治所在今山東齊河縣西北。

[9]【今注】營平侯：漢宣帝本始元年（前 73）始封。營平，侯國名。治所在今山東濟南市東。　趙充國：傳見本書卷六九。

[10]【今注】高平侯：漢宣帝地節三年（前 67）始封。高平，侯國名。治所在今江蘇泗洪縣東南。

[11]【今注】博陽侯：漢宣帝元康三年（前 63）始封。博陽，縣名。治所在今河南周口市東南。

[12]【今注】建平侯：漢昭帝元鳳元年始封。建平，縣名。治所在今河南夏邑縣西南。　杜延年：傳見本書卷六〇。

[13]【今注】宗正：官名。漢九卿之一。管理皇族和外戚事務之官。掌宗室名籍。秩中二千石。　陽城侯：漢宣帝地節四年始

封。陽城，縣名。治所在今河南商水縣西。　劉德：事見本書卷三六《楚元王傳》。

[14]【今注】少府：官名。漢九卿之一。掌山海池澤之稅，以及皇帝飲食起居等，爲皇帝的私府。秩中二千石。　梁丘賀：傳見本書卷八八。

[15]【今注】太子太傅：官名。掌輔導太子。秩中二千石。蕭望之：傳見本書卷七八。

[16]【顏注】師古曰：三人皆周宣王之臣，有文武之功，佐宣王中興者也。言宣帝亦重興漢室，而霍光等並爲名臣，皆比於方叔之屬。“召”讀曰“邵”。

[17]【今注】黃霸：傳見本書卷八九。　于定國：傳見本書卷七一。王先謙《漢書補注》認爲，于定國於甘露二年已由廷尉爲御史大夫，三年，代霸爲丞相。故此處“廷尉”二字當誤。　大司農：官名。漢九卿之一。掌管國家財政及租稅錢穀鹽鐵等。秩中二千石。　朱邑：傳見本書卷八九。　京兆尹：官名。漢三輔之一，治長安以東十二縣，職掌相當於郡太守。秩中二千石（一說二千石）。　張敞：傳見本書卷七六。　右扶風：官名。漢代三輔之一。秦置主爵都尉。漢景帝中元六年（前144）更名都尉，武帝太初元年（前104）更名右扶風，取扶助風化之意。轄地在今陝西西安市長安區西，爲拱衛首都長安三輔之一。案，王先謙《漢書補注》曰：“據《公卿表》，元封六年宣免，太初元年爲右扶風，中廢不過數月。”　尹翁歸：傳見本書卷七六。　夏侯勝：傳見本書卷八八。

贊曰：李將軍恂恂如鄙人，口不能出辭，[1]及死之日，天下知與不知皆爲流涕，彼其中心誠信於士大夫也。[2]諺曰：“桃李不言，下自成蹊。”[3]此言雖小，可以喻大。然三代之將，道家所忌，[4]自廣至陵，遂亡其宗，哀哉！孔子稱“志士仁人，有殺身以成仁，無求生以害仁”，“使於四方，不辱君命”，^[5]蘇武有之矣。

[1]【顏注】師古曰：恂恂，誠謹貌也，音“荀”。【今注】鄙人：邊鄙之人。指居住在郊野未見過世面的人。

[2]【今注】士大夫：泛指官員和有知識的人。

[3]【顏注】師古曰：蹊謂徑道也。言桃李以其華實之故，非有所召呼，而人爭歸趣，來往不絕，其下自然成徑，以喻人懷誠信之心，故能潛有所感也。“蹊”音“奚”。

[4]【今注】三代之將道家所忌：意謂將者殺伐太多，其後受其不祥，故三代必敗。

[5]【顏注】師古曰：皆《論語》載孔子之言。【今注】案，“孔子稱”數句，分別見今《論語·衛靈公》《子路》兩篇。